Peter Benson

Einfach selbst geschnitzt

Schritt für Schritt

stv

Umschlaggestaltung: DSR – Werbeagentur Rypka, A-8143-Dobl/Graz
Titelbild: Andrew Perris
Fotos: Andrew Perris, Em Benson, Dave Wilkins, Volodymyr Leus, Shutterstock/FabrikaSimf

Titel der englischen Originalausgabe: Peter Benson: Woodland Whittling.

The translation of Woodland Whittling 978-1-78494-509-1
is published by arrangement with GMC Publications Ltd.

Aus dem Englischen übertragen von Nina Schön.

Bibliographische Information der Deutschen Nationalbibliothek
Die Deutsche Nationalbibliothek verzeichnet diese Publikation in der Deutschen Nationalbibliographie; detaillierte bibliographische Daten sind im Internet über http://dnb.d-nb.de abrufbar.

Hinweis:
Dieses Buch wurde auf chlorfrei gebleichtem Papier gedruckt.
Die zum Schutz vor Verschmutzung verwendete Einschweißfolie ist aus Polyethylen chlor- und schwefelfrei hergestellt. Diese umweltfreundliche Folie verhält sich grundwasserneutral, ist voll recyclingfähig und verbrennt in Müllverbrennungsanlagen völlig ungiftig.

Auf Wunsch senden wir Ihnen gerne
kostenlos unser Verlagsverzeichnis zu:
Leopold Stocker Verlag GmbH
Hofgasse 5 / Postfach 438
A-8011 Graz
Tel.: +43 (0)316/82 16 36
Fax: +43 (0)316/83 56 12
E-Mail: stocker-verlag@stocker-verlag.com
www.stocker-verlag.com

ISBN 978-3-7020-1896-2

Satz: DSR – Werbeagentur Rypka, A-8143-Dobl/Graz

Druck und Bindung: Finidr, s.r.o., Tschechische Republik

Peter Benson

Einfach selbst GESCHNITZT

SCHRITT FÜR SCHRITT

Leopold Stocker Verlag
Graz – Stuttgart

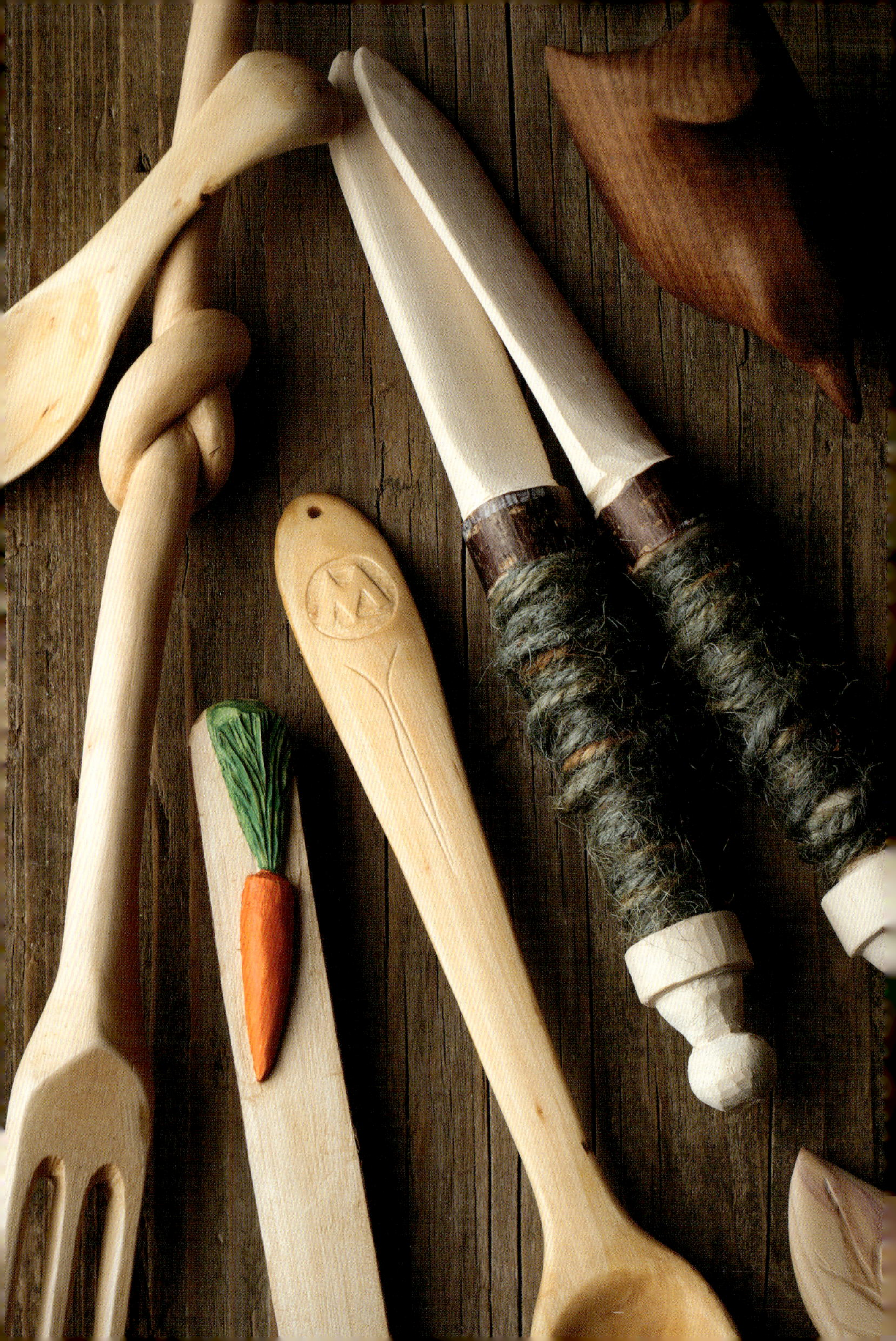

Inhalt

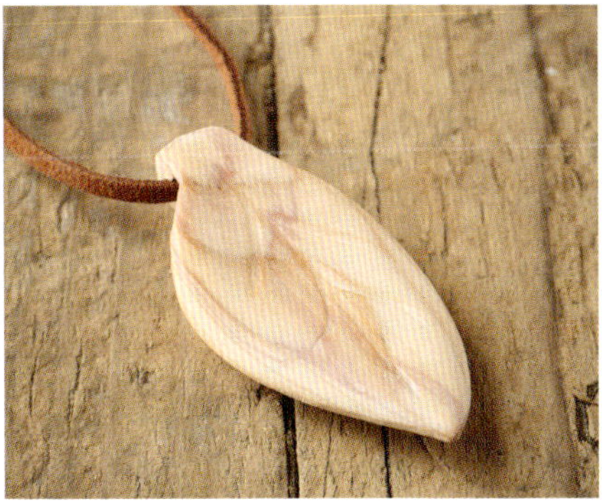

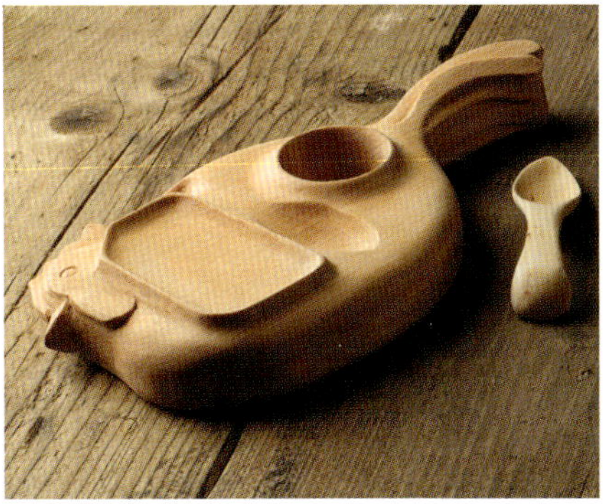

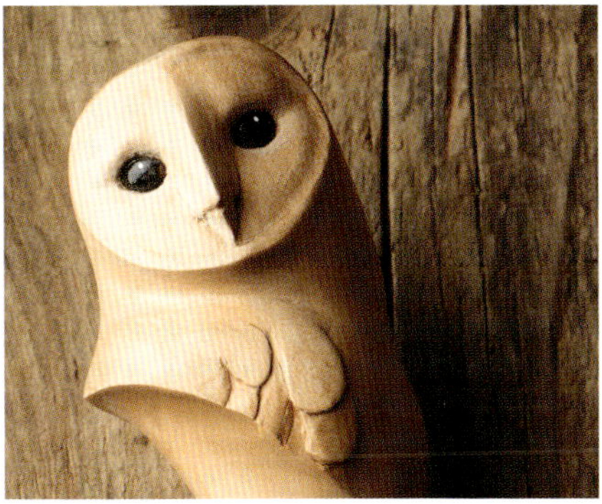

Für meinen Freund Mark Baker, der darauf bestanden hat, dass ich weiterhin schnitze und darüber schreibe, und für meine Frau Em, die mich und das bei dieser Arbeit entstehende Chaos erträgt.

Einleitung

Als ich noch ein kleiner Junge war, lief beinahe jeder mit einem Taschenmesser oder mit einem Fahrtenmesser am Gürtel herum. Sie wurden zum Spitzen von Bleistiften, als Werkzeug beim Zelten und zum Gestalten der verschiedensten Dinge verwendet.

Heutzutage wird das Mitführen eines Messers nicht nur als gefährlich angesehen, sondern ist in vielen Fällen auch verboten; der Erwerb eines Messers ist in Großbritannien jedem unter 18 Jahren verboten. Dies ist bei der hohen Anzahl an Messerverbrechen unvermeidlich, jedoch misslich für all jene, die sich an der unterhaltsamen und lohnenden Kunst des Schnitzens versuchen möchten. In Österreich hingegen unterliegen Staatsbürger bei Messerkauf und -besitz keinen Beschränkungen. Bitte beachten Sie stets die in Ihrem Land jeweils geltende Rechtslage.

Traditionelles Schnitzen ist nicht nur rückläufig, sondern kann sich für Einsteiger auch als kostspielig erweisen. Es ist jedoch noch nicht alles verloren: Jeder kann mit minimalen Ausgaben sowohl für Werkzeug als auch für Material mit dem Messerschnitzen beginnen. Jedes gute Taschenmesser ist, ordentlich geschärft, für einen erfolgreichen Start geeignet, und Holz finden Sie für kleines Geld in Gärten, Holzlagern, Sägewerken, örtlichen Baumärkten oder bei Baumchirurgen und -pflegern. Auch wenn Sie sich ein Anfängermesser kaufen möchten, kostet dieses etwa gleich viel wie ein einzelner Holzmeißel.

Bei jeder Art des Schnitzens würde ich Ihnen empfehlen, nicht zu viel Werkzeug zu kaufen, bevor Sie beginnen. Es gibt hunderte Messer, die online oder in Zeitschriften beworben werden. Viele von ihnen sehen wunderschön aus, mit Klingen in jeder erdenklichen Form und Größe. Sie alle schneiden Holz zufriedenstellend (auch wenn manche vorher noch ein bisschen Aufmerksamkeit erfordern), aber nicht alle führen alles so aus, wie Sie es gerne hätten. Es ist besser, ein einfaches Taschenmesser zu verwenden und erst später auf Werkzeuge zurückzugreifen, wenn Sie sie wirklich benötigen.

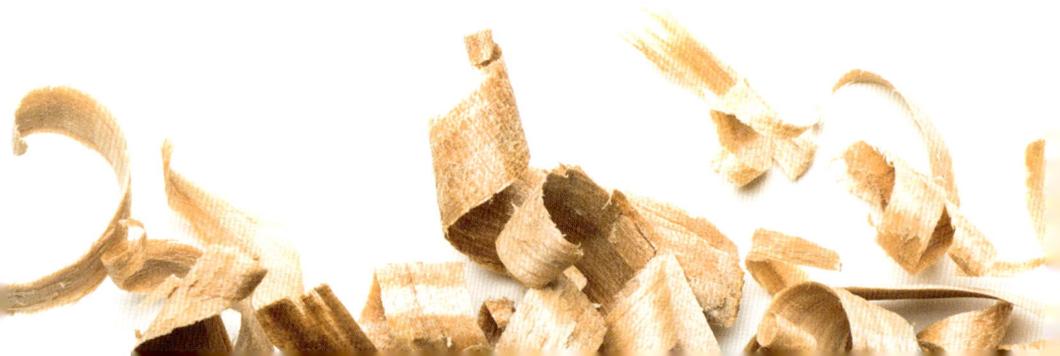

Beachten Sie die Rechtslage bezüglich Messern: In Großbritannien ist es eine Straftat, arretierbare oder fixierte Klingen in der Öffentlichkeit zu führen, außer Sie können beweisen, dass Sie einen guten Grund dafür haben. Jedoch ist ein klappbares Taschenmesser in Ordnung, solange die Klinge weniger als 75 mm lang ist. Alle Messer mit feststehender Klinge lassen Sie am besten in Ihrem Werkzeugkasten mit den anderen Schnitzwerkzeugen, da nicht jeder Beamte, der sie aufhält, Verständnis für Sie haben wird.

Während ich dies schreibe, steht die Möglichkeit im Raum, dass das Verschicken von scharfen Gegenständen per Post verboten werden könnte, wodurch Sie auf den Kauf beim örtlichen Händler beschränkt sein könnten. Zu den Reizen des Schnitzens gehört, dass Sie Ihr Messer und einen Sicherheitshandschuh einstecken können, wenn Sie aufs Land fahren, und diese verwenden, wenn Sie im Wald oder am Strand campen.

Das führt mich zum zweiten rechtlichen Punkt: Sie dürfen kein Holz vom Straßenrand oder aus dem Wald entnehmen, wenn Sie nicht die Einwilligung des Landbesitzers haben. Auch auf öffentlichem Grund ist die Entnahme von Holz nur jenen erlaubt, die dort wohnen und mit entsprechenden Rechten versehen sind. Jedoch arbeiten am Land zahlreiche Baumpfleger oder Förster, und eine höfliche Bitte um die Erlaubnis, Holz mitnehmen zu dürfen, sollte kein Problem darstellen.

Wenn Sie einmal „am Messer hängen" und die Schnitzsucht Sie ereilt hat, werden Sie herausfinden, mit welcher Klingenform und -länge Sie am besten zurechtkommen; Sie können Ihren Werkzeugkasten dann damit bestücken oder sogar Ihre eigenen Messer herstellen. Ich habe ungefähr ein Dutzend Messer in verschiedenen Ausführungen, doch verwende üblicherweise nur eines pro Schnitzarbeit. Ich habe eines mit breiter Klinge für frisches Holz, eines mit sehr kurzer, dünner Klinge für feine Detailarbeit an kleinen Schnitzereien und so weiter. Ganz gleich, wie Sie beginnen, Sie werden Ihren eigenen Weg gehen und am Ende das Werkzeug haben, das am besten zu Ihnen passt.

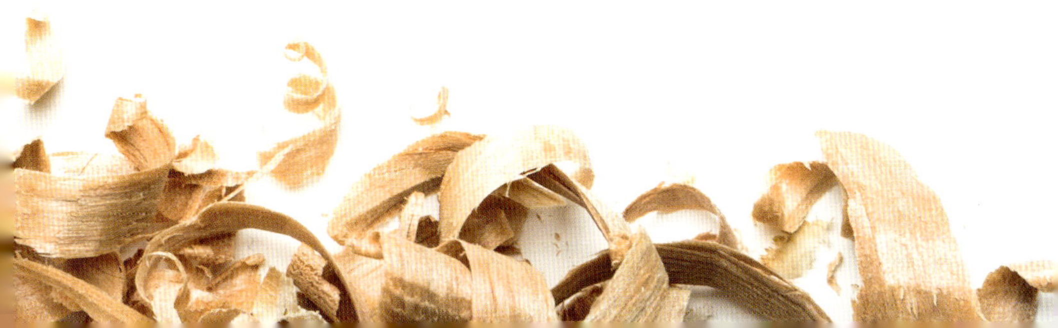

Ausrüstung

DAS SCHNITZEN IM GRÜNEN ERFORDERT AM WENIGSTEN AUSRÜSTUNG, UM BEGINNEN ZU KÖNNEN. ALLES, WAS SIE BRAUCHEN, SIND EIN MESSER UND EIN SICHERHEITSHANDSCHUH.

MESSER

Die Wahl des Messers ist eine Frage persönlicher Präferenzen. Die Kosten können von „fast nichts" für ein einfaches Taschenmesser bis hin zu einem hohen Preis für ein Messer einer renommierten Marke wie Ross Oar reichen. Ein Messer mit fester Klinge oder Arretierung gibt es für moderate Summen.

Sie werden nie herausfinden, welches Messer oder welche Klinge zu Ihnen passt, bevor Sie die Grundlagen des Schnitzens erlernt haben. Darum ist es nicht ratsam, viel Geld für ein im Internet oder in Zeitschriften beworbenes Messer auszugeben.

Solange Sie das Messer scharf halten können und es dazu bringen, zu tun, was Sie wollen, arbeiten Sie damit und rüsten Sie dann zu etwas anderem auf, wenn Sie selbst dieses Bedürfnis verspüren.

Viele der Messer am Markt haben Klingen aus rostfreiem Stahl oder Federstahl, die vorwiegend schwarz mit polierter Schnittkante sind. Diese Messertypen sind wegen ihres Aufbaus oder ihrer Härte schwerer scharf zu halten als Kohlenstoffstahl. Je mehr Erfahrung Sie sammeln, umso besser können Sie entscheiden, was zu Ihnen passt. Probieren Sie so viele Messer aus, wie Sie können, bevor Sie sich daran machen, Geld auszugeben.

Hier wird eine Auswahl an Messern gezeigt, die für Sie geeignet sein könnten. Alle bis auf das Messer von Ross Oar sind relativ günstig.

Diese Auswahl ist nur ein kleines Beispiel dafür, was erhältlich ist, deckt aber ab, was ich als preislich angemessen oder gut zu verwenden und relativ leicht zu warten empfinde. Wenn Sie beabsichtigen, das Messer am Leib statt in Ihrem Werkzeugkasten zu tragen, achten Sie darauf, dass es sich dabei um ein klappbares Taschenmesser mit einer Klinge von unter 75 mm handelt.

Während Sie sich durch dieses Buch arbeiten, werden Sie feststellen, dass ich bei jedem

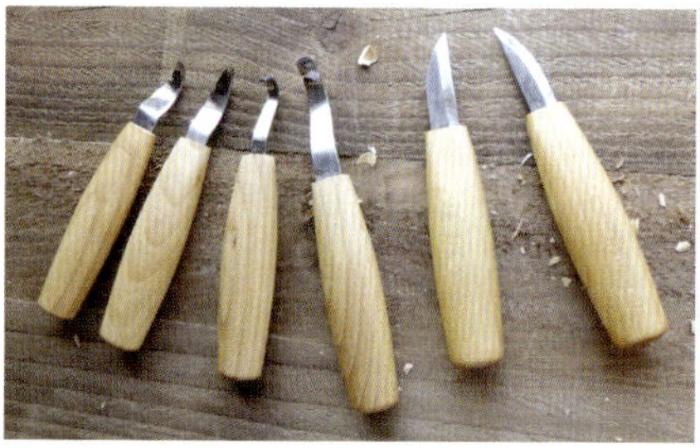

Sechs Messerarten aus dem Old Tool Store in Großbritannien.

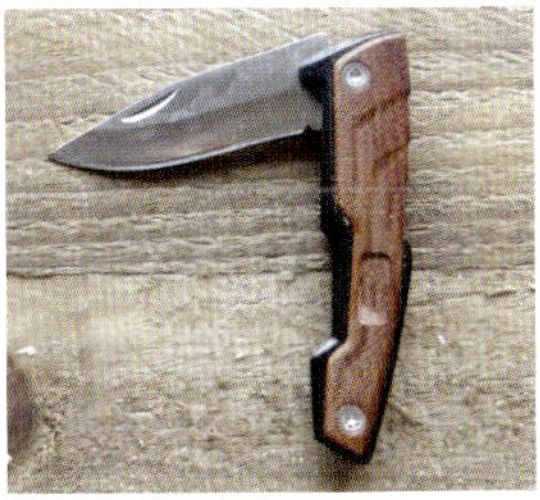

Grizzly Bushcraft-Klappmesser

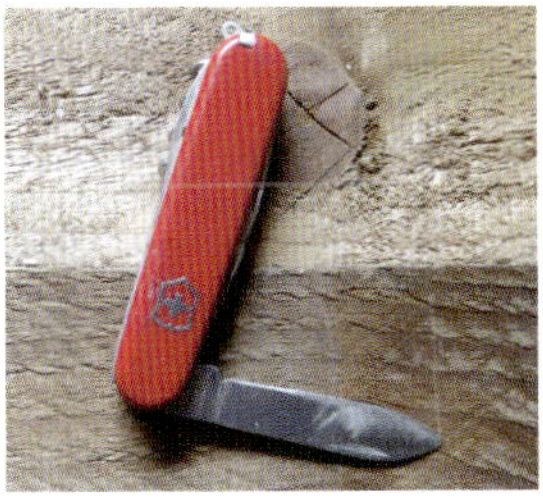

Schweizer Taschenmesser

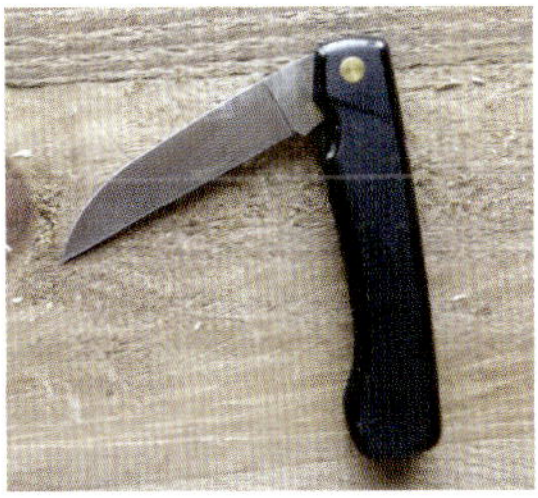

CK-Klappmesser

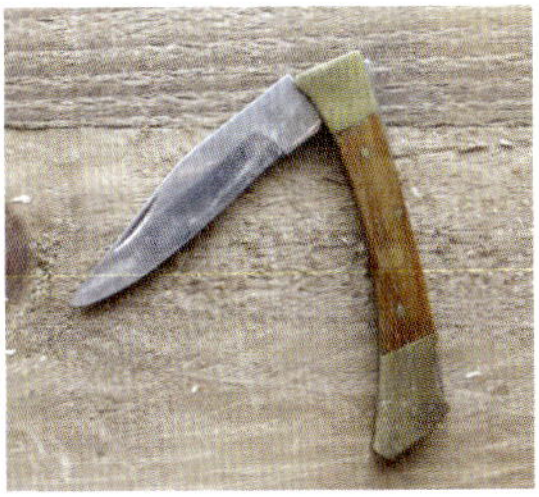

Gentleman's-Klappmesser

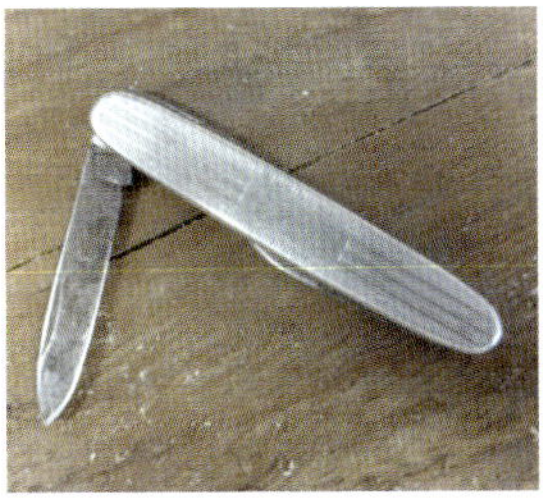

kleines Allzwecktaschenmesser

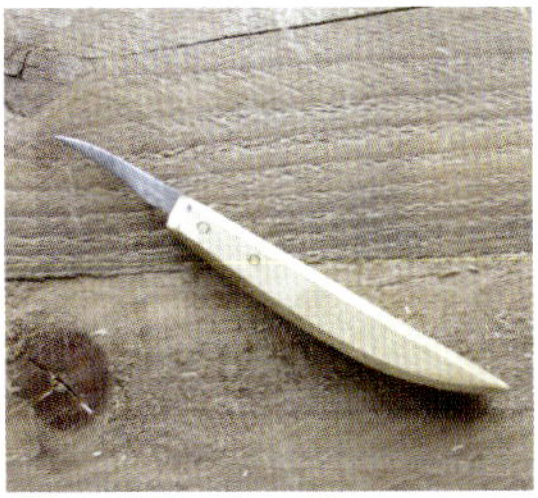

Schnitzmesser mit fester Klinge von Murphy aus den USA

Projekt verschiedene Messer verwendet habe. Dies habe ich getan, um zu zeigen, dass bei sorgfältigem Gebrauch jedes Messer zum gleichen Ergebnis führen kann. Meistens wäre das Wunschresultat mit jedem beliebigen Messer erreichbar gewesen.

Das Klappmesser, das ich verwende, ist ein Schnitzmesser von Ross Oar, da es effektiv ist und gut in der Hand liegt, aber andere sind ebenso gut. Wenn Sie ein Messer mit fester Klinge vorziehen, bieten die Messer von Murphy aus den USA oder die Ray-Iles-Messer aus dem Old Tool Store in Großbritannien gute Wertigkeit.

Ross-Oar-Taschenmesser aus den USA.

Wenn Sie Ihre eigenen Griffe herstellen möchten, finden Sie bei Nic Westermann hochwertige Klingen. Dies sind nicht die billigsten Messer auf dem Markt, aber diejenigen, für die ich mich nach dem Ausprobieren der meisten erhältlichen entschieden habe.

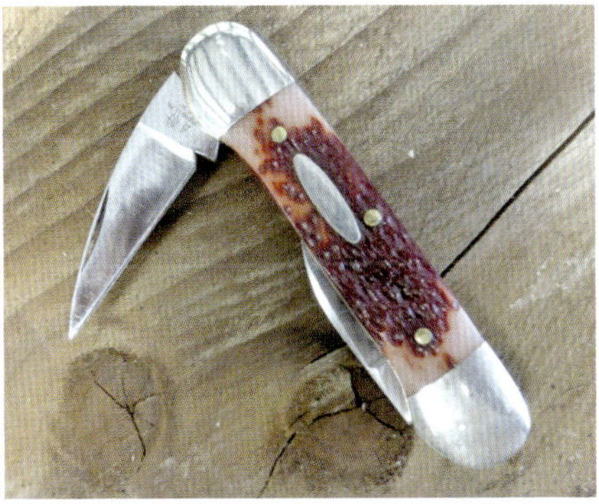

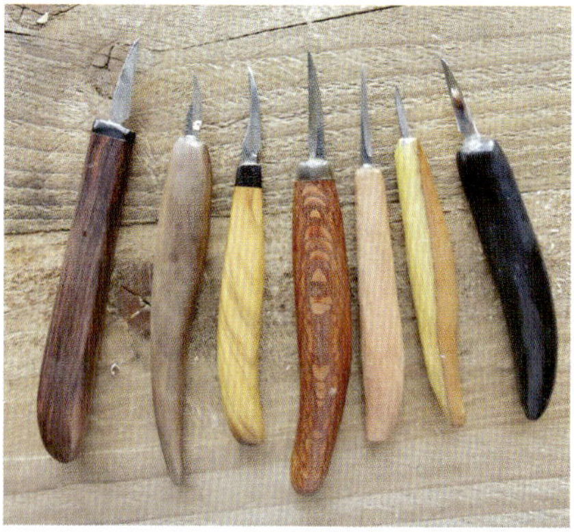

Selbst gemachte Griffe für eine Vielzahl an Klingen.

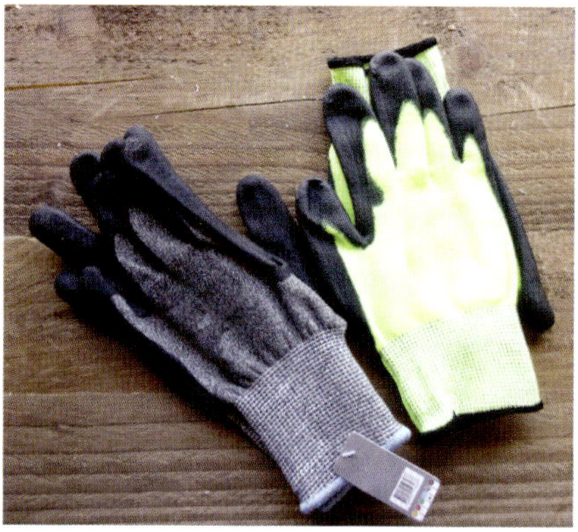

Schnittschutzhandschuhe

SCHNITZMESSER

Es gibt einige sogenannte Schnitzmesser in jeder Form und Größe. Hüten Sie sich jedoch vor dem Werberummel und kaufen Sie nur eines, das Sie zuvor ausprobiert haben oder das Ihnen von Schnitzern, deren Arbeit Sie bewundern, empfohlen wurde. Letztlich ist es eine persönliche Wahl, da jeder seine Vorlieben und Abneigungen hat. Probieren Sie so viele Messer aus, wie Sie nur können, während Sie sich durch das Buch arbeiten, und kaufen Sie dann das beste, das Sie sich leisten können. Außerdem werden Sie mit ziemlicher Sicherheit feststellen, dass Sie Ihr Messer, egal welches Sie kaufen, anpassen wollen werden, damit es Ihren Bedürfnissen entspricht. Viele Messer haben sehr breite Klingen, die sich für allgemeine Arbeiten eignen, jedoch nicht für feine Details. Die Klingen der meisten Messer, die meine Schüler und ich verwenden, wurden an der Rückseite abgeschliffen, damit es leichter wird, sie für feinere Arbeiten zu verwenden. Während Sie Fortschritte machen, werden Sie herausfinden, was am besten für Sie geeignet ist.

SICHERHEIT

Viele Menschen benutzen ein Messer ohne Handschutz, was meiner Meinung nach töricht ist. Ich habe als Kind mit dem Schnitzen begonnen, ohne auch nur daran zu denken, einen Handschuh zu tragen, und habe mich einige Male geschnitten, wenngleich nie schwer verletzt. Tatsächlich habe ich mir nur einmal ernsthaft in die Hand geschnitten, als ich den Handschuh abnahm, um etwas an der Schnitzerei anzuzeichnen, und ihn vor dem Weiterschnitzen wieder anzulegen vergaß. Von meinem Werkstück brach ein Stück Holz ab, das Messer rutschte ab, und ich schnitt mir die volle Länge meines Fingers auf.

Es war sehr schmerzhaft und hat stark geblutet, jedoch keine bleibenden Schäden hinterlassen. Heutzutage gibt es viele verschiedene Schnittschutzhandschuhe, und es gibt keine Ausrede, keinen zu tragen. Jeder Handschuh ist geeignet, solange er einen Schnittschutz der Stufe 5 bietet. Alle Schutzhandschuhe sollten in vier Kriterien der Handschuhnorm EN 388 entsprechen: Abrieb (0–4), Schnitt (0–5), Riss (0–4) und Stich (0–4). Je höher die Zahl, desto besser der Schutz. In der Regel werden Schnittschutzhandschuhe paarweise verkauft und sind recht preisgünstig.

Wenn Sie das Holz auf Ihrem Schoß schnitzen möchten, würde ich Ihnen raten, in eine Lederschürze zu investieren. Schnitte ins Bein oder in den Bauch können gefährlich werden.

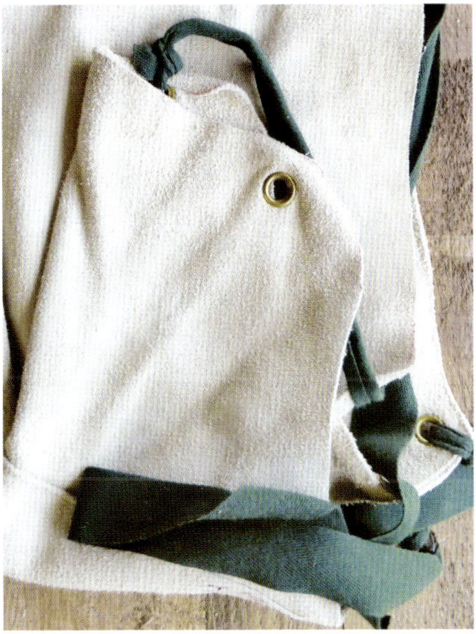

Lederschürze.

ELASTISCHES TAPE

Der einzige andere Ausrüstungsgegenstand in meinem Werkzeugkasten neben einem Erste-Hilfe-Set ist eine Rolle elastisches Tape. Dies ist ein nicht klebender Verband, der um den Daumen der Messerhand gewickelt werden kann, wenn Sie nicht beide Schutzhandschuhe tragen möchten. Vorausgesetzt, Sie sind nicht allergisch gegen diese Tapes, ist es immer nützlich, einige davon in der Werkzeugkiste zu haben.

Wenn Sie ein Taschenmesser verwenden, können Sie sich Tape um Ihren Zeigefinger wickeln, um Blasen zu verhindern, da der Griff solcher Messer selten ganz glatt ist. Dieses Tape haftet nur an sich selbst und an nichts anderem. Beim Menschen werden damit Kopfverletzungen abgedeckt, und Tierärzte verwenden es, um ein Abrasieren des Fells zu vermeiden. Man bekommt es in Apotheken, aber für gewöhnlich viel billiger in Tierhandlungen oder Reitsportgeschäften, da es auch zum Bandagieren von Pferdebeinen verwendet wird. Das Tape ist normalerweise kräftig gefärbt.

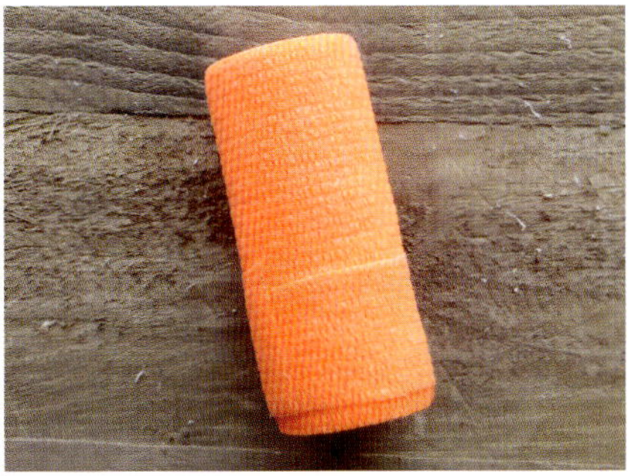

Tape.

Wartung des Messers

EGAL MIT WELCHEM MESSER SIE ANFANGEN, ES IST UNWAHRSCHEINLICH, DASS ES FÜR SIE VOLLKOMMEN ZUM SCHNITZEN GEEIGNET IST. MÖGLICHERWEISE MÖCHTEN SIE DIE FORM DER SCHNITTKANTE ÄNDERN ODER ES ZUMINDEST SCHARF GENUG MACHEN, UM MIT MINIMALEM AUFWAND ZU SCHNEIDEN.

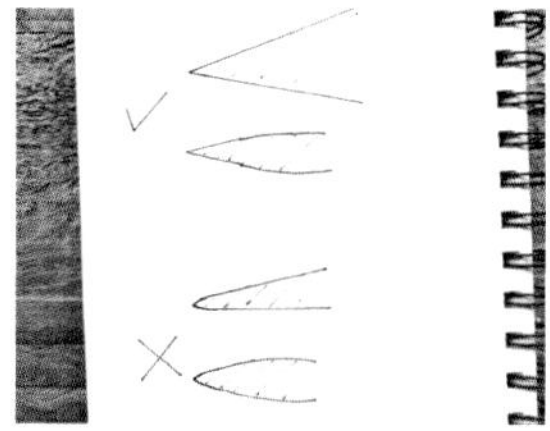

GERADE SCHNITTKANTE

Ich ziehe Messer mit geraden Schnittkanten jenen mit leichter Krümmung vor. Dies ist nur eine Vorliebe und hat nichts mit der Tauglichkeit des einzelnen Messers zu tun. Ich benutze in diesem Buch verschiedene Muster. Dies dient zur Veranschaulichung, um zu zeigen, dass die meisten Ergebnisse unabhängig vom verwendeten Messer erzielt werden können.

Das Wichtigste, das Sie im Hinterkopf behalten sollten, ist, dass ein Messer, das durch Holz schneiden soll, keine zweite Schnittkante an der Klinge haben darf, im Unterschied zu der Klinge, die zum Schneiden *in die Holzoberfläche* benötigt wird. Das liegt daran, dass der Annäherungswinkel des Messers für verschiedene Schnitzereien unterschiedlich ist: Schneidende Schnitte nutzen einen viel kleineren Schnittwinkel. Dies bedeutet nicht, dass Sie nicht mit dem Messer schnitzen können, das Sie haben, es könnte sich nur schwieriger oder weniger angenehm gestalten. Bei der Vorbereitung der Klinge sollte ein Bereich von ca. 3 mm auf jeder Seite flach sein und eine feine Kante bilden. Der Rest der Klinge kann flach, gebogen oder mit einer längeren Schnittkante versehen sein, je nach ihrer Machart. Die Klinge sollte nicht abgerundet sein (siehe oben).

SCHÄRFEN DES MESSERS

Viele Schnitzer haben Angst, ihr eigenes Werkzeug zu schärfen, weil sie fälschlicherweise glauben, dass dies dem Arbeitsgerät schaden könnte. Sie müssen Ihr Messer ungefähr alle 30 Minuten schleifen, daher müssen Sie sich sicher genug fühlen, um es selbst zu tun. Es mag Übung erfordern, aber Sie werden Ihr Messer bald gerne schleifen.

Das Schärfen eines jeden Schneidwerkzeugs erfolgt in zwei Schritten. Zuerst wird die richtige Schnittkante ermittelt: Dies kann auf einem Ölstein, einer Diamantplatte oder einem Stück Trocken- oder Nassschleifmittel (verwendet im Autohandel) geschehen. Der zweite Schritt besteht darin, diese Kante zu schärfen oder zu pflegen.

Stufe eins: Ermitteln der Schnittkante

Um die Schnittkante festzulegen, sollte – unabhängig davon, ob Sie einen Stein, eine

Platte oder ein Schleifpapier verwenden – auf jeder Seite der Klinge eine flache Oberfläche hergestellt werden, entweder über ihre gesamte Breite oder nur ca. 2–3 mm von der Schneide aufwärts. Grundsätzlich geschieht dies, indem Sie die Klinge mit der Schneide zuerst kräftig am Stein entlang führen, bis sich auf der Oberseite ein Grat bildet (wenn Sie Schleifpapier verwenden, ziehen Sie die Schneide, anstatt sie zu führen). Sowie dies passiert, drehen Sie die Klinge um und wiederholen den Vorgang. Bei Klappmessern führen Sie die Klinge der Länge nach vor und zurück, damit die Klinge sich nicht einklappt und Sie womöglich verletzt. Ich mag keine Klingen mit abgerundeter Schnittkante, weshalb ich solche mit gerader Schneide bevorzuge. Es hat jedoch jeder seine persönlichen Präferenzen, Sie können Ihre Klinge natürlich gestalten, wie Sie möchten. Die Bilder unten zeigen ein einfaches Federmesser mit gerundeter Klinge, und wie ich es begradigt habe, damit es zu mir passt.

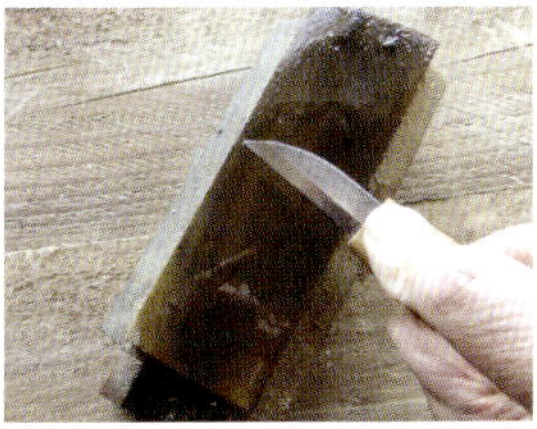

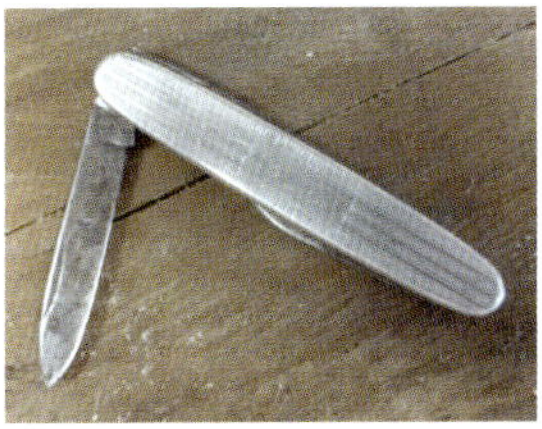

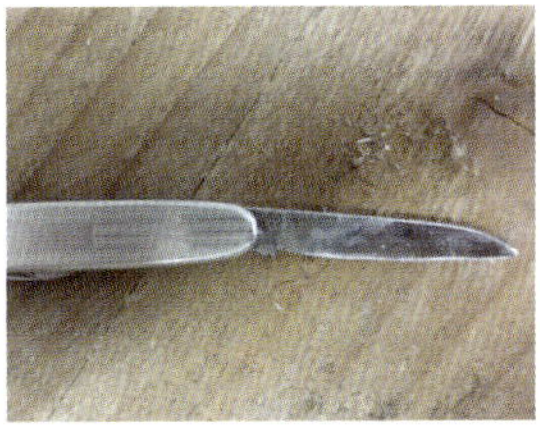

Stufe zwei: Schärfen der Kante

Sobald die Klinge die richtige Form hat und die Schnittkante schön flach ist, müssen Sie sie schärfen. Dies geschieht auf einem Abziehleder, also einem Streifen aus dickem Leder oder Gurtband, der auf ein Stück Holz geklebt werden kann, um ihn flach zu halten. Um den Schleifprozess zu unterstützen, benötigen Sie von Zeit zu Zeit eine Schleifpaste. Ich bevorzuge hier Chromreiniger aus der Tube, den Sie bequem in Ihrem Werkzeugkasten mitnehmen können. Im Gegensatz zu den anfänglichen Arbeiten am Wetzstein müssen Sie beim Schleifen die Schnittkante ziehen, anstatt sie zu führen, und die Klinge flach auf der Schleiffläche halten. Bei Klappmessern ist große Sorgfalt erforderlich, um zu verhindern, dass die Klinge beim Schleifen einklappt. Um die Schnittkante zu prüfen, halten Sie das Messer locker und schneiden Sie gegen die Maserung an der Kante eines beliebigen Holzstücks. Erhalten Sie einen sauberen Span mit einer glänzenden Oberfläche, ist das Messer bereit.

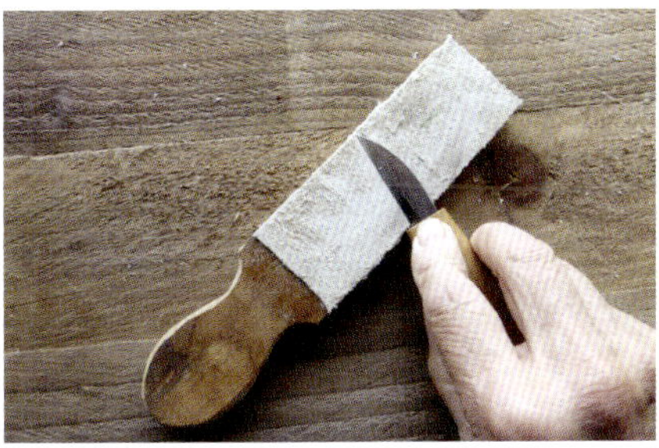

Gebrauch des Messers

VIELE MENSCHEN VERWENDEN VERSCHIEDENSTE MESSER IN DER KÜCHE, IM GARTEN ODER IN DER WERKSTATT, UND DAS MEISTENS, OHNE SICH ZU VERLETZEN. DA SIE NORMALERWEISE FLEISCH, GEMÜSE, BROT ODER GELEGENTLICH EIN STÜCK SCHNUR SCHNEIDEN, IST DAS VERLETZUNGSRISIKO RECHT BEGRENZT. DIESES STEIGT JEDOCH, SOBALD SIE HOLZ SCHNEIDEN, WESHALB SIE EINIGE EINFACHE REGELN KENNEN SOLLTEN.

Es gibt grundsätzlich nur drei sichere Arten, ein Messer zu halten, um unerwünschten Körperkontakt und Verletzungen bestmöglich zu vermeiden. Diese sind nicht nur am sichersten, sondern steuern auch die Art Ihres Schnitts.

VORWÄRTSGRIFF (A)

Der Vorwärtsgriff erfolgt mit der Schneide von Ihnen weg und mit der Handfläche nach unten gerichtet. So können Sie Schiebe- oder Hebelschnitte vom Körper weg ausführen. Dies ist der sicherste Weg, große Mengen Holz zu entfernen – bei Bedarf auch mit einem recht großen Messer. Der einzige Nachteil ist, dass das Messer unvorhersehbar sein kann, wenn es aus dem Holz austritt. Darum ist es besser, das Holz zum Körper zu ziehen und das Messer ruhig zu halten, als umgekehrt. Dies sollte kein Problem darstellen, wenn Sie allein arbeiten; beim Schnitzen in Gesellschaft kann es schwierig werden.

RÜCKWÄRTSGRIFF (B)

Der Rückwärtsgriff erfolgt mit zu Ihnen gerichteter Schneide, was bedeutet, dass Sie einen Zugschnitt (Schälschnitt) in Richtung Körper ausführen. Dabei arbeiten Sie mit Ihrem Daumen vor dem Schnitt: Sie müssen einen Daumenschutz tragen oder Ihren Daumen hinter ein Stück der Schnitzerei legen, das dann als Sicherheitsbarriere fungieren kann. Diese Schneidemethode wird in der Regel für feine Details oder kleine Schnitte verwendet. Für kleine Hände kann sie schwierig zu meistern sein.

TIPP

Denken Sie daran, dass das Schneiden mit einem scharfen Messer leichter ist als mit einem stumpfen. Achten Sie also darauf, es regelmäßig zu schärfen – etwa nach jeder halben Stunde Schnitzen. Es gibt zwei Anzeichen dafür, dass Ihr Messer Aufmerksamkeit benötigt: Das Schnitzen wird mühsamer und die Oberfläche, die nach dem Schneiden zurückbleibt, ist nicht mehr glatt und glänzend. Je länger die Klinge nicht gewartet wird, umso schwieriger wird es, sie so zu schleifen, wie Sie es sich wünschen.

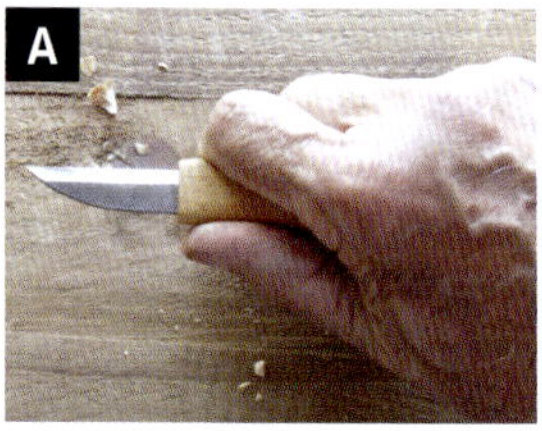

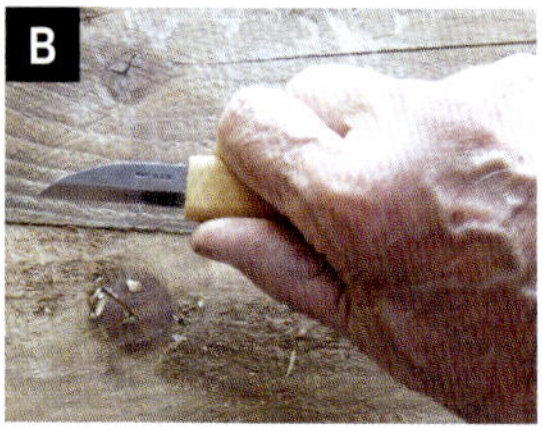

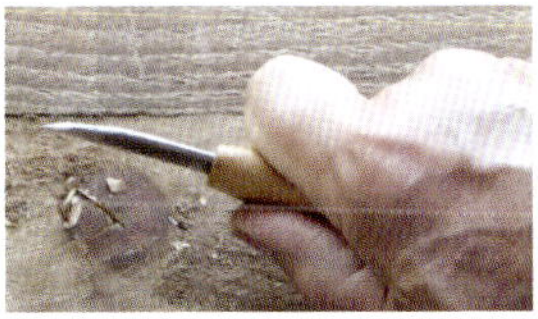

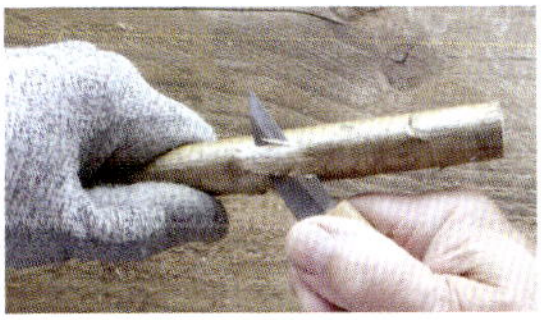

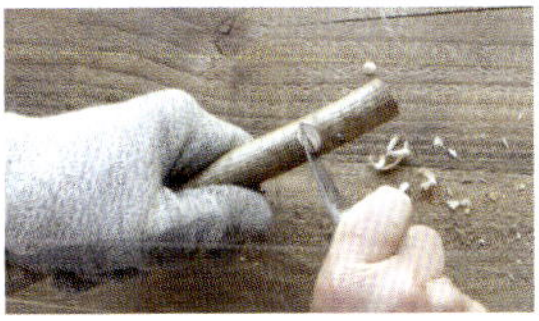

MITTLERER ODER ABWÄRTSGRIFF

Hier haben wir den mittleren oder Abwärtsgriff, der zwischen den beiden anderen liegt. Dieser wird verwendet, wenn Sie direkt in die Oberfläche des Holzes schneiden möchten, was besonders nützlich ist, wenn Sie Keil- oder Stoppschnitte ausführen.

KOMBINATION VON GRIFFEN

Dieses Bild zeigt eine zusätzliche Anwendung der ersten beiden Griffarten in einer neuen Funktion. Es handelt sich eigentlich um den Rückwärtsgriff, aber mit der Handfläche nach oben statt nach unten. Die Ausführung erfolgt vom Körper weg und wird hauptsächlich zum Entfernen der Rinde kleiner Äste oder langer dünner Streifen verwendet. Dabei wird die Klinge mit der Messerhand nach außen und gleichzeitig der Stock mit der anderen Hand nach hinten gezogen. Es ist eine starke Bewegung, die mit einem ziemlich großen Messer durchgeführt werden kann.

STOPPSCHNITT (EINSCHNITT)

Egal, wie Sie Ihr Messer verwenden möchten, Sie müssen geduldig sein, wenn Sie noch nie geschnitzt haben. Natürlich müssen Sie sicher schnitzen. Das geht am leichtesten, wenn Sie nicht zu viel Holz auf einmal abtragen. Je härter das Holz, umso weniger sollten Sie auf einmal entfernen. Verwenden Sie den Stoppschnitt (oder Einschnitt), so oft Sie nur können. Das ist ein v-förmiger Schnitt in die Holzoberfläche. Haben Sie diesen einmal gesetzt, schneiden Sie aus beiden Richtungen in ihn hinein – die „Wand" dieses Schnitts stoppt das Messer ab.

SCHNEIDEBEWEGUNGEN

Alle Schnitte müssen mit einer Schneidebewegung ausgeführt werden, da es sehr harte Arbeit ist, eine Messerklinge nur durch Drücken oder Ziehen durch das Holz zu treiben. Es ist, als ob Sie versuchen, Brot oder Fleisch ohne Schneidebewegung zu schneiden – es ist anstrengend und am Ende kommt eine Sauerei dabei heraus. Auch wenn Sie zu sich her oder von sich weg schneiden können, empfehle ich Ihnen, sich eine leichte Schneidebewegung vom Körper weg anzugewöhnen, damit die Klinge im Holz bleibt. Der Schnitt stoppt, wenn der Griff das Holz erreicht. Ziehen Sie die Klinge auf sich zu, kommt die Spitze unweigerlich aus dem Holz und Ihrem Körper gefährlich nahe.

Holz zum Schnitzen

SIE KÖNNEN GRUNDSÄTZLICH JEDES HOLZ ZUM SCHNITZEN VERWENDEN; BEHALTEN SIE NUR IM HINTERKOPF, DASS WEICHERE HÖLZER SICH LEICHTER SCHNITZEN LASSEN, ABER AUCH NUR WENIG FESTIGKEIT HABEN, SODASS SIE SICH LEICHT BIEGEN, SPLITTERN ODER BRECHEN, WÄHREND HÄRTERE HÖLZER WIDERSTANDSFÄHIGER, ABER SCHWIERIGER ZU SCHNITZEN SEIN KÖNNEN.

GETROCKNET ODER FRISCH?

Es gibt unterschiedliche Meinungen, ob Sie trockenes oder frisch geschnittenes Holz schnitzen sollten. Viele Schnitzer greifen getrocknetes Holz nicht an, vor allem kein durch Darrverfahren getrocknetes, da es sehr hart ist und sich verdrehen, verbiegen und brechen kann, wenn es sich setzt. Wenn Sie das Holz selbst schneiden, beginnen Sie gleich, es zu schnitzen. Setzen Sie es dabei jedoch nicht hohen Temperaturen aus und legen Sie es zwischen den Schnitzzeiten in eine Plastiktüte. Schneiden Sie das Holz im Winter, ergeben sich weniger Probleme, da sich der Saft in den Baum zurückzieht, wobei allerdings der Erfolg eher eine Frage der Erfahrung ist als von etwas anderem. Vermeiden Sie Totholz, da es sich nur sehr schwierig schnitzen lässt.

EMPFOHLENE HOLZARTEN

Wenn Sie gerade erst mit dem Schnitzen beginnen, möchten Sie vielleicht zuerst kleine Holzstücke aus dem Baumarkt oder dem Holzhandel verwenden. Jelutong (*Dyera costulata*), Linde (*Tilia*-Arten) und Birke (*Betula*-Arten) sind gute Sorten für den Anfang. Sie können dann zu den Obsthölzern übergehen, die zwar härter, aber schön zu schnitzen sind. Dazu zählen Apfel (*Malus sylvestris*), Birne (*Pyrus communis*), Pflaume (*Prunus domestica*) und Orange oder Zitrone (*Citrus*-Arten).

Wenn Sie Heckenholz verwenden, sollten Haselnuss (*Corylus*-Arten), Ahorn- und Bergahornarten (*Acer*-Arten) und Echte Kastanie (*Castanea sativa*) gut geeignet sein, solange sie nicht Anzeichen einer Pilzinfektion feststellen oder es stockig ist (schwarze Linien in der Holzmaserung). Wenn Sie zweifeln, sehen Sie von einer Verarbeitung des Holzes ab, da Holzkrankheiten allergische Reaktionen verursachen können.

TIP

Ein Wort der Warnung: Wenn Sie Holz bohren, sägen oder schleifen, tragen Sie eine Maske – Einwegmasken sind leicht erhältlich und nicht teuer. Die Menschen scheinen heute weit mehr Allergien zu haben als früher. Stauballergien sind hierbei mit das häufigste Problem, weshalb es am besten ist, vorsichtig zu sein.

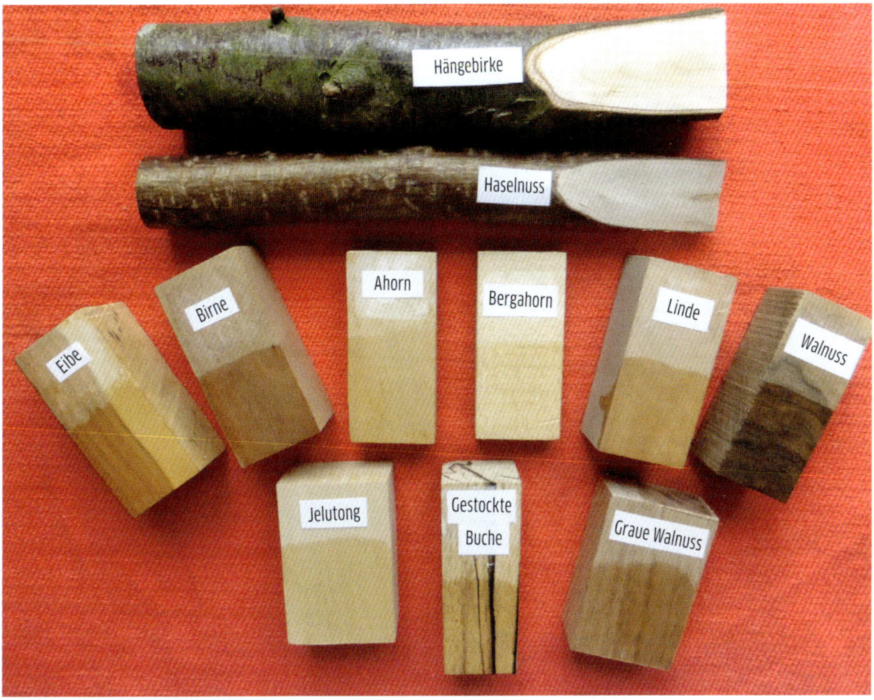

Grundsätzlich würde ich Ihnen raten, exotische Harthölzer und Rhododendren (*Rhododendron*-Arten), Goldregen (*Laburnum anagyroides*) und Eiben (*Taxus*-Arten) zu meiden, da einige von ihnen giftig sind.

Klarerweise hängt die Verfügbarkeit geeigneten Holzes vom Ort ab. Wenn Sie einen freundlichen Holzhändler in der Nähe haben, sollte es kein Problem geben, ebenso wenn Sie am Land sind und Zugang zu Wäldern und Hecken haben. Denken Sie aber daran, dass Sie die Erlaubnis des Landbesitzers brauchen, um Holz von Grund zu holen, der nicht Ihnen gehört. Der sicherste Weg, an eine zuverlässige Quelle zu kommen, ist der Kontakt zu einem Baumpfleger oder Baumchirurgen vor Ort, der Sie sicher gern mit allem ausstatten wird, was Sie brauchen, wahrscheinlich sogar nur für ein Trinkgeld.

Mein Werkzeugkasten

DIES SIND ALLE WERKZEUGE, DIE ICH VERWENDET HABE, UM DIE SCHNITZARBEITEN IN DIESEM BUCH ANZUFERTIGEN. DAS BEDEUTET NICHT, DASS SIE NICHT AUCH OHNE DIESE AUSWAHL ERFOLGREICH SEIN KÖNNEN. VIELLEICHT MÖCHTEN SIE AUCH ANDERES WERKZEUG BENUTZEN, UM ZU DEN GLEICHEN ERGEBNISSEN ZU KOMMEN – DAS IST GANZ IHRE WAHL.

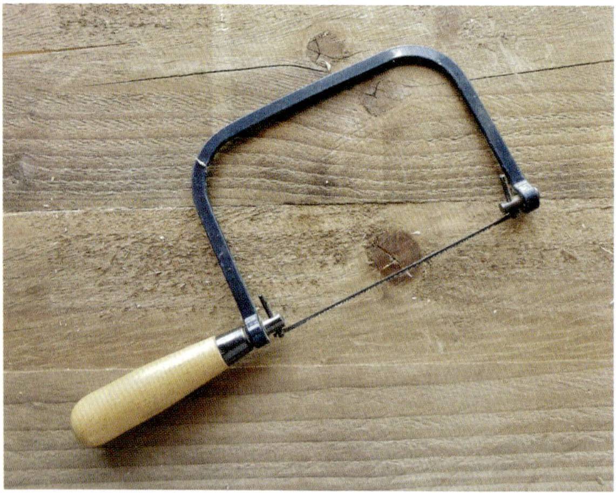

Die einfachste Säge zum Ausschneiden von Formen ist die Bogensäge.

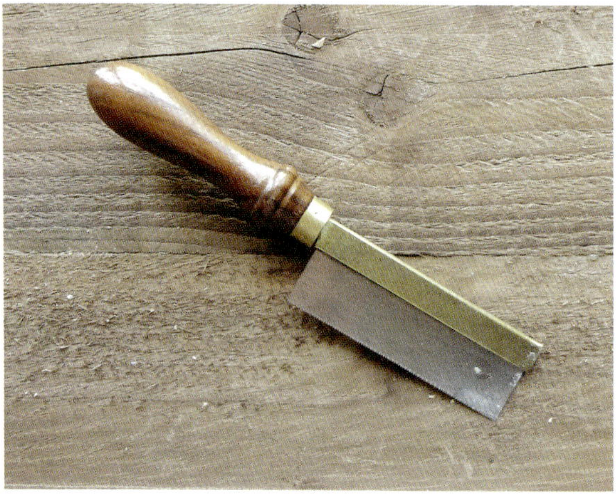

Wenn Sie elektrische Sägen haben, die die gleiche Arbeit verrichten können, verwenden Sie sie unbedingt. Bei sehr kleinen Arbeiten möchten Sie vielleicht auf die Feinsäge zurückgreifen.

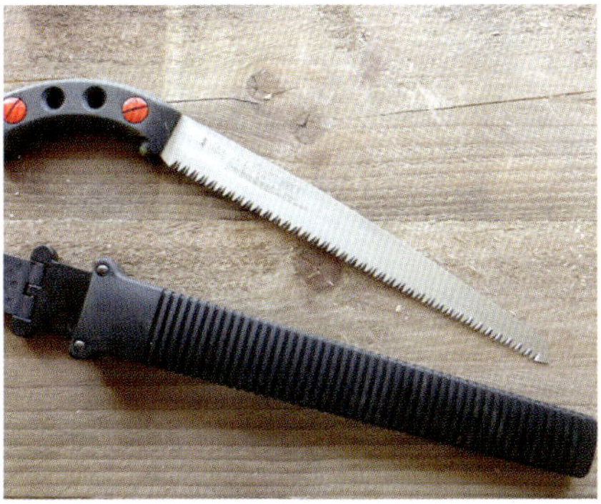

Wenn Sie Zweige oder sogar dicke Äste von Bäumen oder Hecken schneiden möchten, tun Sie gut daran, in eine Baumsäge zu investieren. Diese gibt es sowohl in vielen verschiedenen Formen und Größen wie auch zu den unterschiedlichsten Preisen, wobei Sie gewissermaßen bekommen, was Sie ausgeben. Mit allen können Sie die Arbeit erledigen, einige sind jedoch leichter in der Handhabung als andere.

Zum Skizzieren und für einen Gutteil der Arbeit an einfacheren Werkstücken habe ich ein Taschenmesser verwendet. Es ist leicht zu führen, angenehm zu tragen und im öffentlichen Raum erlaubt. Es kann jedoch unbequem sein, damit über einen längeren Zeitraum zu arbeiten.

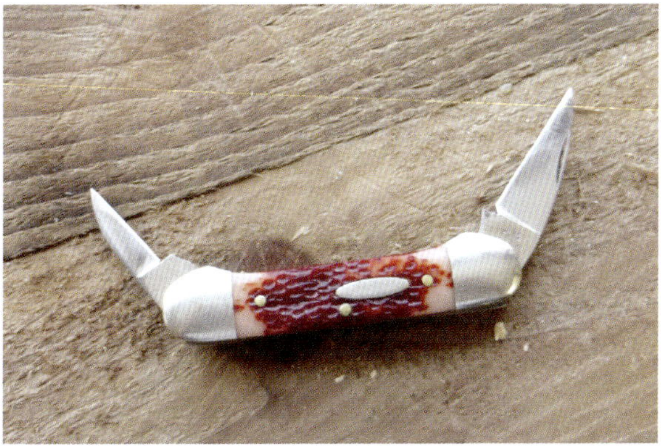

Für feine Details verwende ich ein kleines Detailmesser mit fester Klinge, um an schwer erreichbare Stellen zu kommen. Taschenmesser klappen sich dabei manchmal ein. Das Bild zeigt zwei verschiedene feine Klingen mit selbst gemachten Griffen; Sie können die meisten Messer anpassen, solange die Klinge nicht von Anfang an zu breit ist.

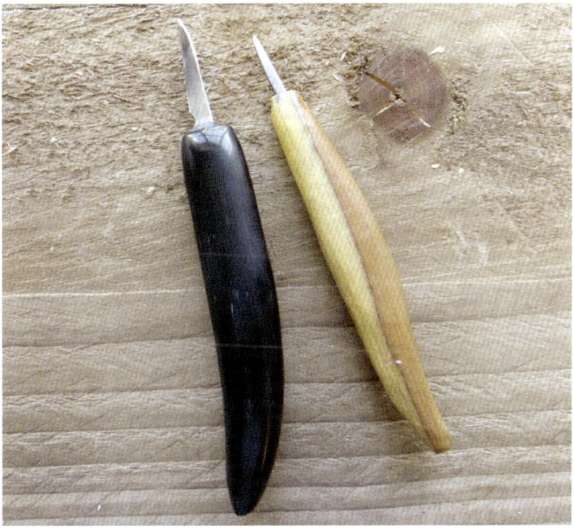

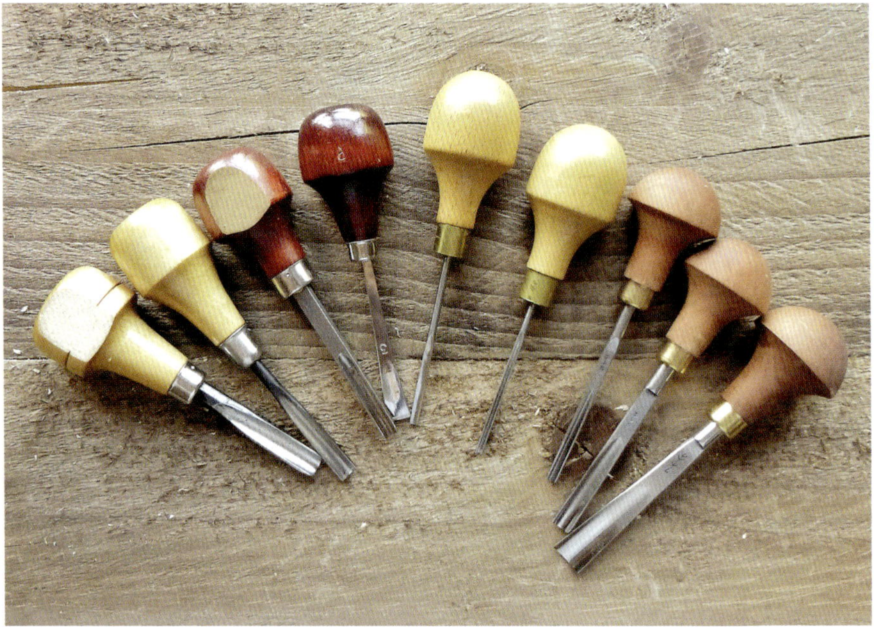

Ich habe eine Auswahl kleiner Holzschnittmesser, Hohleisen und Ähnlichem für die Fälle, in denen es angenehmer ist, ein kleines Hohleisen anstelle eines Messers zu verwenden. Es gibt sie für gewöhnlich mit einem kleinen, knolligen Griff. Die meisten Schnitzwerkzeughersteller bieten verschiedenste leistbare Hohleisen an. Vermeiden Sie fertig zusammengestellte Sets, da Sie am Ende Werkzeuge kaufen, die Sie nie verwenden. Als groben Überblick würde ich einige oder alle der folgenden auswählen:

- Hohleisen 7 oder 8 mm (Nr. 5)
- Hohleisen 6 mm (Nr. 9)
- Geißfuß 6 mm (Nr. 39)
- Hohleisen 3 mm (Nr. 8 oder 9)
- Hohleisen 3 mm (Nr. 3 oder 4)

Sie werden schnell herausfinden, was Sie mögen, kaufen Sie also immer nur ein oder zwei Werkzeuge auf einmal. Das Bild hier zeigt eine Auswahl an Hohleisen verschiedener Hersteller. Welchen Sie wählen, ist eine Frage der Verfügbarkeit und der Vorliebe.

Gelegentlich kann ein größeres Werkzeug sich als nützlich erweisen; ich empfehle Ihnen, diese nur zu erwerben, wenn Sie sie brauchen.

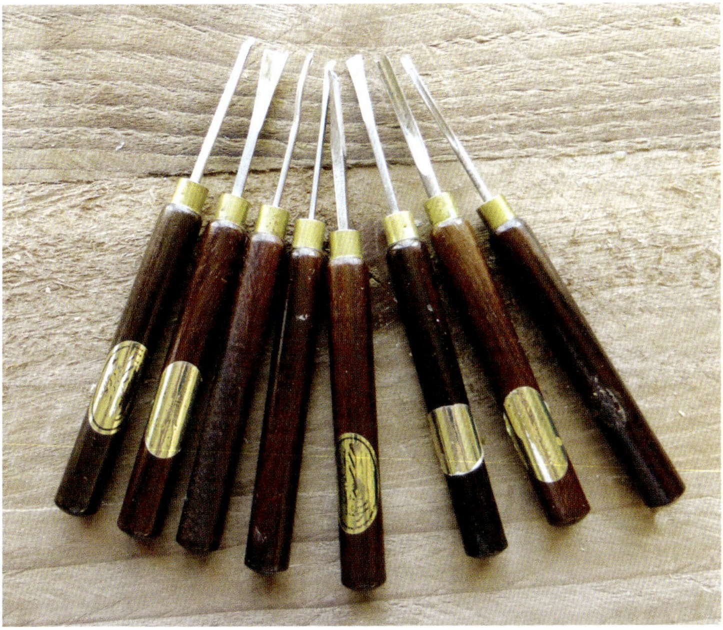

Wenn Sie beabsichtigen, sehr feine Werkstücke zu schnitzen, gibt es eine große Bandbreite von sehr feinen Hohleisen. Das Bild zeigt eine kleine Auswahl von Ashley Iles in Großbritannien; andere Produzenten variieren in der Ausführung, die meisten jedoch erfüllen ihren Zweck. Vermeiden Sie sehr billiges Werkzeug, da es in der Regel nicht lange scharf bleibt; wenn Sie Details schnitzen, ist das letzte, was Sie wollen, dass das Holz einreißt.

Es gibt viele verschiedenartige Schleifmittel auf einer Unterlage. Ich bevorzuge Schleifleinen, da dieses nicht nur biegbar ist, sondern auch die Schleifqualität beibehält, ohne zu verkleben. Staub kann leicht ausgeschüttelt oder abgeklopft werden, was es sehr kostengünstig macht. Da ich dazu neige, während des Schnitzprozesses Öl zu verwenden, finde ich dieses Schleifmittel sinnvoll, da es, sowie das Öl getrocknet ist, ohne die Probleme verwendet werden kann, die man bei gewöhnlichem Schleifpapier vorfindet, das nach einigen Strichen nutzlos wird, da die Oberfläche zerstört wird. Ich habe nicht alle Werkzeuge aufgezählt, die Sie vielleicht verwenden möchten, da es viele der hier unerwähnten in den meisten Haushalten gibt.

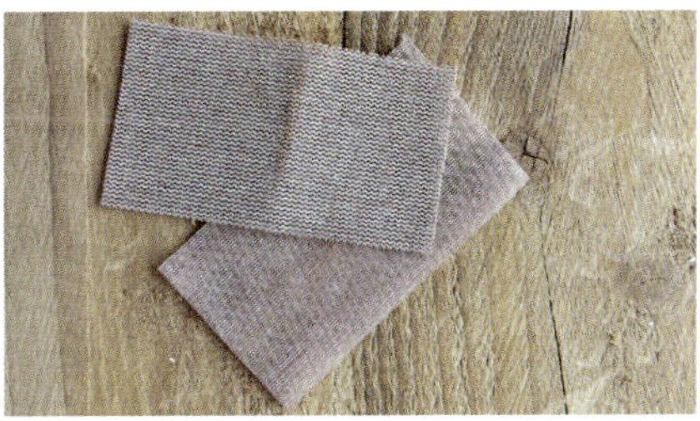

Pflanzenschilder

WENN ICH IM TREIBHAUS ODER IM GARTEN BIN, SÄE ICH OFT SAMEN ODER ZIEHE PFLANZEN UND SUCHE DANN NACH GEEIGNETEN SCHILDERN. FÜR GEWÖHNLICH FINDE ICH NUR KAPUTTE ODER BEREITS VERWENDETE. IN DER FOLGE HABE ICH BEGONNEN, AUS HOLZSTÖCKEN SCHILDCHEN MIT EINEM BILD DER PFLANZE UND PLATZ, UM DIE SORTE AUFZUSCHREIBEN, ZU SCHNITZEN.

Dieses Projekt beschreibt die Herstellung von Pflanzenschildern für Karotten. Ich habe die Karotte in den passenden Farben bemalt, aber Ihre Schilder können auch naturbelassen bleiben, wenn Ihnen das besser gefällt.

Sie benötigen einen kurzen Haselstock – die exakte Länge und der Durchmesser sind nicht so wichtig.

IM WERKZEUGKASTEN

- Abdeckband
- Bleistift/Füller
- Messer
- Sicherheitshandschuh
- kleines Hohleisen (Nr. 9 oder 10)
- Schleifleinen
- Acrylfarben, falls gewünscht
- Öl zum Versiegeln oder Acryllack

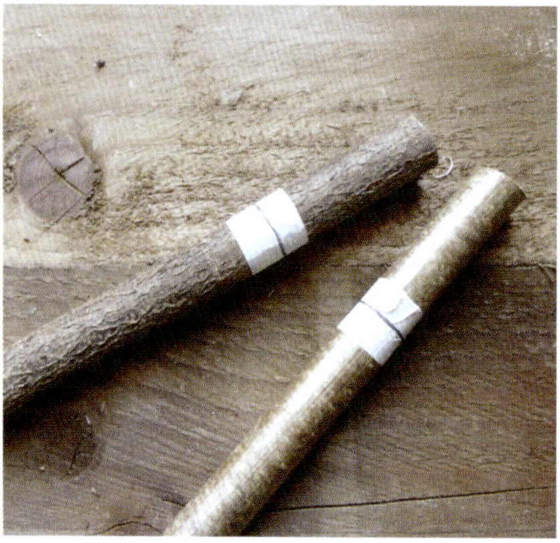

1 Bringen Sie mit Abdeckband eine ringförmige Markierung am Ende des Haselstocks an, etwa 50 mm unterhalb der Spitze.

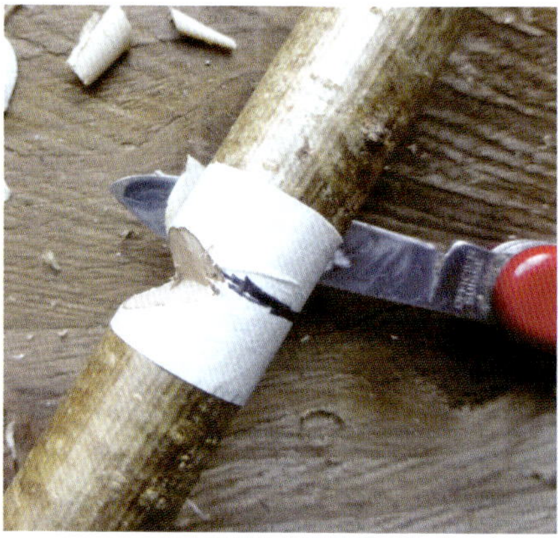

2 Schnitzen Sie einen Einschnitt bis zur Hälfte des Durchmessers.

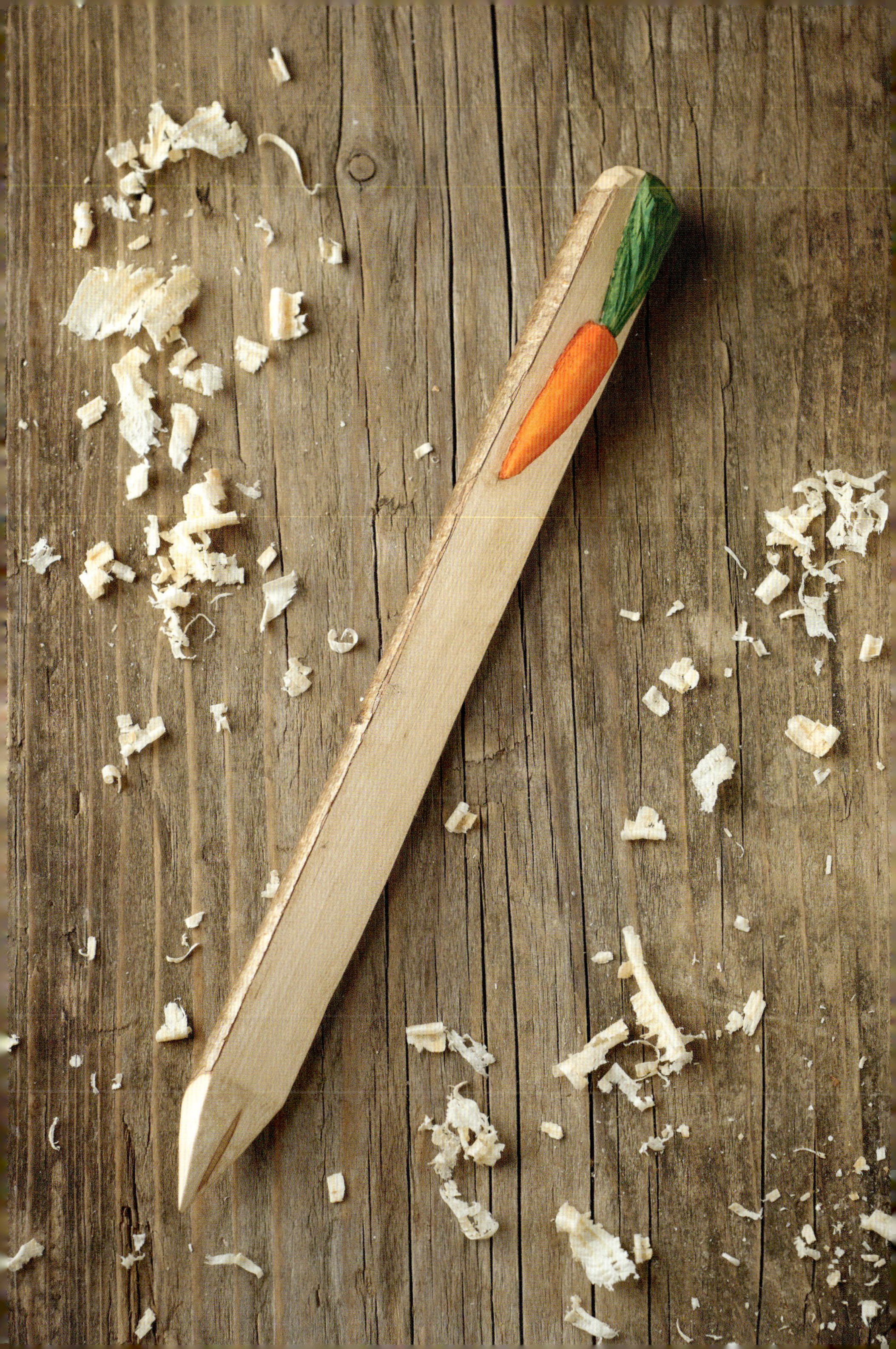

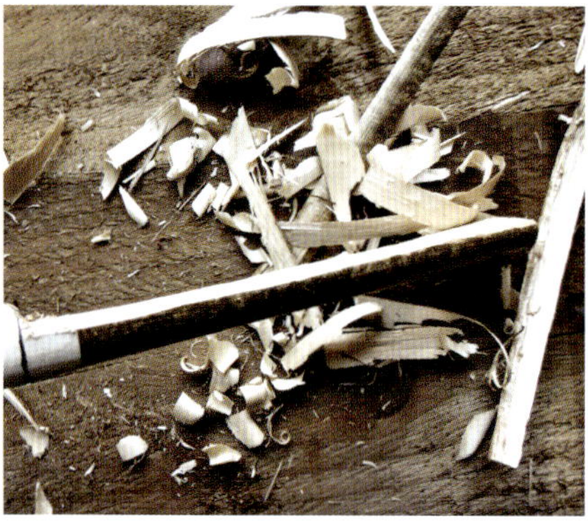

3 Entfernen Sie das Holz entlang der Länge des Stocks bis zur Markierung der Mitte.

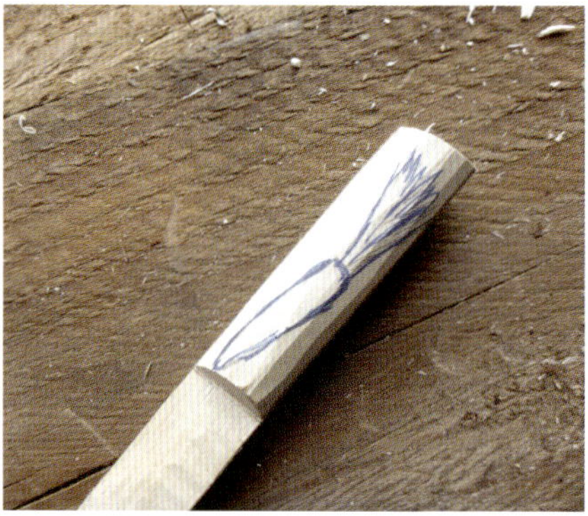

4 Entfernen Sie die Rinde von dem Ende oberhalb des Abdeckbandes und zeichnen Sie die Karotte auf.

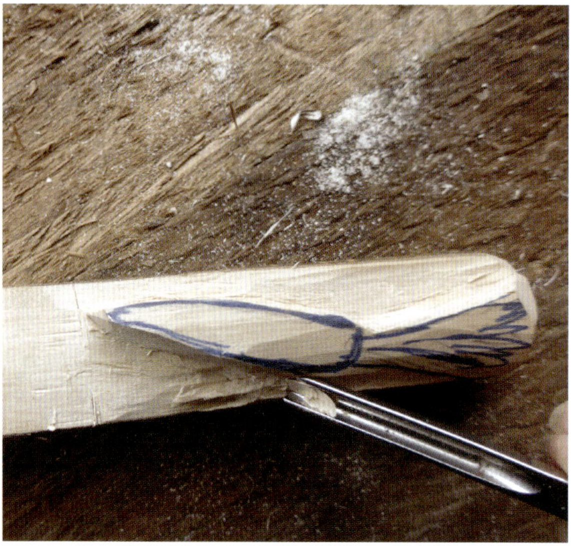

5 Verwenden Sie das Hohleisen, um die Karotte und ihre Blätter zu formen, indem Sie den Hintergrund auf die gleiche Höhe abtragen wie den unteren Teil des Stocks.

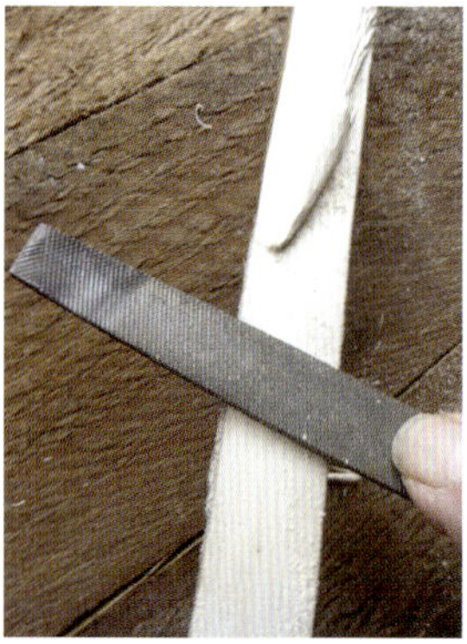

6 Glätten Sie den flachen Teil des Stocks mit einem Schleifleinen oder einer kleinen flachen Feile. Mit feinem Schleifleinen fertigstellen.

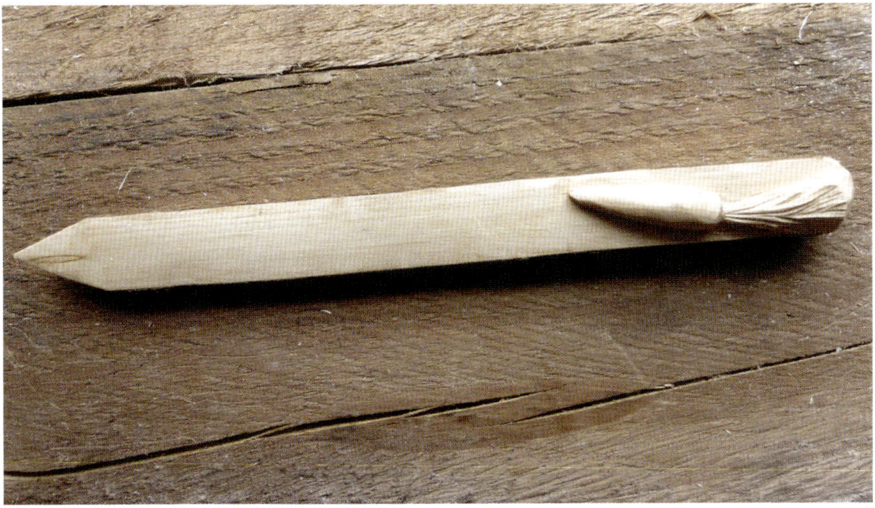

7 Schnitzen Sie das Ende des unteren Teils mit dem Messer zu einer Spitze und versehen Sie das gesamte Werkstück mit zwei Schichten Öl zum Versiegeln.

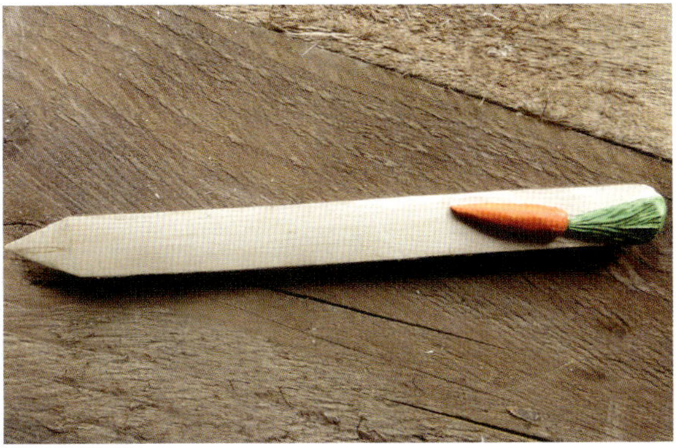

8 Wenn Sie die Karotte bemalen möchten, können Sie dies mit Acrylfarbe in Orange und Grün tun. Dann mit einer weiteren Schicht Öl oder Acryllack versiegeln.

TIPP

Sie finden es vielleicht nützlich, ein bisschen elastisches Tape unten um den Zeigefinger zu wickeln, der das Messer hält, ganz besonders, wenn Sie ein Taschenmesser verwenden, um sich vor Blasen zu schützen. Sie können es auch um Ihren Daumen wickeln, um Druckstellen des Messers zu vermeiden.

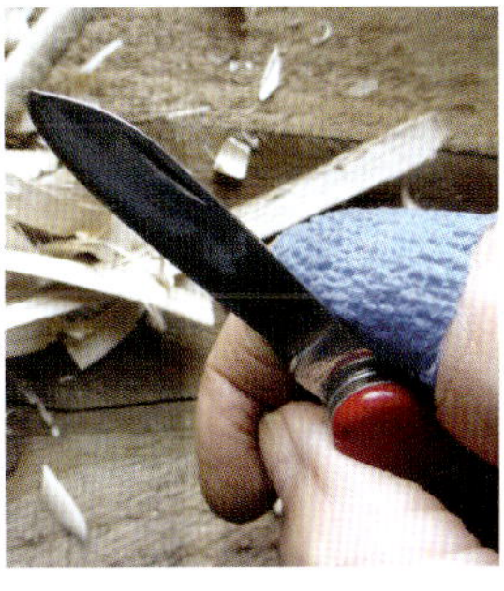

Brieföffner

DIESES PROJEKT KÖNNEN SIE SO EINFACH ODER KOMPLIZIERT GESTALTEN, WIE SIE ES WÜNSCHEN. ES ERGIBT JEDOCH EINEN PRAKTISCHEN GEGENSTAND, DEN DIE MEISTEN MENSCHEN NÜTZLICH FINDEN. WENN SIE SICH DURCH DIESES BUCH ARBEITEN, WERDEN SIE BALD FESTSTELLEN, DASS SIE IMMER WIEDER ANFRAGEN NACH DEN VERSCHIEDENSTEN SCHNITZARBEITEN BEKOMMEN, UND EIN GUTTEIL IHRES GESCHENKDILEMMAS WIRD SICH IN WOHLGEFALLEN AUFLÖSEN. IN UNSERER HOCHTECHNOLOGISCHEN UND KOMPLEXEN WELT WERDEN DIE MENSCHEN ZUNEHMEND VON DINGEN ANGEZOGEN, DIE PERSÖNLICH UND HANDGEMACHT SIND.

IM WERKZEUGKASTEN

- Abdeckband
- Bleistift/Füller
- Messer
- Sicherheitshandschuh
- Papier oder Karton für die Vorlage
- Schleifleinen
- kleine Feile
- Öl zum Versiegeln, Olivenöl oder Klarlack
- Holzlasur/-beize oder Holzfarbe

Sie können jedes Holz verwenden, das Sie zur Hand haben, solange es nicht zu weich ist. Sie könnten Hasel, Bergahorn oder ein ähnliches Heckenholz, ein Stück Obstholz aus dem Garten oder ein wenig Eichen- oder Lindenholz aus dem Baumarkt verwenden. Wenn Sie einen kleinen Ast verarbeiten, überprüfen Sie, dass kein kleines Loch in der Mitte ist, da dies die Klinge des Brieföffners ruiniert.

Ich habe ein etwa 20 cm langes Stück Hasel verwendet, das Verschnitt eines Stocks war, den ich für einen Spazierstock genutzt habe. Sie können den Brieföffner nach jedem gewünschten Muster anfertigen; machen Sie sich keine Gedanken, wenn Sie von dem hier gezeigten abweichen, da Schnitzereien so individuell werden.

TIPP

Wenn Sie ein Stück Papier in der Mitte falten und die Hälfte der gewünschten Form ausschneiden, haben Sie am Ende eine symmetrische Schablone.

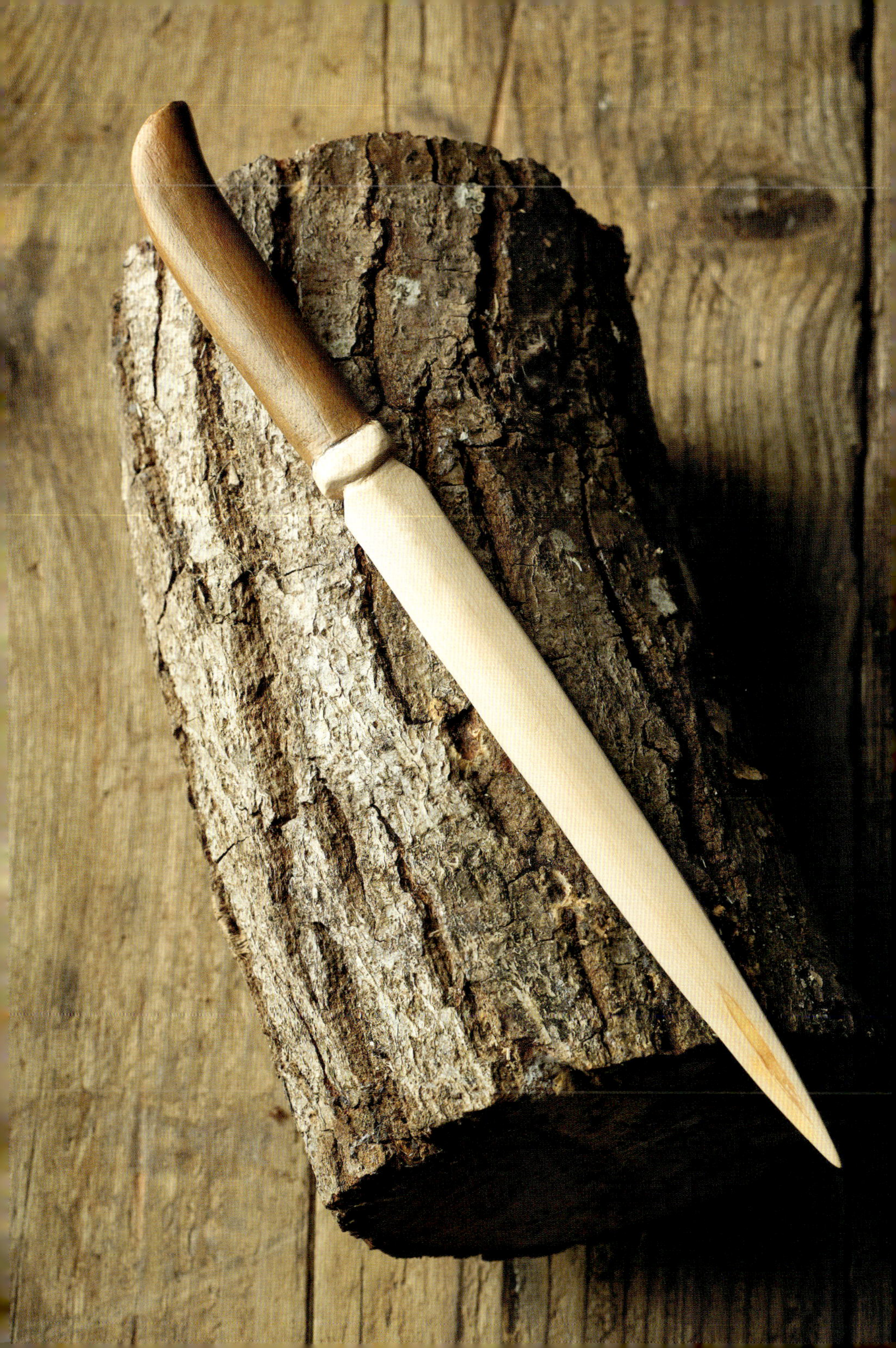

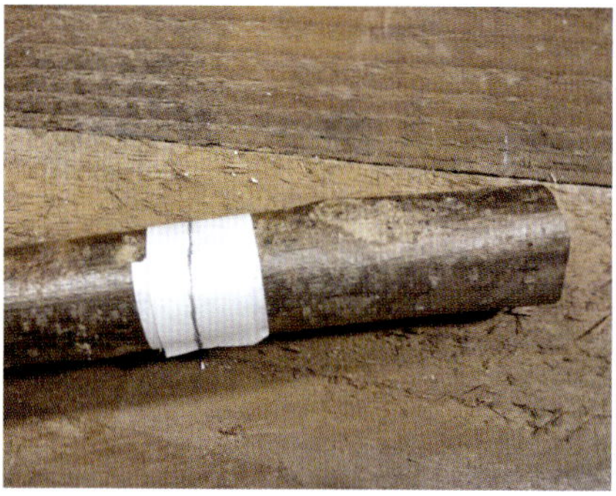

1 Markieren Sie Ihren Stock etwa 80 mm von einem Ende entfernt mit einer Linie rundherum. Ich empfehle Ihnen, ein Stück Abdeckband um den Stock zu wickeln und die Linie darauf zu zeichnen, damit sie leichter zu sehen ist und nachgebessert werden kann, wenn Sie Probleme damit haben, den Strich genau zu ziehen.

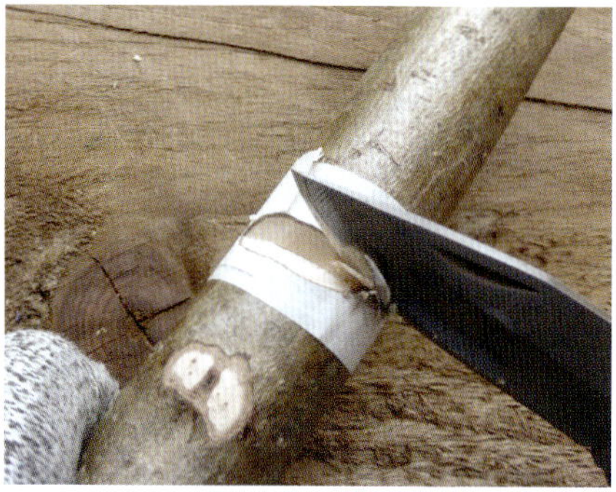

2 Schnitzen Sie eine Kerbe, indem Sie rund um den Stock entlang der eben gezeichneten Linie einen etwa 3 mm tiefen Stoppschnitt setzen.

TIPP

Wenn Sie in der Mitte Ihres Stocks nahe der Spitze Mark vorfinden (wie es mir passiert ist), können Sie es mit ein wenig Sekundenkleber aushärten und so verhindern, dass die Spitze abbricht.

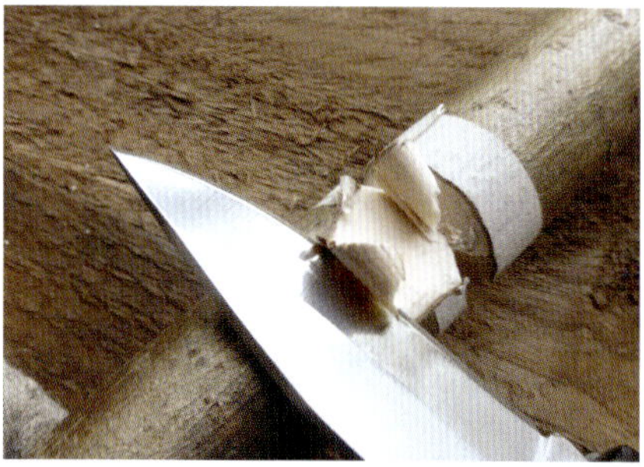

3 Entfernen Sie das Holz auf der längeren Seite von diesem Einschnitt aus betrachtet. Schnitzen Sie auf einer Seite über die gesamte Länge eine glatte Oberfläche bis zur Tiefe des Einschnitts, und schneiden Sie dabei für die Hälfte der Länge in den Stoppschnitt hinein.

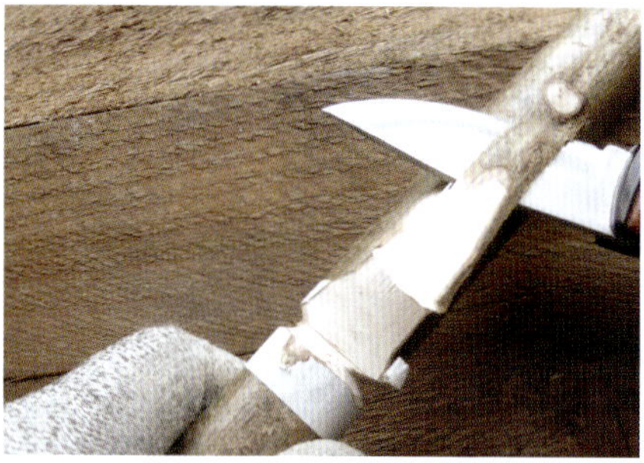

4 Entfernen Sie den Rest mit einem Schiebeschnitt.

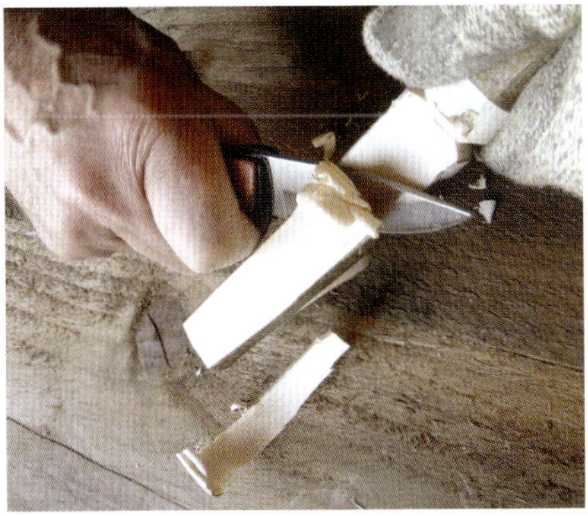

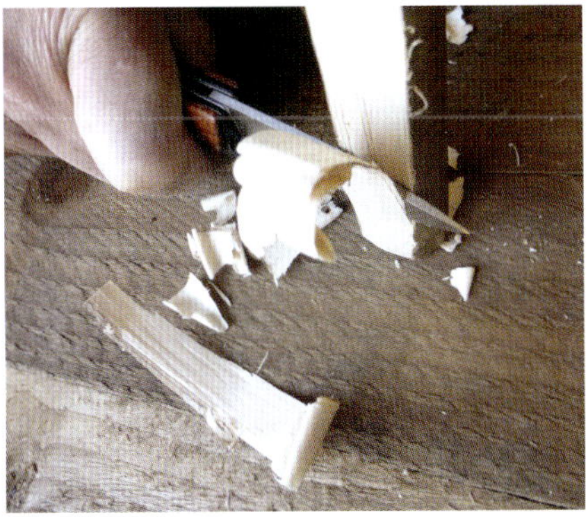

5 Wenn Sie es schwierig finden, das Holz zu entfernen, versuchen Sie, das Messer schräg zu halten, dann schieben Sie mit dem Messer und ziehen mit der anderen Hand am Griffende.

6 Besteht das Problem weiter, versuchen Sie, das Ende des Stocks auf der Werkbank aufzustellen und nach unten zu schneiden.

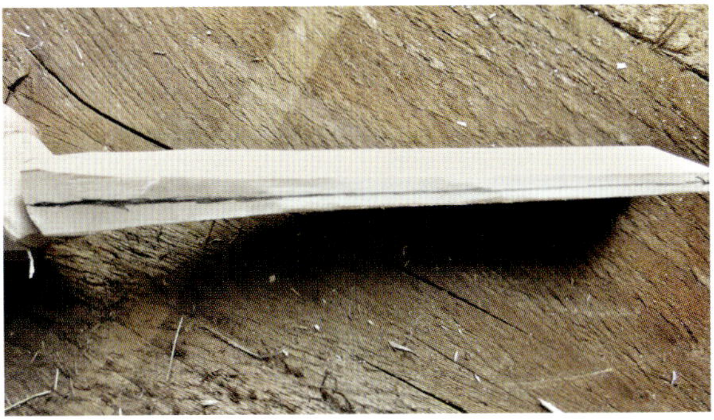

7 Auf der anderen Seite der Klinge wiederholen; lassen Sie die Seiten sich zur Spitze hin verjüngen.

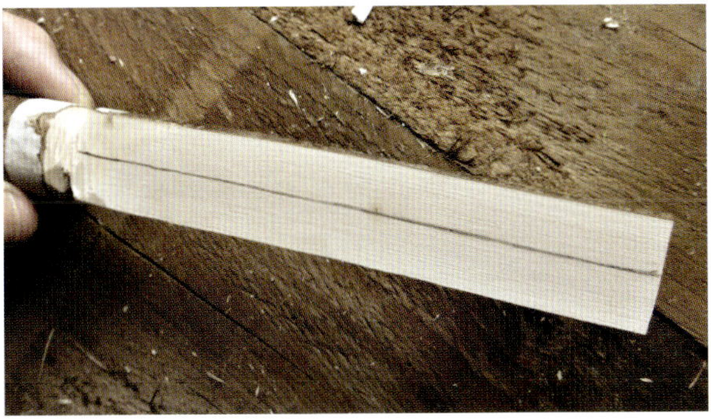

8 Sie können je eine Linie entlang der Mitte und entlang der Kante der Klinge zeichnen, um sicherzugehen, dass sie gerade ist.

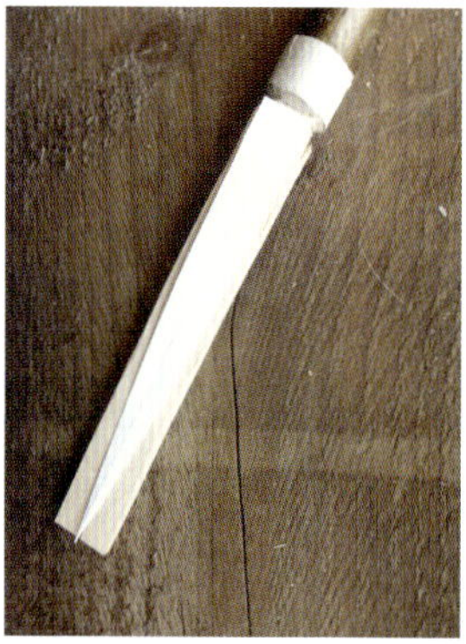

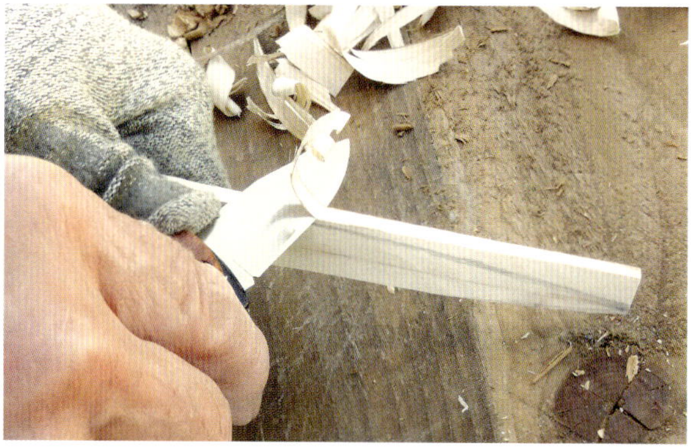

9 Schneiden Sie aus Papier oder Karton eine Schablone in Form der Klinge aus.

10 Schneiden Sie die gezeichnete Form aus und achten Sie dabei darauf, die Ränder kantig zu lassen. Schmälern Sie die Kanten der Klinge zu den an den Kanten gezeichneten Linien hin. Lassen Sie sie zur Mitte einer jeden Seite hin ein bisschen mehr stehen, sodass Sie auf der fertigen Klinge eine flache Raute erhalten.

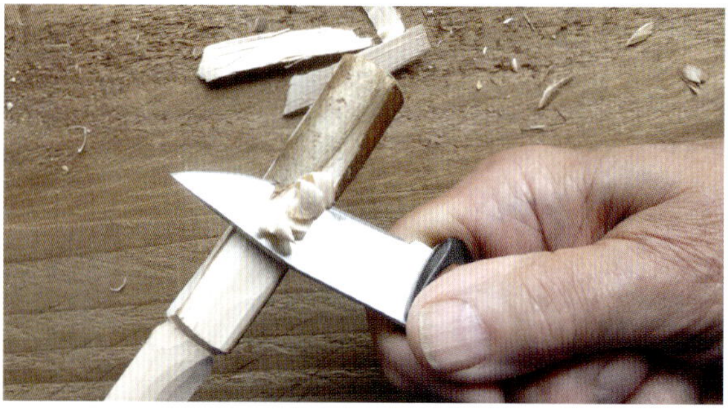

11 Ziehen Sie die Rinde vom Griffbereich ab und glätten Sie die Seiten.

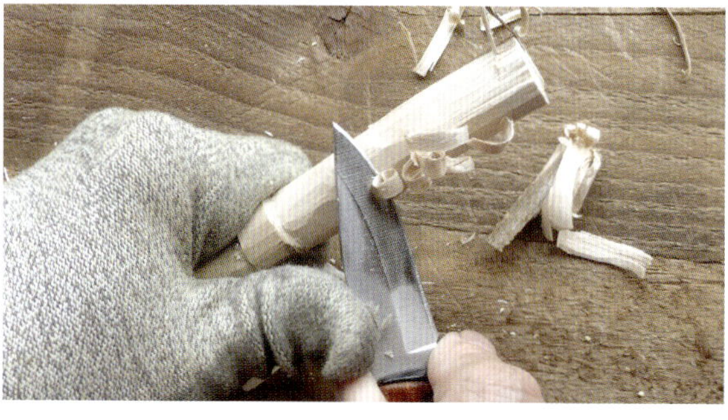

12 Formen Sie den Griff, wie Sie wünschen, und achten Sie darauf, dass er angenehm in der Hand liegt.

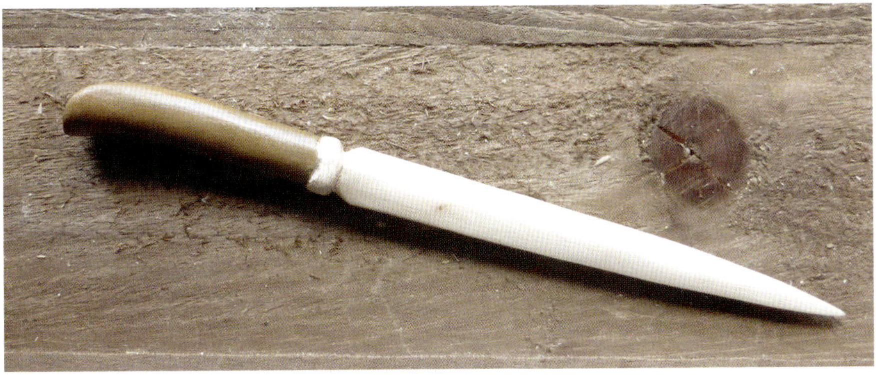

13 Für eine gute Oberflächenbehandlung das Werkstück abschleifen und Öl zum Versiegeln oder Olivenöl auftragen. Nach dem Trocknen polieren. Alternativ können Sie Klarlack auftragen. Wenn Sie dem Griff Farbe verleihen möchten, können Sie ihn mit Holzlasur oder Beize streichen. Alternativ habe ich eine Mischung aus Stahlwolle und Essig angefertigt, die ich für einige Tage stehengelassen und dann auf den Griff aufgetragen habe. Die Mischung reagiert mit dem Tannin im Holz und färbt es. Mit der Zugabe der Tannine eines gebrauchten Schwarzteebeutels können Sie Farben von Grau über Schwarz bis hin zu Brauntönen erhalten. Ist die gewünschte Farbe erreicht, waschen Sie das ganze Werkstück vor dem Einölen oder Lackieren gründlich mit klarem Wasser. Ich habe eine ähnliche Technik verwendet, um dem Schweinchen Specki (siehe Seite 124) die Flecken zu verleihen.

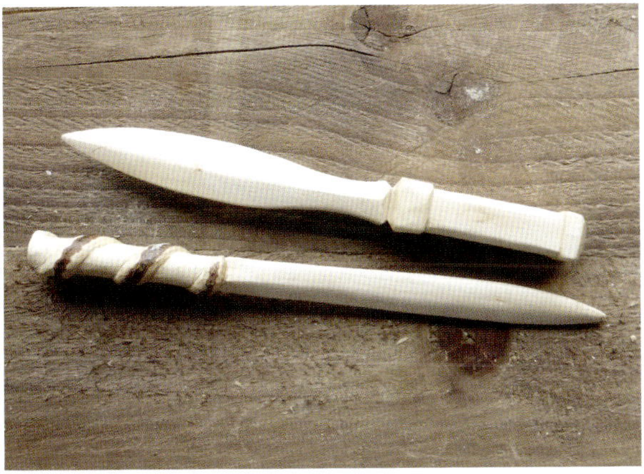

Varianten
Hier einige andere Designideen.

TIPP

Wenn Sie ein Projekt mit einer Klinge schnitzen, so wie dieses, überprüfen Sie regelmäßig, ob die Klinge und der Griff in einer geraden Linie verlaufen: Ungetrockenes oder frisches Holz kann sich verziehen, wenn es trocknet, und Sie müssen vielleicht einige Korrekturen vornehmen. Bringen Sie kein grünes oder ungetrocknetes Holz direkt von draußen in ein warmes Haus, da es sich spalten kann, wenn es zu schnell trocknet.

Wichtel

DIESE KLEINEN GESELLEN KÖNNEN ÜBERALL GESCHNITZT WERDEN. DAS SCHNITZEN DAUERT NICHT ALLZU LANGE, SODASS SIE ALS BESONDERE GESCHENKE FÜR GERADE ANWESENDE KINDER DIENEN KÖNNEN. ALTERNATIV KÖNNEN SIE SIE IN DER WEIHNACHTSZEIT ALS KLEINE GESCHENKE AN DIE JÜNGEREN FAMILIENMITGLIEDER ÜBERREICHEN – BESONDERS IM ADVENT IST ES EIN SCHÖNER ZEITVERTREIB FÜR KINDER, SIE ZU BEMALEN.

Diese geschnitzten Leutchen eignen sich auch als besonderer Christbaumschmuck. Einer meiner Schnitzkameraden versammelt am Weihnachtsabend all seine Enkel und Freunde um sich, um die Schnitzereien, die er angefertigt hat, zu bemalen, und sie würden das um nichts in der Welt verpassen wollen.

Diese Figuren sind Beispiele für Schnitzereien aus einem Stück Hasel aus dem Garten oder einer Hecke.

IM WERKZEUGKASTEN

- Messer
- Sicherheitshandschuh
- kleiner Geißfuß
- Acrylfarbe (optional)
- Haken oder Öse zum Aufhängen
- Öl zum Versiegeln oder Acryllack
- Kreidestift

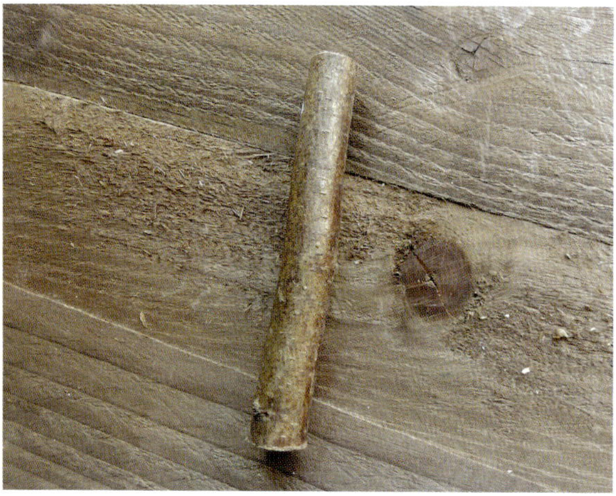

1 Wählen Sie einen etwa 30 cm langen Stock, da dieser einfacher zu halten ist als ein kürzeres Stück. Ein Durchmesser von etwa 25 mm ist ideal, aber Sie können nehmen, was Sie zur Hand haben.

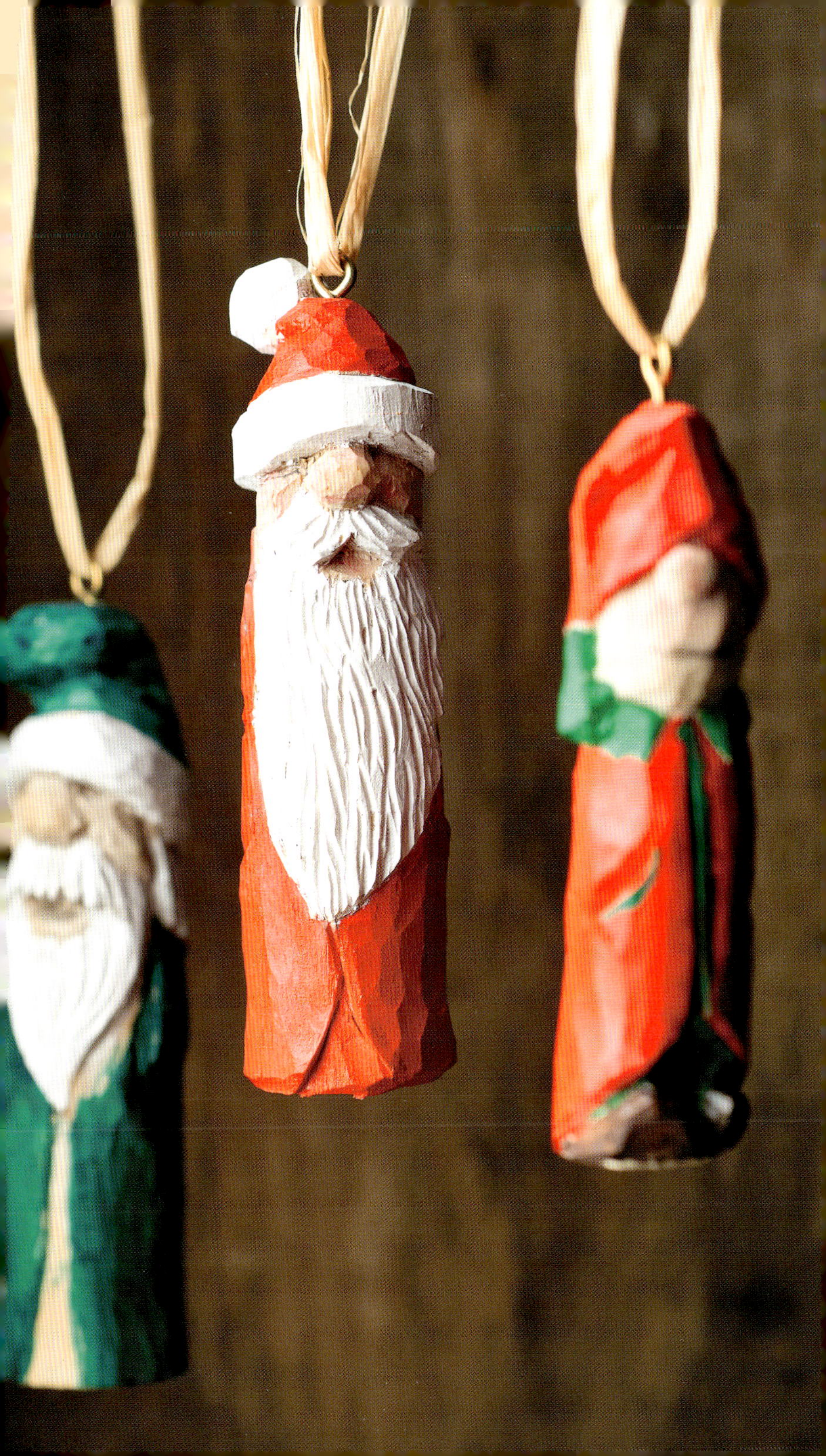

2 Sie können Ihr Muster vorausplanen, aber ich finde, dass diese Figuren sich während des Schnitzens einfacher gestalten lassen. Markieren Sie, wo Sie den Hut haben möchten und wie dieser grob aussehen soll. Wenn Sie das richtig machen, ist der Rest der Figur recht einfach. Ich habe einen Flüssigkreidestift verwendet, da man Bleistift oder Tinte auf der Rinde nur schlecht sieht. Diese Stifte sind leicht zu bekommen und nicht teuer.

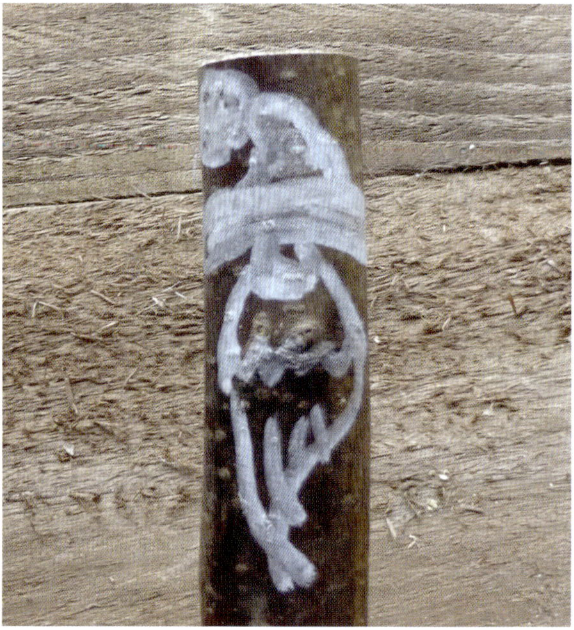

3 Schnitzen Sie den Hut und lassen Sie dabei genug Holz für die Nase.

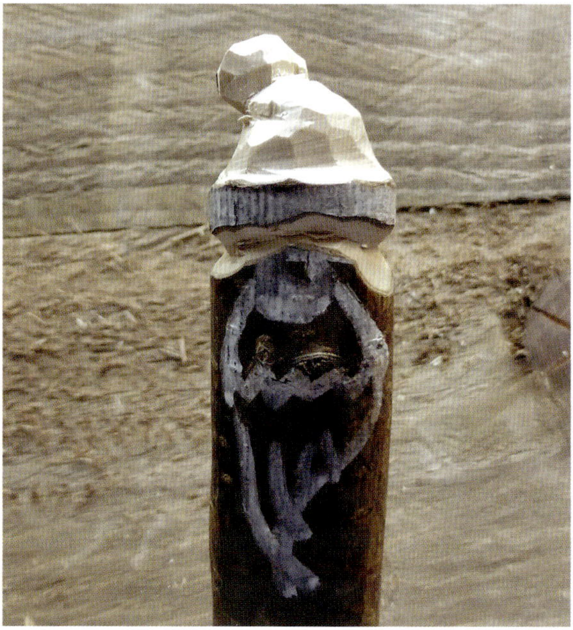

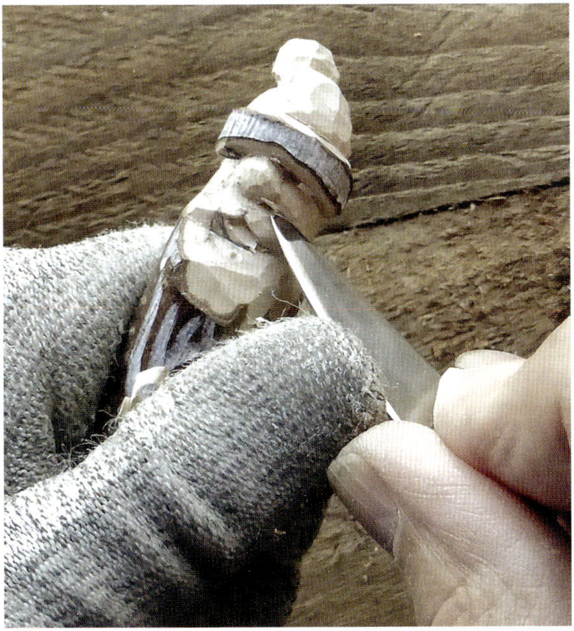

4 Schnitzen Sie ein einfaches Gesicht, wie Sie es sich vorstellen. Dieser Figur habe ich ein Weihnachtsmanngesicht mit Rauschebart geschnitzt. Da das Gesicht so klein ist, sollten Sie nicht versuchen, zu viele Details einzuarbeiten: Halten Sie es einfach.

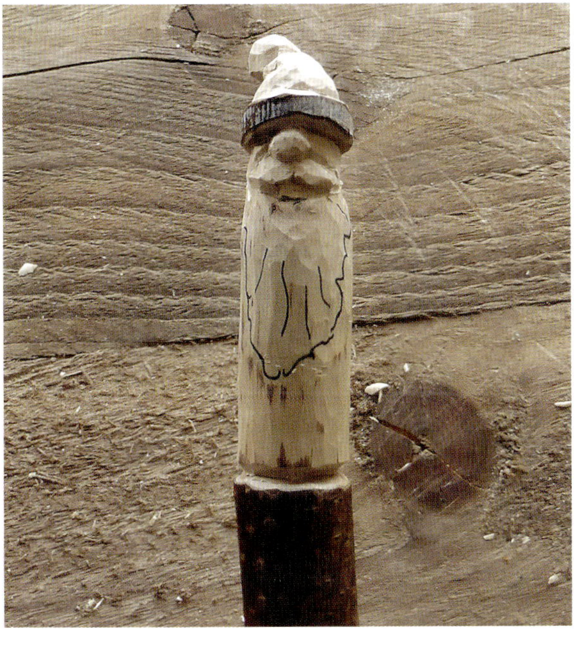

5 Markieren Sie am Stock, wo das Ende Ihrer Schnitzerei sein soll, und ziehen Sie dann die Rinde bis dorthin ab. Zeichnen Sie den Bart und alle anderen gewünschten Details auf.

6 Schnitzen Sie Bart und Arme heraus, wenn Sie diese hinzufügen möchten.

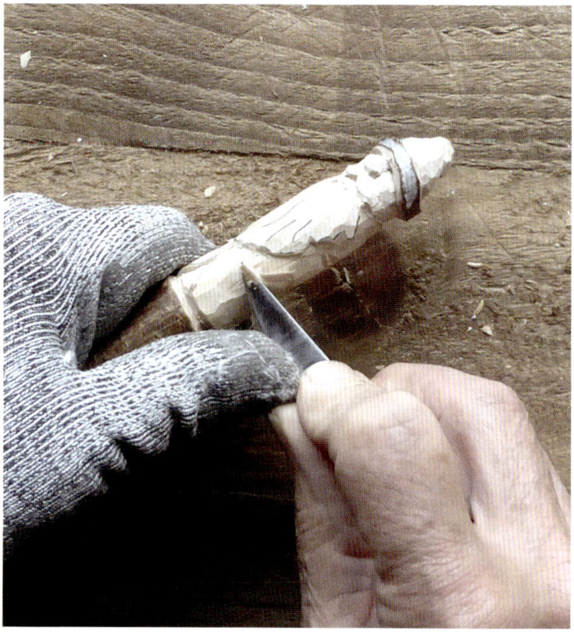

7 Verleihen Sie dem Bart mit Ihrem kleinen Geißfuß eine Oberflächenstruktur. Versuchen Sie, ohne gerade Linien zu arbeiten – lang gezogene, s-förmige Schnitte für die Linien wirken natürlicher. Wenn Sie Ihre Figur nicht bemalen möchten, brauchen Sie nur noch einen kleinen Haken oder eine Öse, die oben eingeschraubt wird, und eine Schicht Acryllack oder Öl zum Versiegeln.

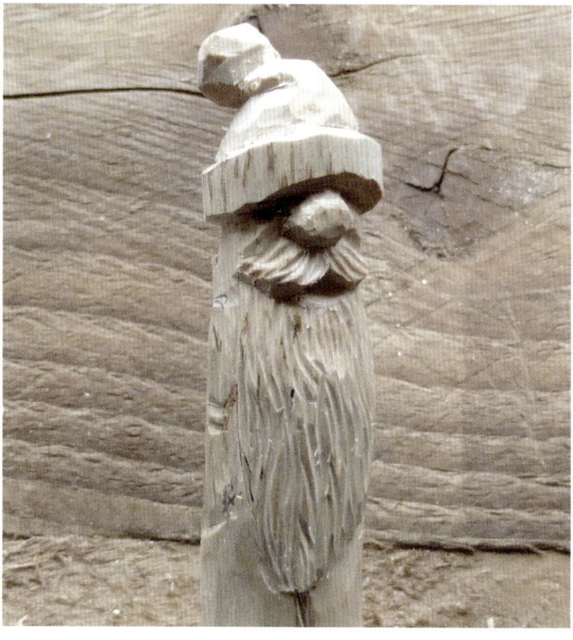

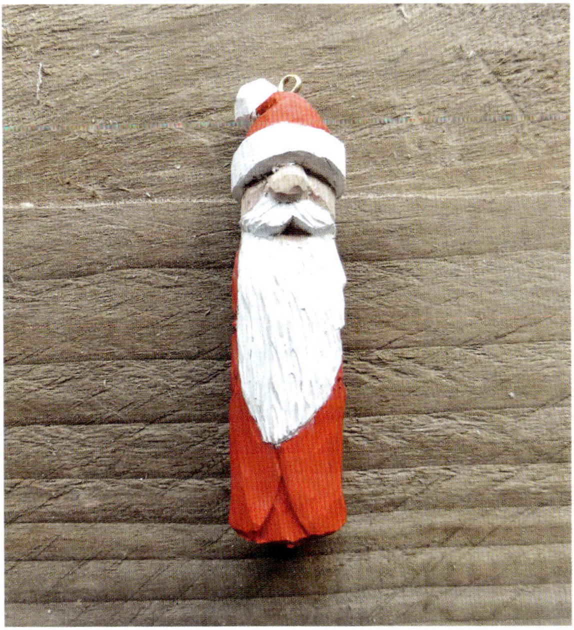

8 Wenn Sie die Figur bemalen, verwenden Sie verdünnte Acrylfarbe und bauen Sie die Farbe allmählich auf, bis Sie die gewünschten Farbtöne erreichen. Verwenden Sie keine reine Farbe, außer Sie möchten die Maserung des Holzes vollständig abdecken. Wenn Sie mit dem Ergebnis zufrieden sind, tragen Sie eine Schicht Acryllack auf, um die Farbschicht zu schützen.

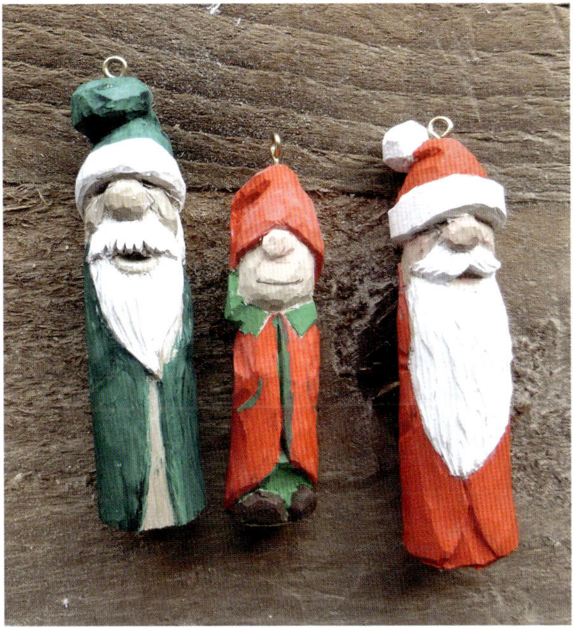

Varianten
Das fertige Werkstück mit einigen Abwandlungen.

Saathilfe

DIES IST EIN EINFACHES PROJEKT, MIT DEM SIE DIE VERSCHIEDENEN SCHNITTARTEN ÜBEN KÖNNEN. WENN SIE MEHR ALS EIN MESSER HABEN, HABEN SIE HIER DIE MÖGLICHKEIT, JEDES AUSZUPROBIEREN UND ZU ENTDECKEN, WIE SIE MIT IHNEN ARBEITEN KÖNNEN. AM ENDE HABEN SIE EIN NÜTZLICHES GARTENWERKZEUG, UM PFLANZENSAMEN IN EINER GERADEN LINIE AUSZUSÄEN.

Ich habe ein Stück eines Haselzweigs mit einem Durchmesser von etwa 25 mm aus einer Gartenhecke verwendet. Es wurde in zwei gleiche Teile zu jeweils etwa 25 cm geschnitten.

Hinweis: Da für die Saathilfe zwei Stäbe benötigt werden, muss jeder Schritt am zweiten Stück wiederholt werden.

IM WERKZEUGKASTEN

- Kreidestift
- Messer
- Sicherheitshandschuh
- Schleifleinen
- Schnur
- Bohraufsatz (2 mm) und Bohrer
- Lack

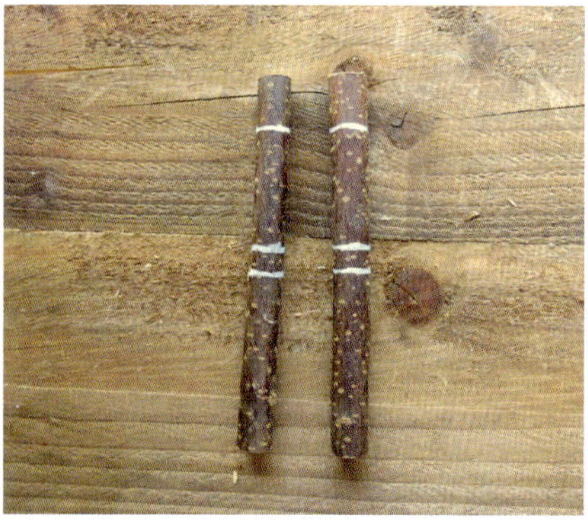

1 Markieren Sie die Stöcke, wie gezeigt. Die tatsächlichen Abmessungen sind nicht wichtig, solange beide Teile gleich lang sind. Zwischen den beiden oberen Markierungen wird die Schnur aufgewickelt, bringen Sie sie also nicht zu dicht beieinander an.

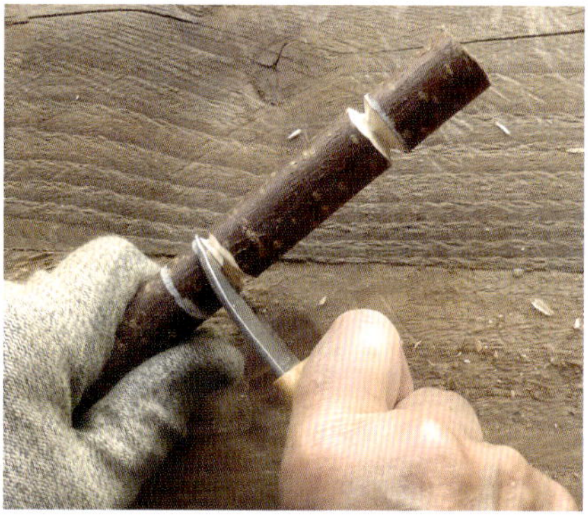

2 Schnitzen Sie an jeder der beiden oberen Markierungen rundherum einen etwa 3 mm tiefen Stoppschnitt.

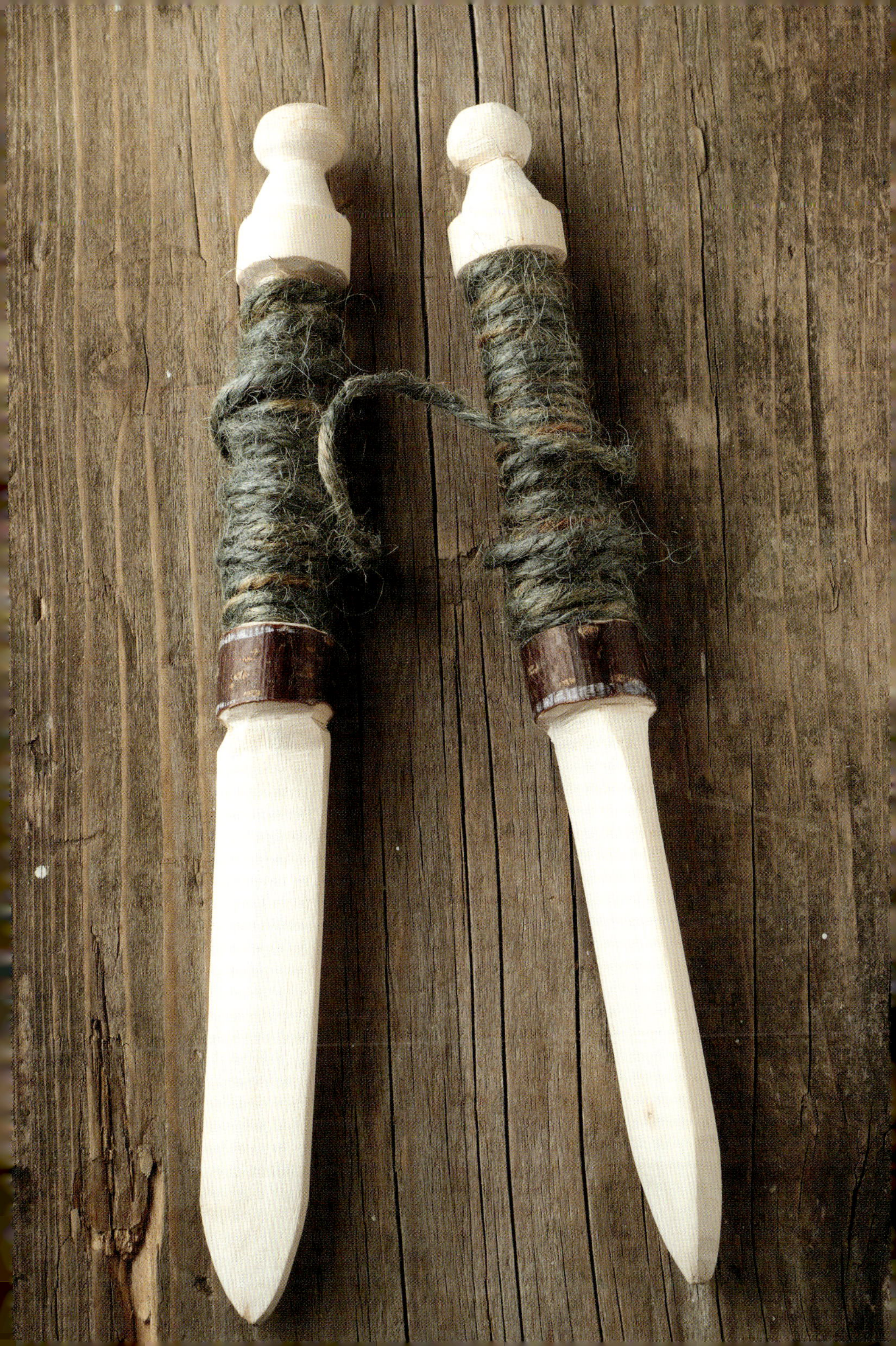

3 Schnitzen Sie nun den unteren Stoppschnitt, jedoch nicht so tief: Es genügen 1–2 mm Tiefe, um das obere Ende der „Klinge" zu markieren.

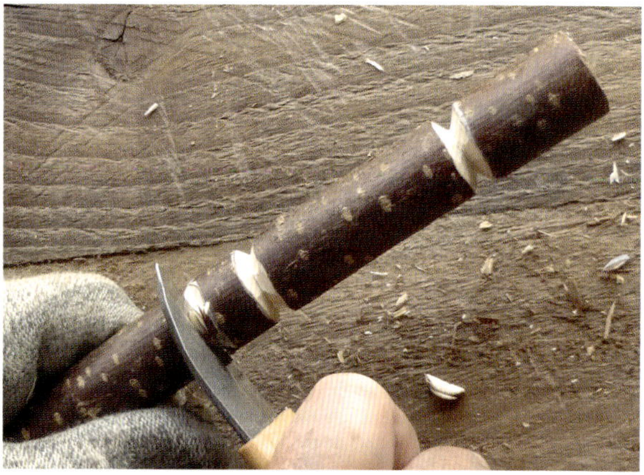

4 Tragen Sie unterhalb des unteren Einschnitts auf beiden Seiten so viel Holz ab, dass eine Klingenform mit einer Stärke von etwa 3 mm entsteht. Entfernen Sie eventuell an den Seiten zurückgebliebene Rinde.

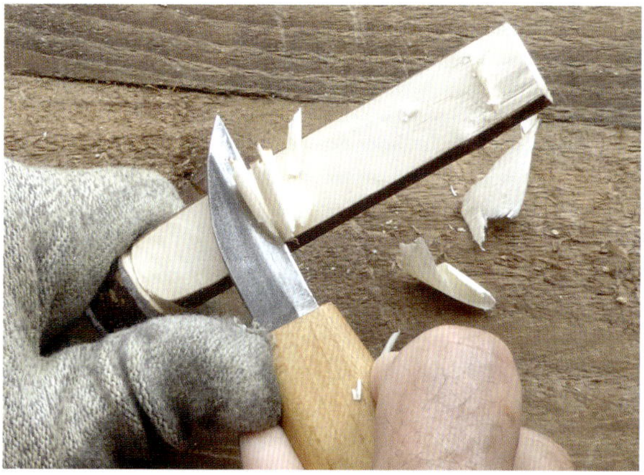

5 Kehren Sie zur Oberseite des Stocks zurück und entfernen Sie das Holz zwischen den beiden Einschnitten auf deren ganzer Tiefe.

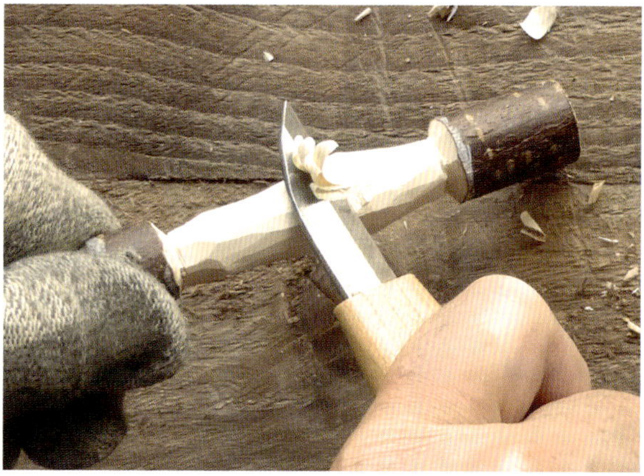

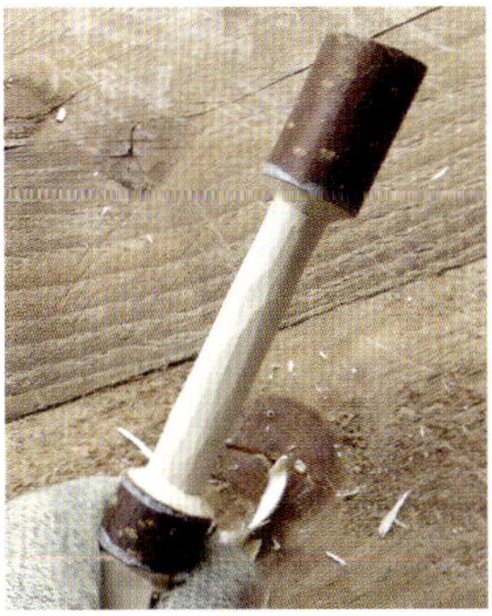

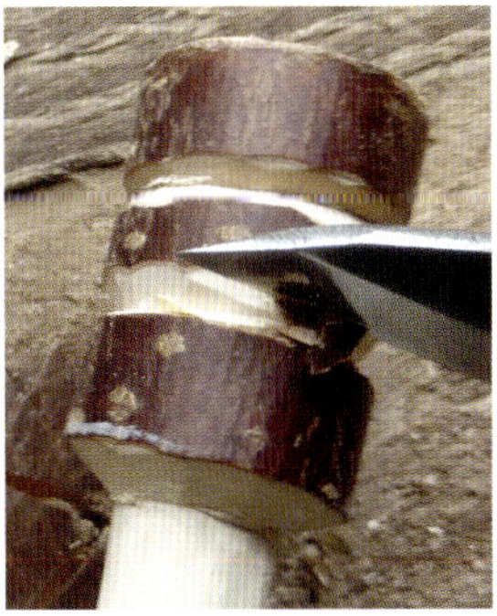

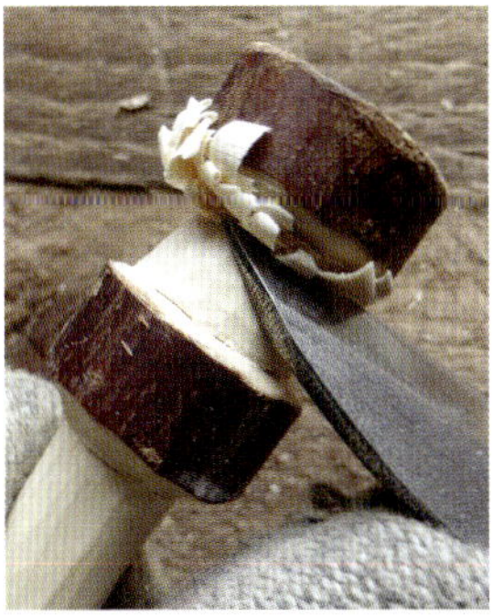

6 Arbeiten Sie so weiter, dass je nach Größe Ihres Werkstücks in der Mitte eine Spindel mit einem Durchmesser von 10 bis 15 mm bleibt.

7 Schnitzen Sie zwei Stoppschnitte, sodass in ihrer Mitte ein Bereich von etwa 1 cm Breite verbleibt. Diese Maße ist nicht sehr wichtig, solange beide Stöcke übereinstimmen.

8 Entfernen Sie das Holz zwischen den beiden Einschnitten so, dass es sich nach oben hin verjüngt, und schnitzen Sie am oberen Ende eine Kugel. Glätten Sie die beiden Stöcke mit Schleifleinen.

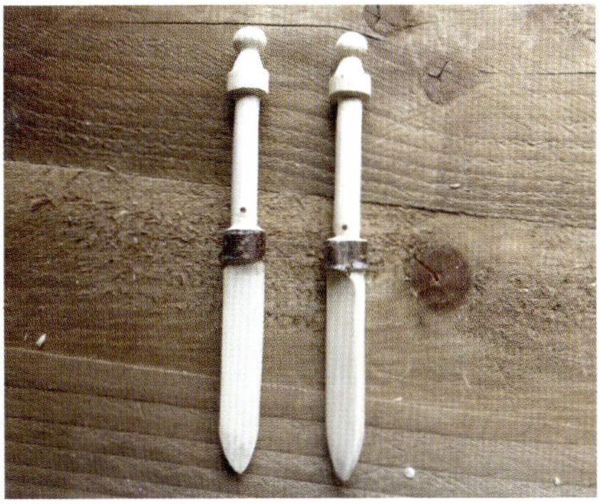

9 Bohren Sie in das untere Ende des schmalen Schaftes ein Loch, um die gewünschte Schnur einfädeln zu können. Verwenden Sie keine zu dicke Schnur, da das Loch den Schaft schwächt.

10 Lackieren Sie beide Stöcke und wickeln Sie eine Schnur angemessener Länge auf.

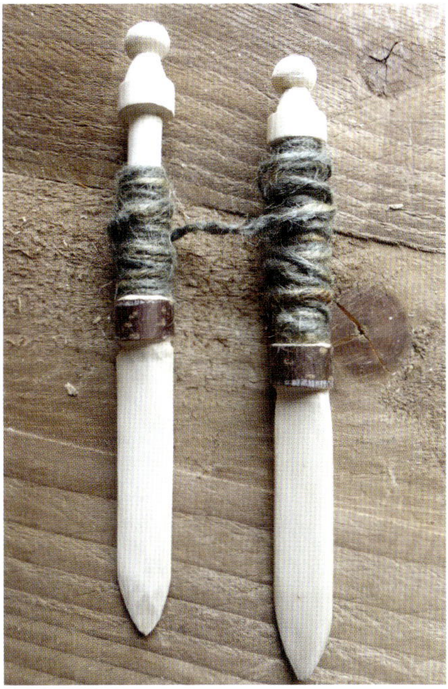

Kamingabel

KAMINGABELN, DIE FRÜHER VOR DEN KAMINEN DER MEISTEN HÄUSER INS AUGE FIELEN, WURDEN SELTENER, NACHDEM DIE ZENTRALHEIZUNG EINZUG GEHALTEN HATTE. ICH ERINNERE MICH DARAN, WIE ICH WÄHREND UND NACH DEM ZWEITEN WELTKRIEG MIT EINER AUSZIEHBAREN KAMINGABEL AM FEUER (UNSERER EINZIGEN WÄRMEQUELLE) SASS UND GEDULDIG DARAUF WARTETE, DASS DAS BROT BRAUN WURDE. DAS WAR SEHR BERUHIGEND UND WECKT IMMER NOCH ANGENEHME ERINNERUNGEN.

Während es heutzutage eher selten ist, zu Hause eine Kamingabel zu verwenden, gibt es mit dem Campingplatz immer noch einen Ort dafür. Diese Gestaltung hier kombiniert Nutzen mit Vergnügen, aber Sie können das Werkstück so gestalten, wie es Ihnen gefällt. Sie können die meisten Obsthölzer, Hasel, Linde, Bergahorn oder Birke für dieses Projekt verwenden. Vermeiden Sie importierte Hölzer, Eibe und Goldregen, da sie nicht für den Kontakt mit Lebensmitteln geeignet sind. Ich habe mich für ein Stück Hasel mit einem Durchmesser von 25 mm und einer Länge von 50 cm entschieden.

IM WERKZEUGKASTEN

- Abdeckband
- Messer
- Sicherheitshandschuh
- Seil oder Kordel für Knotenmuster
- Bohraufsatz (3 mm) und Bohrer
- Bogensäge oder Bandsäge
- Schleifleinen
- Olivenöl

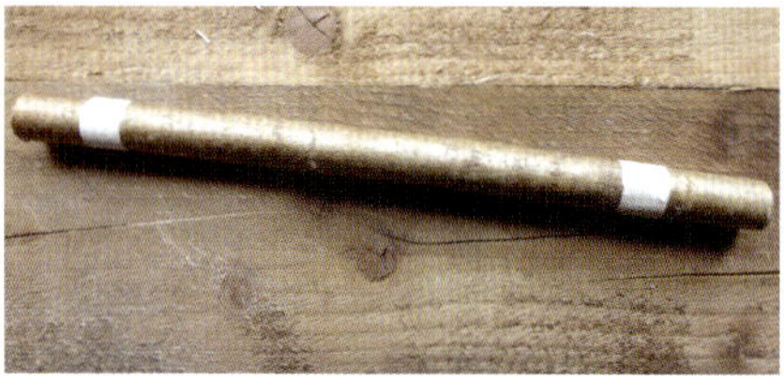

1 Kleben Sie in einem Abstand von etwa 50 mm zu jedem Ende Abdeckband um den Stock.

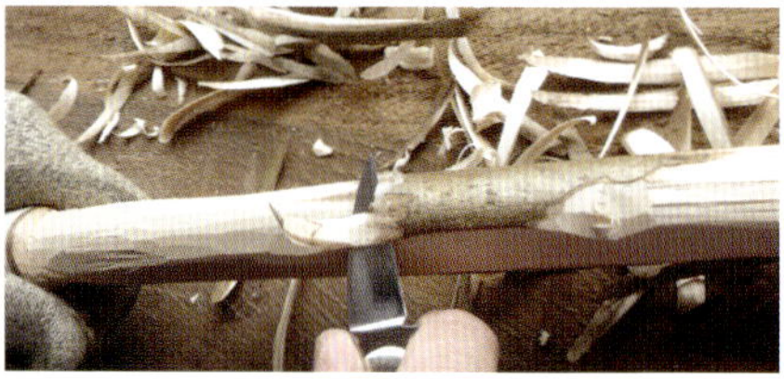

2 Entfernen Sie die Rinde zwischen den Markierungen. Machen Sie sich nicht zu viele Gedanken um die Mitte des Stocks, da hier später der Knoten sein wird. Nehmen Sie noch nicht zu viel Holz weg, da der Stiel der Gabel in den Knoten eingearbeitet werden muss.

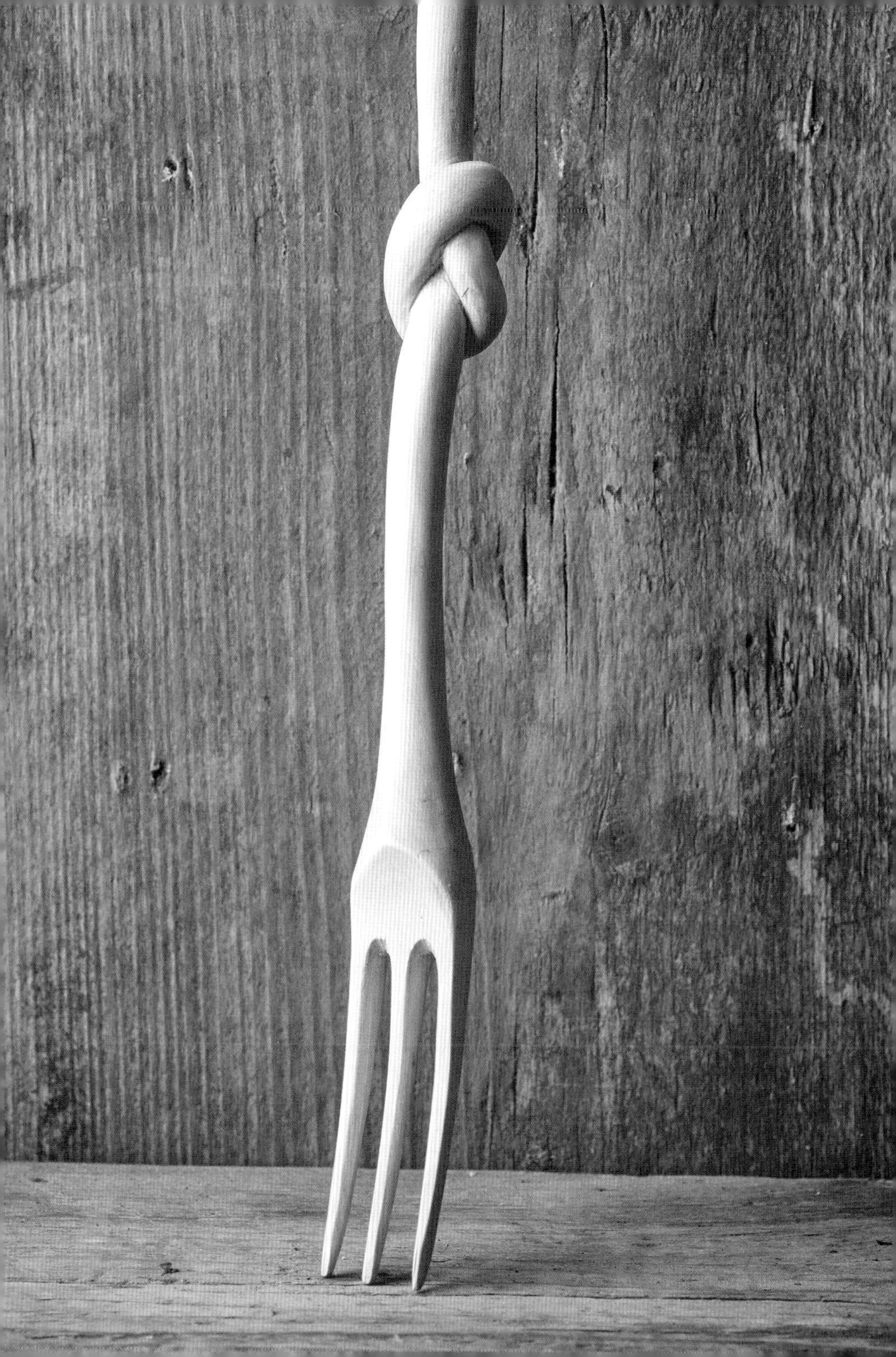

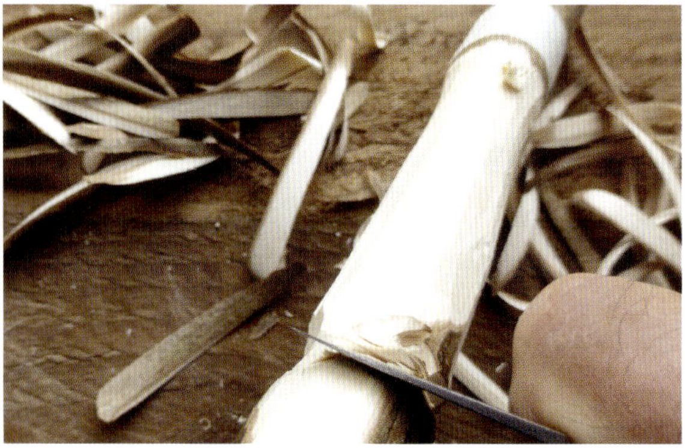

3 Schnitzen Sie einen Einschnitt an jeder Seite des Bereichs, wohin Sie den Knoten setzen möchten.

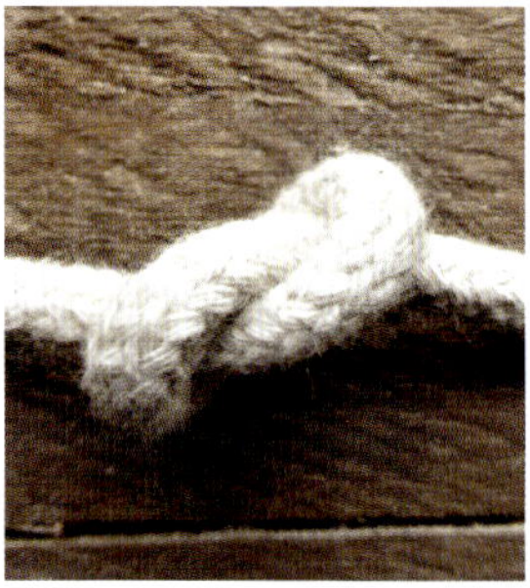

4 Binden Sie mit einem Stück Seil oder Schnur einen einfachen Knoten als Vorlage.

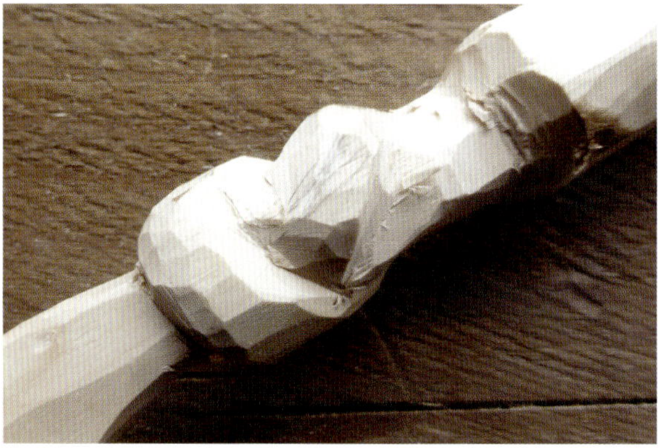

5 Skizzieren Sie Ihren Knoten so nah an der Vorlage, wie Sie können. Schneiden Sie ihn zu diesem Zeitpunkt noch nicht zu dünn.

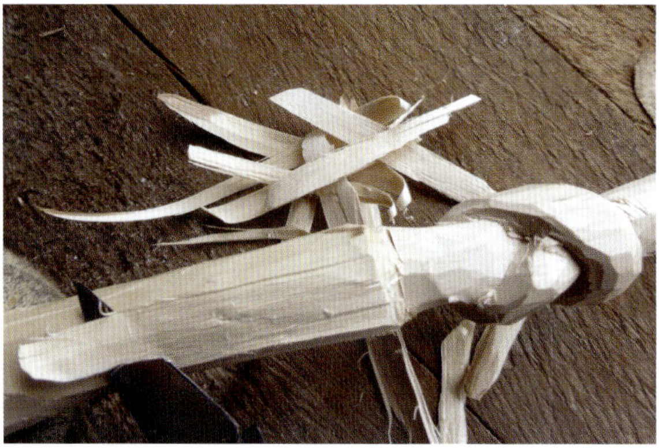

6 Entfernen Sie jegliches überschüssige Holz vom Knoten bis zu jedem Ende. Lassen Sie das Werkstück um den Knoten herum nicht zu dünn werden, da dieser Teil sich in den Knoten einfügen muss.

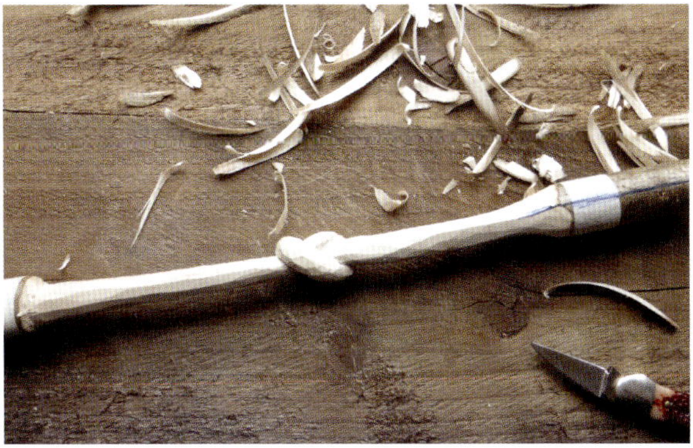

7 Formen Sie auf jeder Seite des Knotens den Stiel und versuchen Sie, den Verlauf so gut wie möglich durch den Knoten hindurchzuführen.

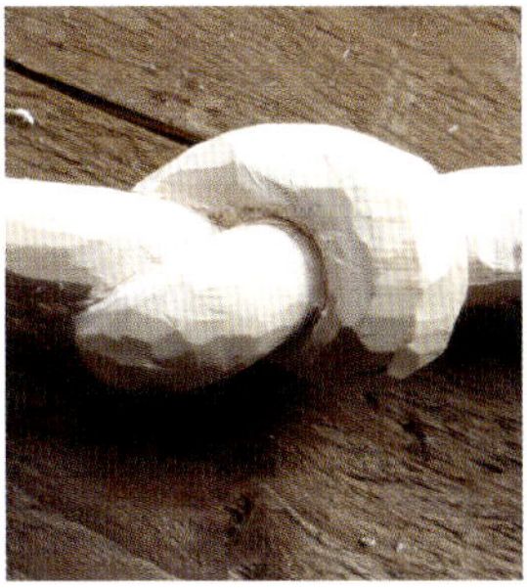

8 Formen Sie nun den Knoten so originalgetreu wie möglich und achten Sie dabei darauf, dass der Stiel korrekt ausgerichtet ist.

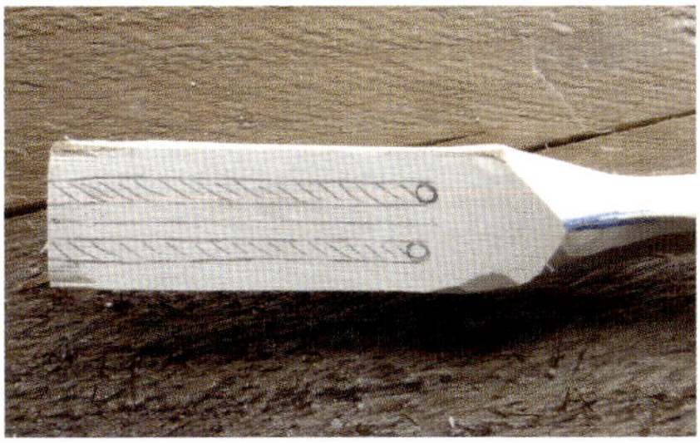

9 Formen Sie an einem Ende die Gabel so, wie benötigt, und markieren Sie die Position der Zinken.

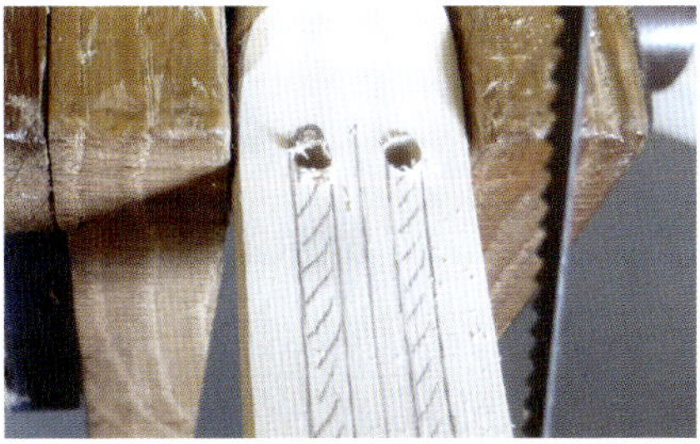

10 Bohren Sie zwei Löcher (3 mm) in den Ansatz der Zinken. Stellen Sie sicher, dass diese Löcher die gleiche Entfernung zur Kante haben (auch wenn die gezeichneten sie nicht haben).

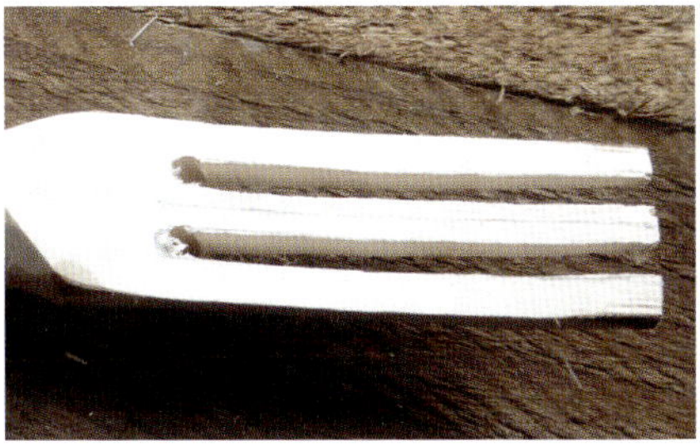

11 Sägen Sie mit einer Bogensäge oder einer Bandsäge entlang der Linien, um die Zinken voneinander zu trennen.

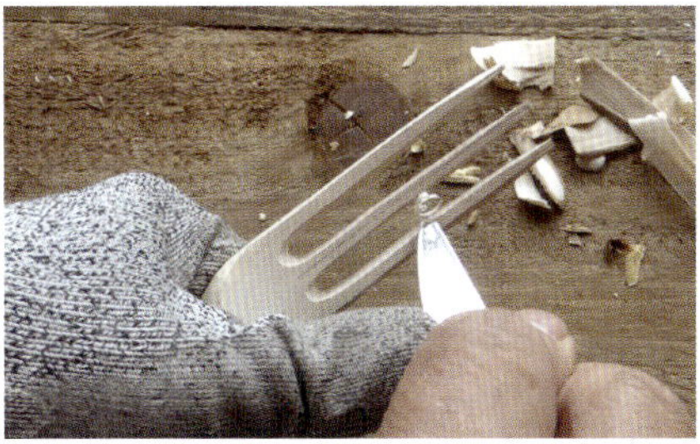

12 Schnitzen und spitzen Sie die Gabel zurecht.

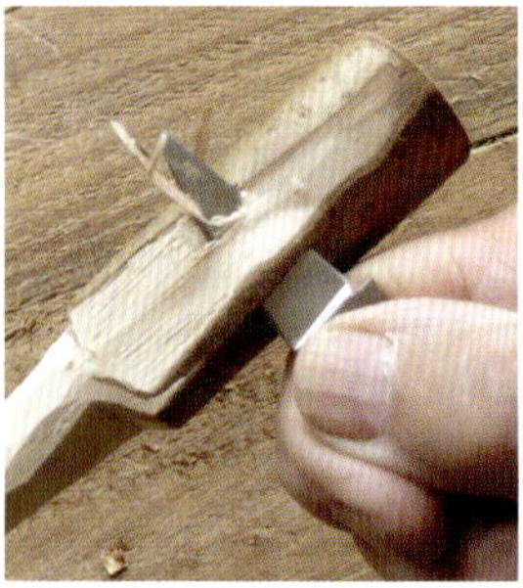

13 Flachen Sie den Griff oben und rund um das Ende ab.

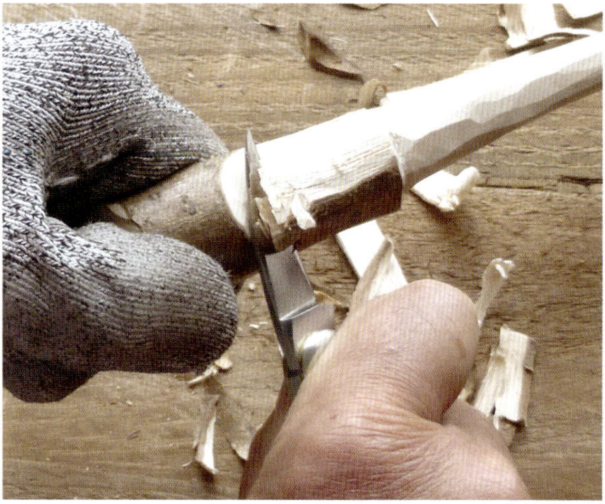

14 Schnitzen Sie in die Unterseite des Griffs, um einen Haken zu formen, damit Sie die Gabel aufhängen können.

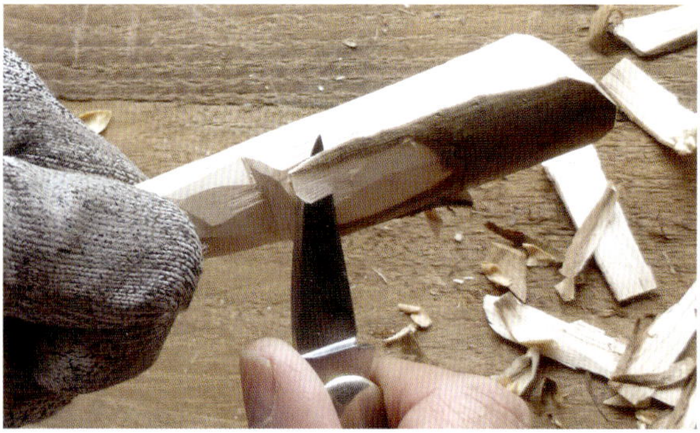

15 Passen Sie die Seiten sowie die Ober- und Unterseite des Griffs an den Stiel an.

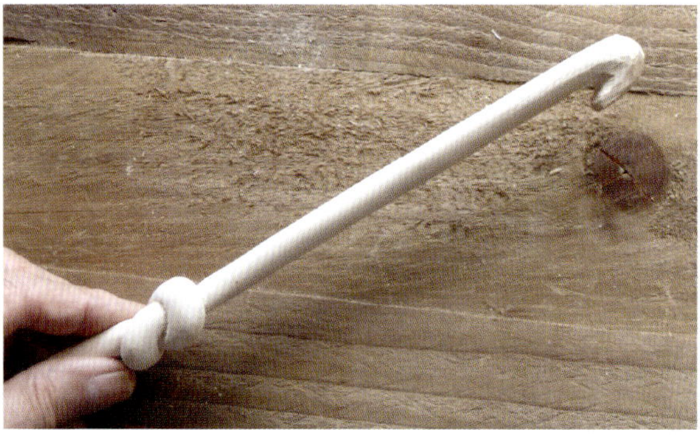

16 Formen Sie den Griff so, dass ein Haken entsteht.

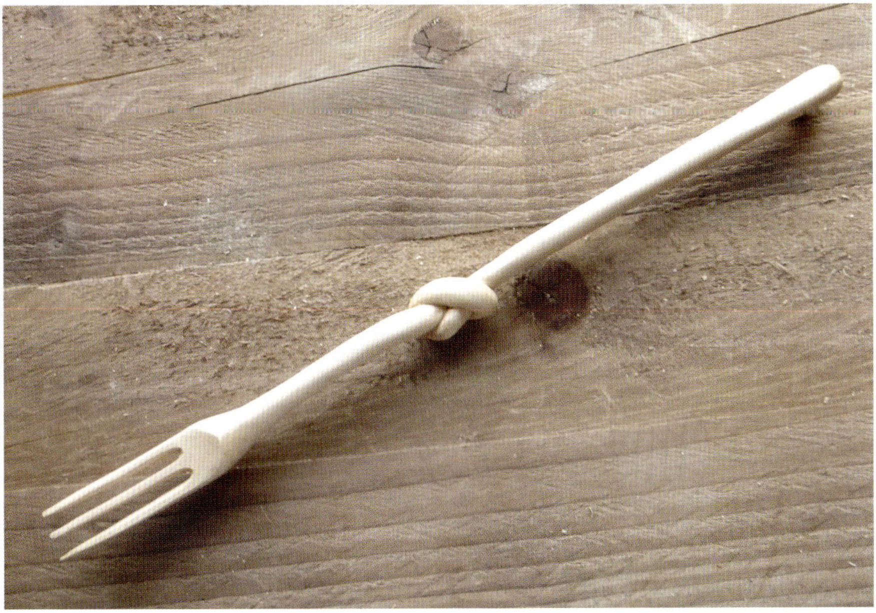

17 Schleifen Sie das gesamte Werkstück und behandeln Sie es zum Schluss mit einigen Lagen Olivenöl.

Varianten

In grauer Vorzeit lehrte ich Seekadetten die Knotenkunst und verwendete geschnitzte Schlangen wie diese, um ihre Aufmerksamkeit zu gewinnen. Wenn Ihnen das Schnitzen des Knotens in der Gabel gefallen hat, möchten Sie vielleicht auch einmal so etwas versuchen.

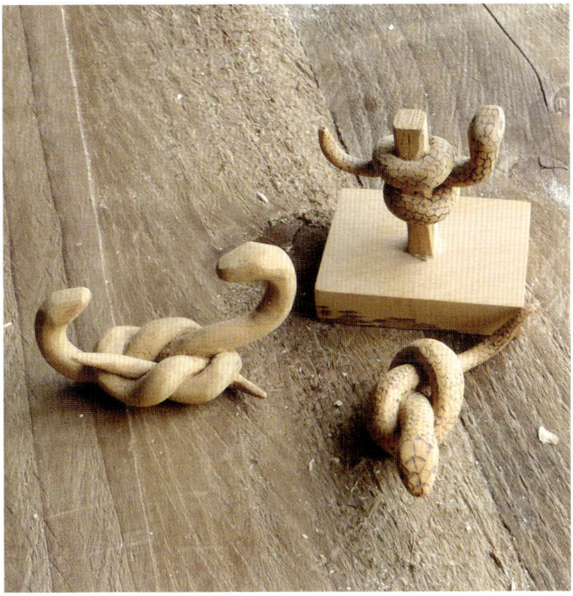

Highland-Wanderstock

DIESES PROJEKT BEINHALTET KEIN WIRKLICHES SCHNITZEN, ABER MIT NUR WENIG AUFWAND UND DER WAHL DES RICHTIGEN STOCKS KÖNNEN SIE EINEN SEHR NÜTZLICHEN SPAZIERSTOCK FÜR SICH SELBST, FREUNDE ODER FAMILIENMITGLIEDER HERSTELLEN.

Um den richtigen Stock zu finden, müssen Sie die Gegend absuchen oder ihn bei einem Händler kaufen, der solche Stöcke bereits fertig zugeschnitten und getrocknet an Spazierstockproduzenten verkauft. Sie brauchen einen etwa 120 cm langen Stock, der gerade ist und am Ende eine Gabelung aufweist. Kleinere Krümmungen können durch Erhitzen mit einer Heißluftpistole oder einem Föhn, die auf die Stelle mit der Krümmung gerichtet werden, und anschließendes Zurechtziehen begradigt werden. Haben Sie einen fertigen Stock gekauft, ist dieser bereits gerade.

Idealerweise sollte er vor der Verwendung getrocknet sein, aber nachdem dieser Stock nicht zum Gewichttragen gedacht ist, können Sie ihn auch ungetrocknet verarbeiten. Natürlich wird er mit der Zeit trocknen. Verwenden Sie kein Holz, das tot oder trocken aussieht, da es wahrscheinlich spröde ist und brechen könnte.

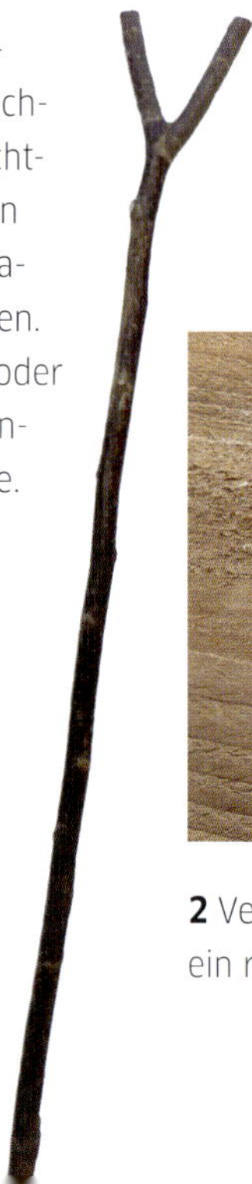

1 Finden Sie einen passenden Stock.

Anmerkung: Da dieser Stock etwa 120 cm lang ist, zeigen die Fotos immer nur einen kleinen Ausschnitt des ganzen Werkstücks.

IM WERKZEUGKASTEN

- ein recht starkes Messer mit einer ordentlichen Spitze (ich habe ein Schnitzmesser von Ray Iles verwendet)
- Sicherheitshandschuh
- Schleifleinen
- flache Feile oder Schleifklotz
- zwei kleine Stücke Hartholz oder Horn für die Spitzen
- Bohraufsatz (3 mm) und Bohrer
- zwei kurze Stücke Gewindestange (3 mm)
- Epoxidkleber
- Klarlack oder Öl zum Versiegeln

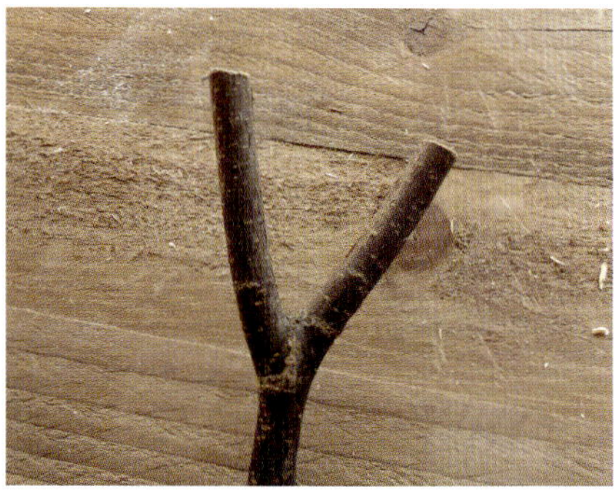

2 Vergewissern Sie sich, dass der Stock ein robustes V am Ende hat.

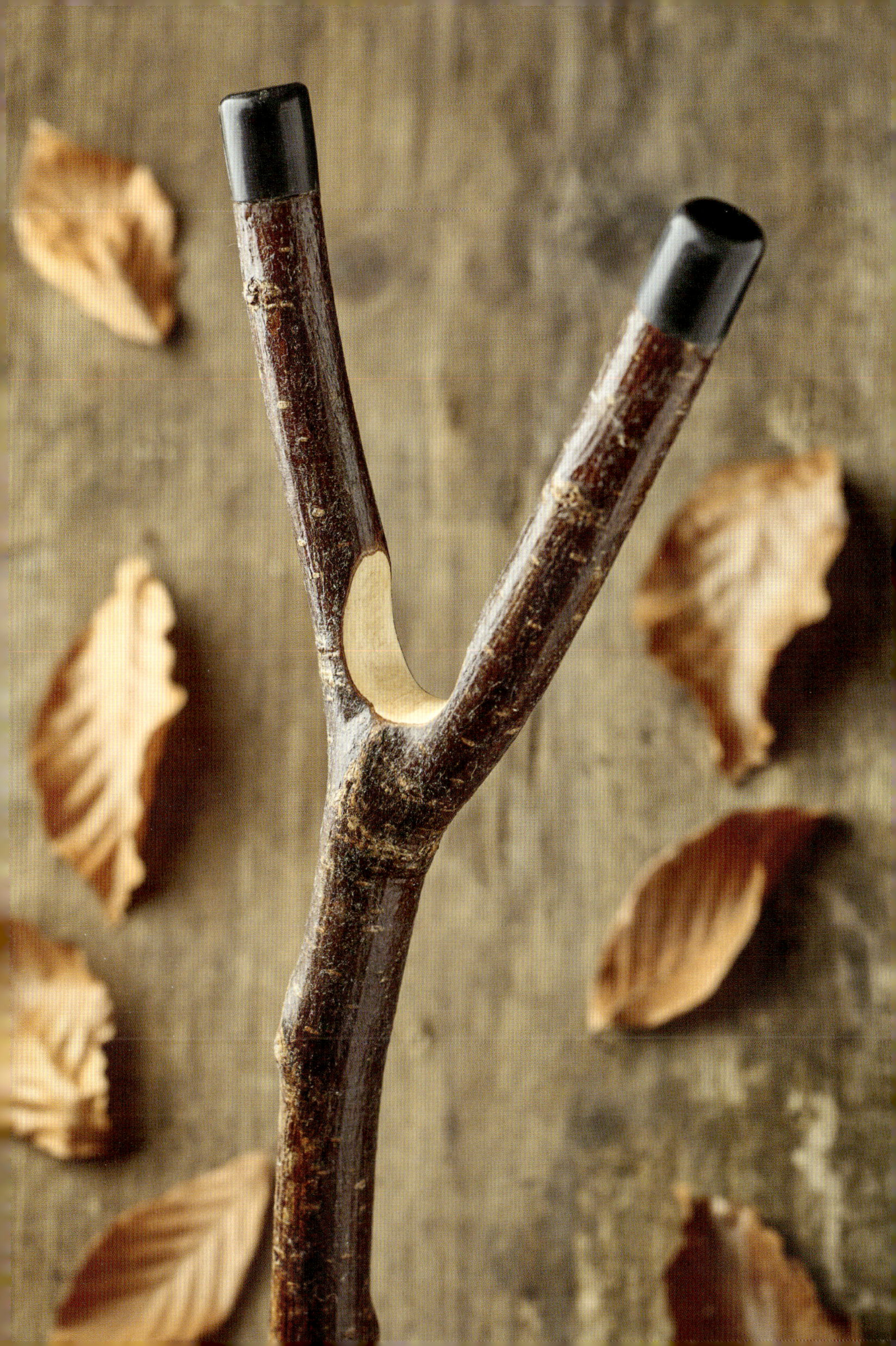

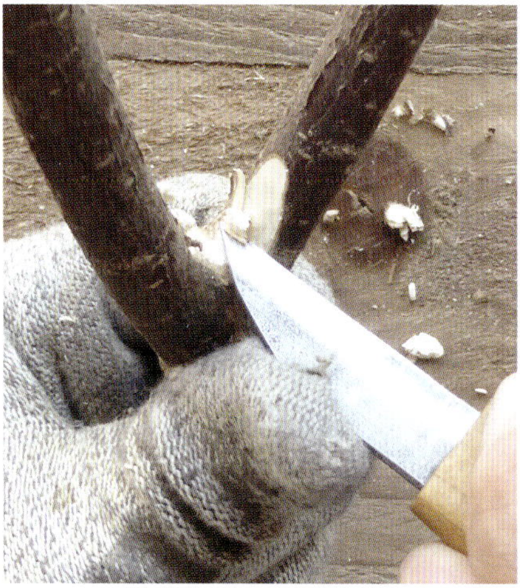

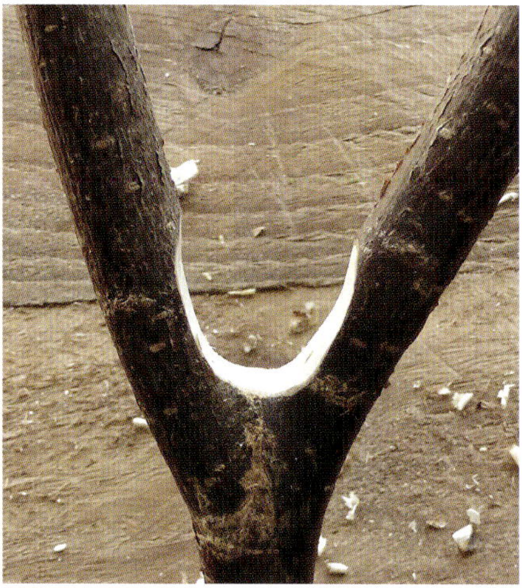

3 Runden Sie die Basis des V mit Ihrem Messer ab, indem Sie weiche, runde Schnittbewegungen ausführen, um die Holzoberfläche vor dem Einreißen zu bewahren.

4 Schnitzen Sie so weiter, bis der Bereich für Ihren Daumen bequem ist.

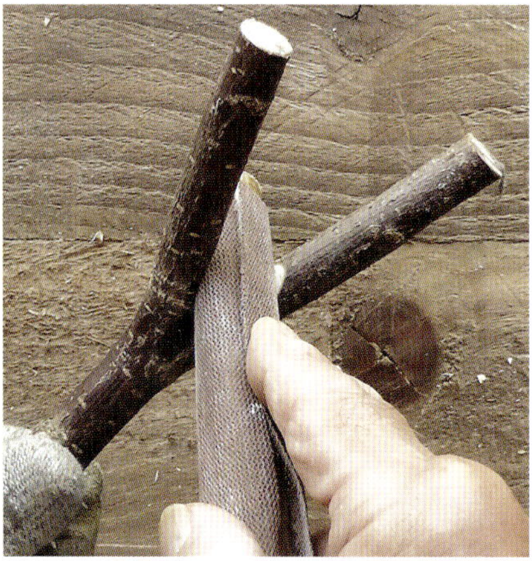

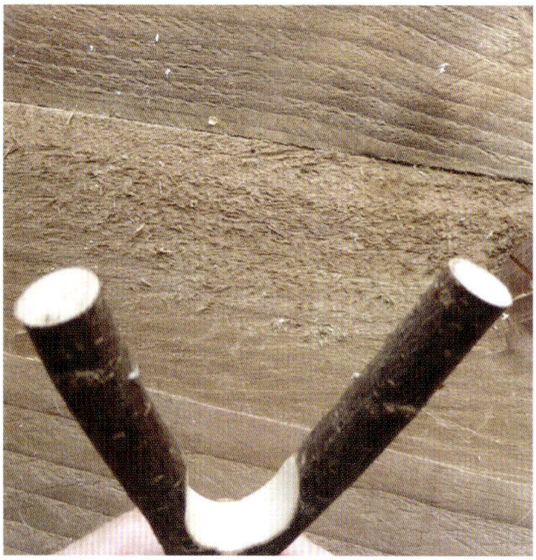

5 Schleifen Sie den Bereich mit einem um einen dünnen Stock gewickelten Schleifleinen gründlich glatt. Stellen Sie sicher, alle harten Kanten und Schnittstellen zu entfernen. Überprüfen Sie immer wieder, dass das Werkstück angenehm zu halten ist.

6 Schleifen Sie die oberen Enden des V mit einer flachen Feile oder einem Schleifklotz sorgfältig glatt, sodass es keine rauen Stellen mehr gibt.

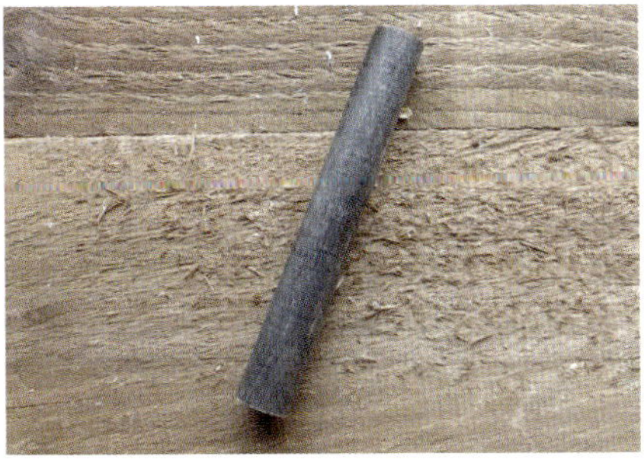

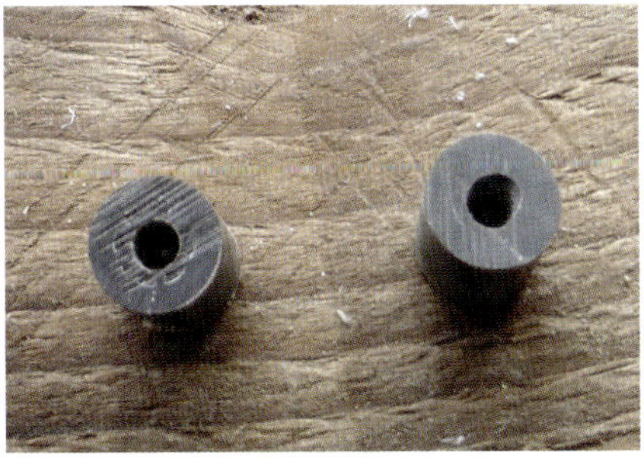

7 Suchen Sie sich zwei Stückchen Hartholz oder Horn in Kontrastfarbe, um die Enden damit zu krönen. Ich habe einen Stift aus Büffelhorn (online oder im Handel für Spazierstockhersteller erhältlich) benutzt, aber Sie können fast alles verwenden, was Sie zur Hand haben.

8 Schneiden Sie möglichst nah an die gewünschte Form heran und bohren Sie mit einem 3-mm-Bohraufsatz bis zu einer Tiefe von 5 mm. Passen Sie das Ende, das auf den Stock kommt, so lange an, bis es genau auf das flache Ende der zwei „Ohren" des Stocks passt.

9 Überprüfen Sie, ob jedes Endstück rundherum auf die „Ohren" passt, bevor Sie fortfahren. Passen Sie sie jetzt nach Bedarf an – nach dem Zusammenkleben können Sie keine Änderungen mehr vornehmen.

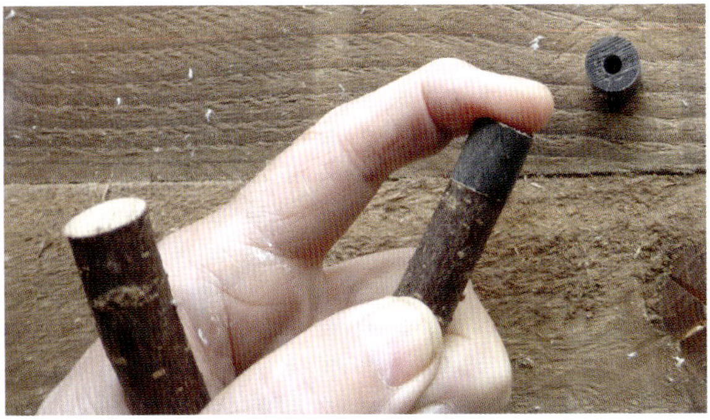

10 Kleben Sie die Spitzen auf die Enden einer 3 mm starken Gewindestange. Das könnte einfacher gehen, wenn Sie die Stange zum Schleifen und Polieren etwas länger lassen. Schneiden oder schleifen Sie die Spitzen so weit wie möglich auf die fertige Größe, aber lassen Sie noch ein wenig Raum für letzte Anpassungen.

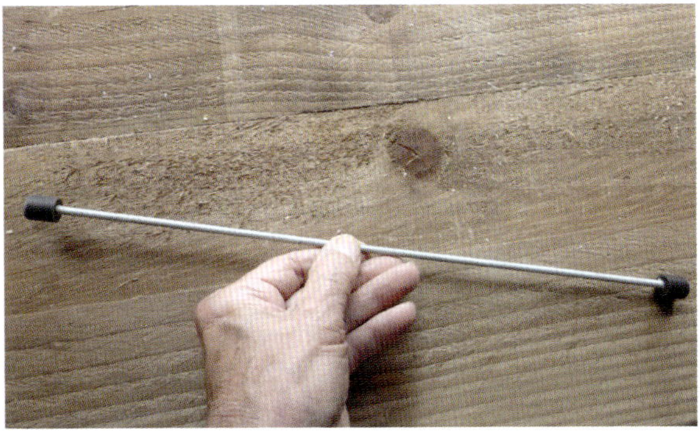

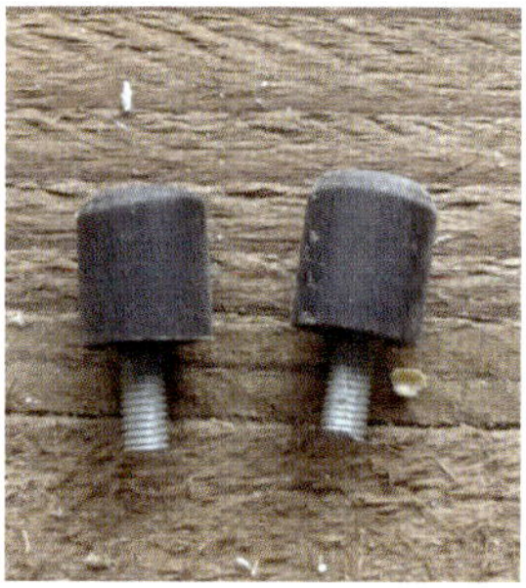

11 Wenn Sie mit der groben Form eines jeden Endes zufrieden sind, schneiden Sie sie ab und lassen Sie dabei etwa 10 mm Stange heraussstehen, um sie damit im Stock befestigen zu können.

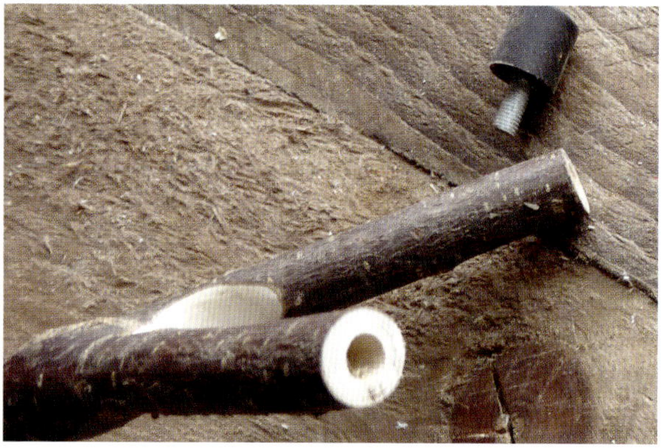

12 Bohren Sie zunächst nur etwa 5 mm tiefe Löcher oben in die „Ohren" des Stocks, um noch kleinere Änderungen durchführen zu können. Messen Sie anhand der Kappen die erforderliche Tiefe und bohren Sie nicht tiefer, als unbedingt notwendig, da sonst das Verkleben schwierig werden könnte. Die Größe ist von den Maßen des Stocks abhängig und kann entsprechend angepasst werden.

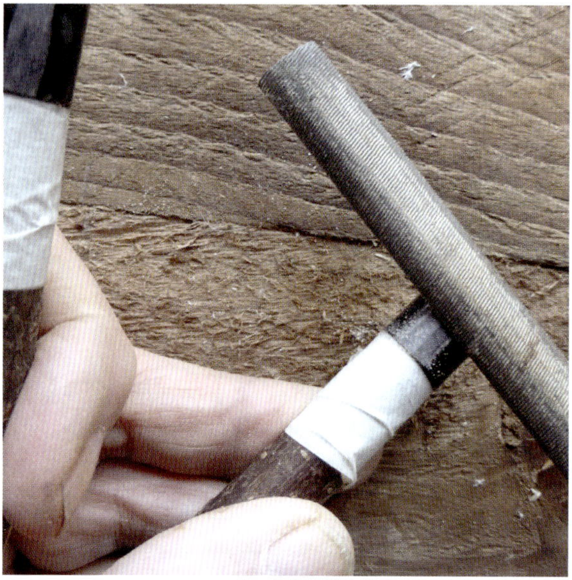

13 Kleben Sie die Spitzen mit Epoxidkleber auf den Stock und überprüfen Sie dabei, ob die zusammengehörenden Oberflächen exakt aufeinanderliegen und an den Kanten des Stocks ausgerichtet sind. Wenn Sie für die Spitzen unregelmäßig geformte Teile verwendet haben, achten Sie darauf, dass der Stock nirgends die Spitzen überlappt. Glätten Sie die Spitzen entlang der Kanten des Stocks mit einer feinen Feile, falls notwendig.

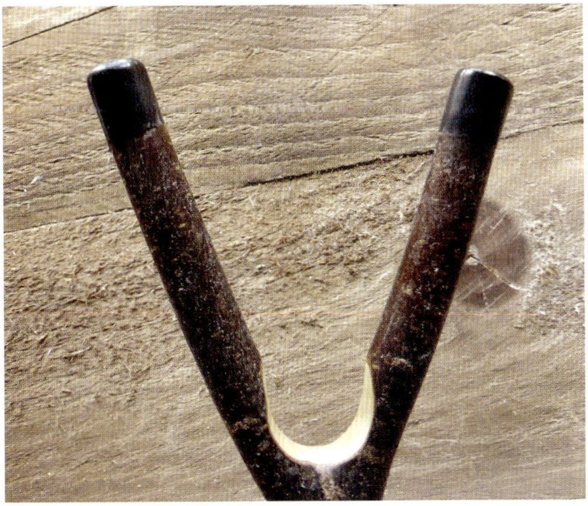

14 Schleifen oder Polieren Sie die Spitzen für ein gutes Endergebnis. Wenn Sie ein Schleifleinen verwenden, achten Sie darauf, dass Sie genug unterschiedliche Körnungen verwenden, um etwaige Kratzer zu entfernen.

TIPP

Wenn Sie den Stock während der Arbeit an der Spitze mit Abdeckband abkleben, vermeiden Sie Beschädigungen der Rinde.

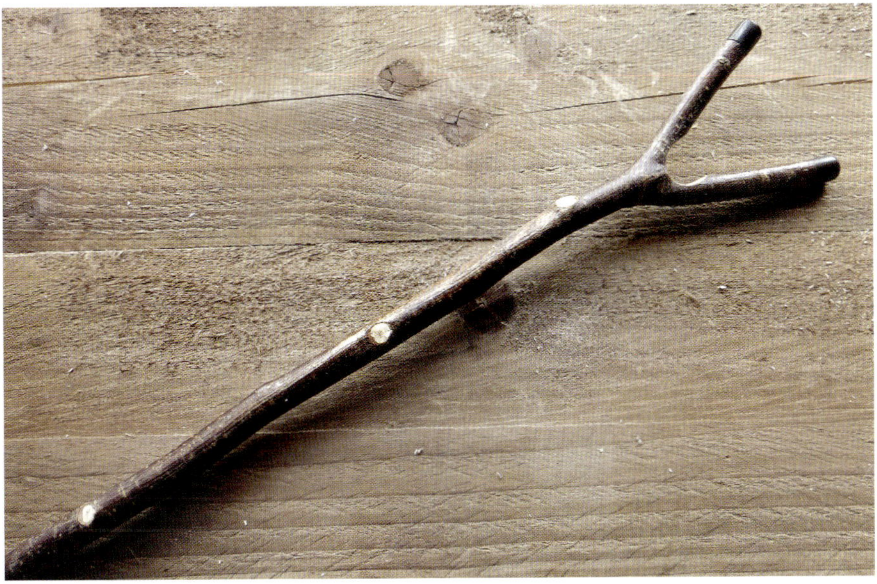

15 Entfernen Sie etwaige raue Stellen vom Stab des Stocks und schleifen Sie diesen glatt. Lackieren Sie den gesamten Stock mit Klarlack oder ölen Sie ihn, um ein schönes Resultat zu erhalten. Sie sind nun fertig, außer Sie möchten unten am Stock noch eine Spitze oder einen Gummipuffer anbringen. Das ist bei einem Wanderstock nicht unbedingt notwendig, sieht aber ordentlicher aus.

Eierlöffel

ICH HABE DIESE SCHNITZARBEIT AUS ZWEI GRÜNDEN IN DIESES BUCH AUFGENOMMEN: ERSTENS IST SIE EIN GUTES PROJEKT FÜR EINSTEIGER, UM MIT DEM SCHNITZEN VON LÖFFELN ZU BEGINNEN. ZWEITENS PASST DER LÖFFEL HERVORRAGEND ZUM EIERBECHER AUF SEITE 112 UND IST AUCH ALLEIN EIN NÜTZLICHES UTENSIL.

Dieses Projekt kann entweder aus einem kleinen Holzrest aus Ihrer Werkstatt oder einem kleinen Ast vom Zurückschneiden der Bäume geschnitzt werden. Da dieser Löffel mit Lebensmitteln in Kontakt kommt, sollten Sie bei Obsthölzern oder Birke, Linde oder Bergahorn bleiben, da einige andere Hölzer giftig sein können. Ich habe ein kurzes Stück vom Rückschnitt meiner Pflaumenbäume verwendet und noch am selben Tag verschnitzt. Das heißt, das Holz war ziemlich feucht. Wenn Sie etwas Ähnliches vorhaben, empfehle ich Ihnen, das Holz in einer verschlossenen Plastiktüte aufzubewahren, bis Sie es schnitzen wollen oder wenn Sie es länger liegen lassen müssen. Vermeiden Sie, es vor der Fertigstellung Hitze auszusetzen.

Die meisten Hölzer, die aus kleinen Ästen geschnitten werden, haben zwangsläufig feine, weiche Kanäle entlang der Mitte, die beim Schnitzen ein Problem darstellen können. Diese Äste müssen in der Mitte gespalten werden, um spätere Probleme zu vermeiden. Außerdem müssen Sie darauf achten, nach dem Schnitzen von feuchtem Holz das Messer zu reinigen und zu ölen, da sonst die Klinge fleckig werden kann. Wenn vorhanden, verwenden Sie lieber ein altes Messer als ein teures neues.

IM WERKZEUGKASTEN

- kleine Axt oder großer Meißel
- Filzstift
- Schraubstock
- Bogensäge
- Messer oder kleines Hohleisen
- Sicherheitshandschuh und Daumenschutz aus Leder
- Schleifleinen
- Olivenöl

Anmerkung: Ich habe ein Schweizer Taschenmesser und für die Vertiefung ein kleines Löffelmesser benutzt. Sie können stattdessen auch ein kleines Hohleisen verwenden: Schnitzen Sie quer zur Maserung statt in Maserungsrichtung, um ein viel besseres Ergebnis zu erzielen.

TIPP

Eine Lederschürze schützt Ihre Brust, wenn Sie zu sich hin schnitzen, da sich das Ende des Löffels in diesem Bereich befinden wird. Wenn Sie viele Löffel schnitzen möchten, könnten Sie sich auch eine kleine Unterlage anfertigen, die auf der Brust zu liegen kommt. Wenn Sie ein Löffelmesser verwenden, schützen Sie den Daumen der Messerhand mit Tape vor Druckstellen.

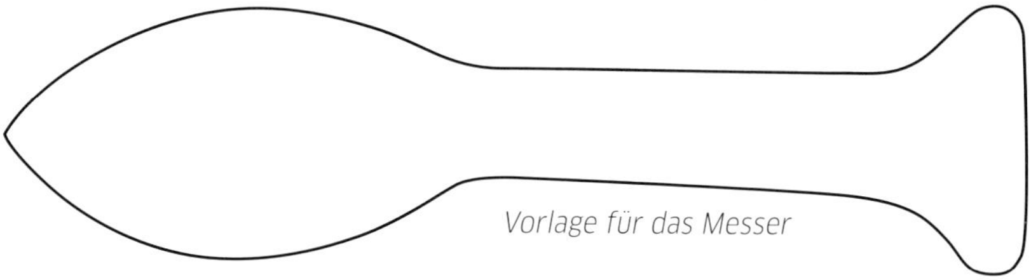

Vorlage für das Messer

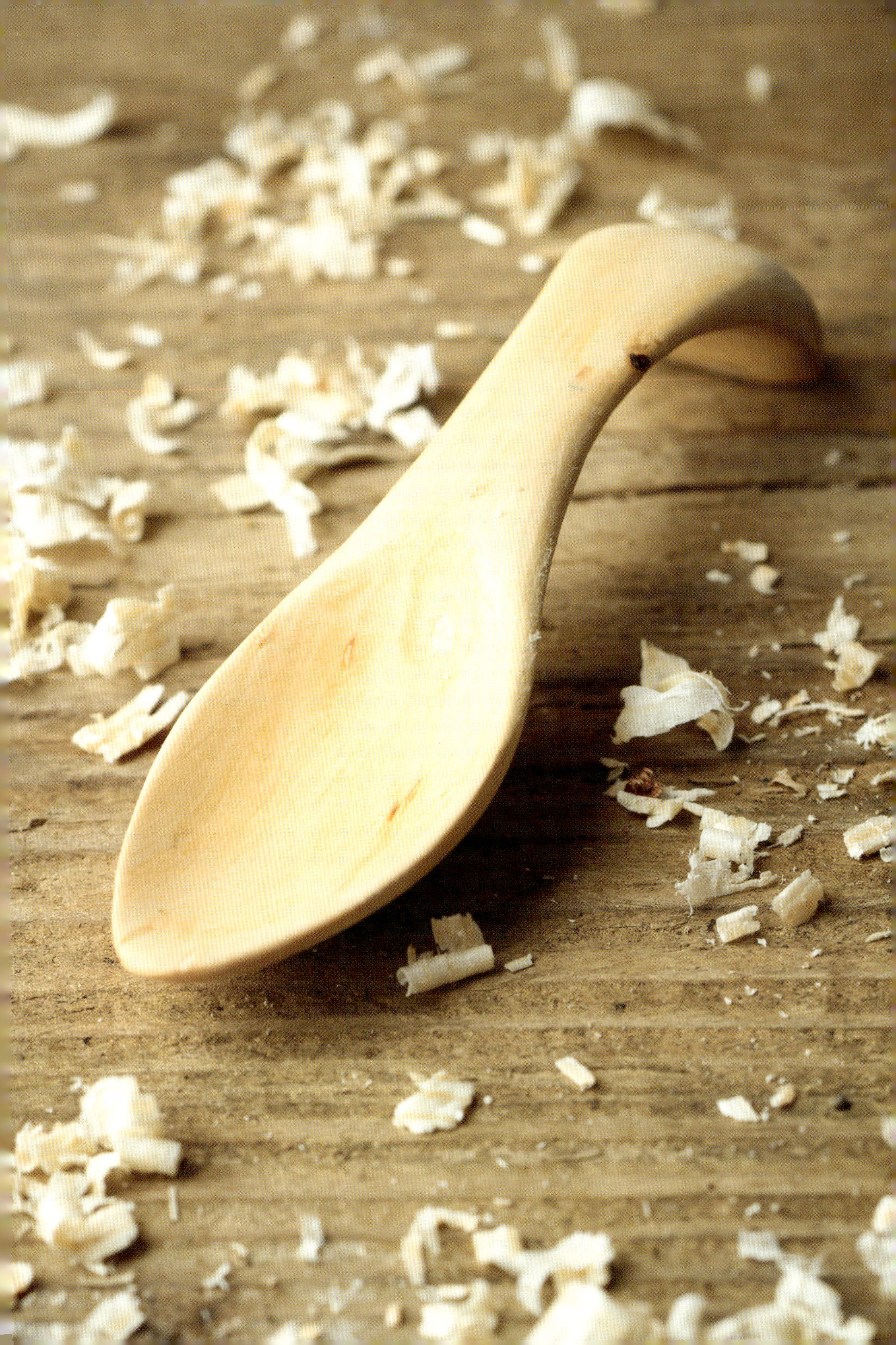

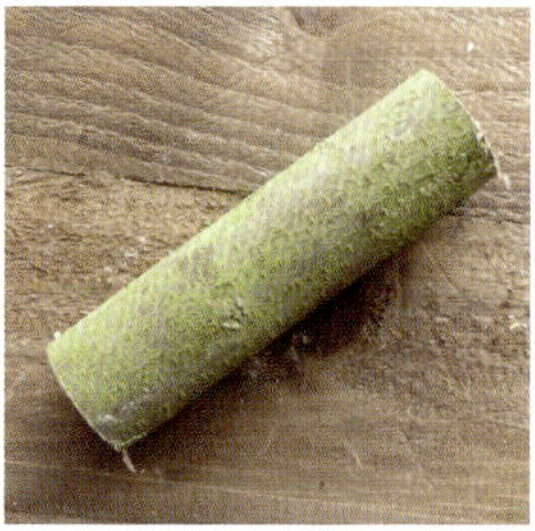

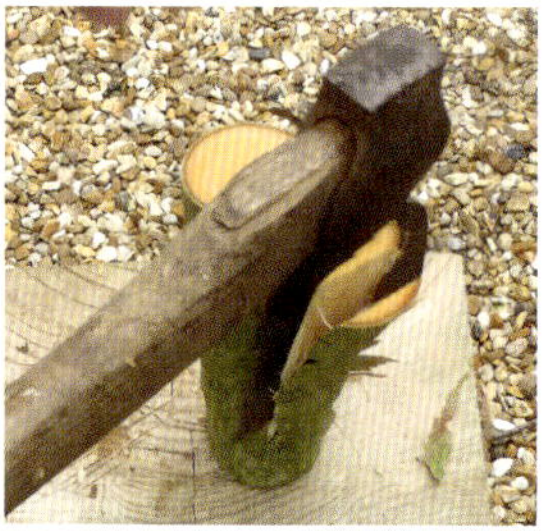

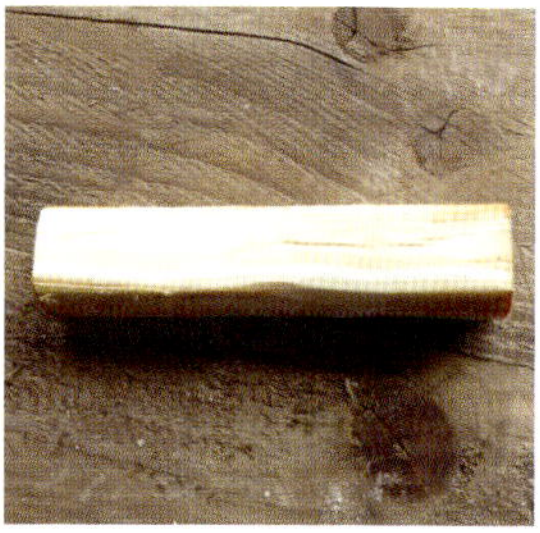

1 Sie benötigen ein kurzes Stück Holz, etwa 15 cm lang mit einem Durchmesser von 5 cm.

2 Spalten Sie das Stück mit einer kleinen Axt oder einem großen Meißel entlang der Mitte und halten Sie es so eben, wie Sie können. So vermeiden Sie später Probleme mit dem Pflanzenmark entlang der Mitte.

3 Am Ende sollten Sie einen Block mit ziemlich flachen Seiten haben, sodass Sie ihn in einen Schraubstock spannen und darauf zeichnen können.

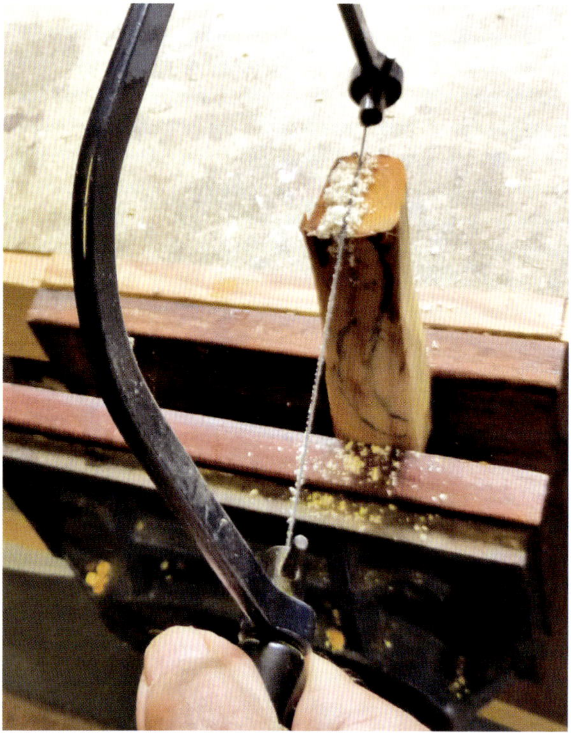

TIPP

Wenn Sie mit feuchtem Holz arbeiten, reinigen, trocknen und ölen Sie Ihr Werkzeug direkt nach der Verwendung, damit es nicht anläuft oder rostet. Bewahren Sie das Holz in einer Plastiktüte auf, wenn Sie nicht daran arbeiten, damit es nur langsam trocknet. So sollte es sich beim Trocknen nicht spalten.

4 Zeichnen Sie die Form mit Filzstift (Bleistift wird zu schwach sein) auf eine Seite und schneiden Sie sie mit einer Bogensäge aus. Ich empfehle Ihnen, hier keine Bandsäge zu benutzen, da das Holz feucht ist, was dem Sägeblatt nicht zuträglich und schwierig zu sägen ist.

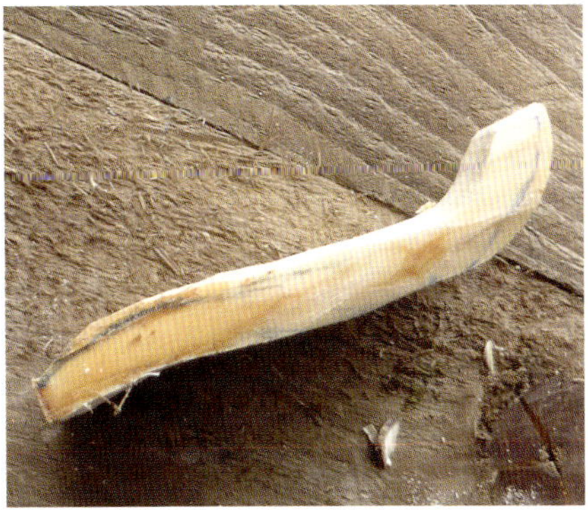

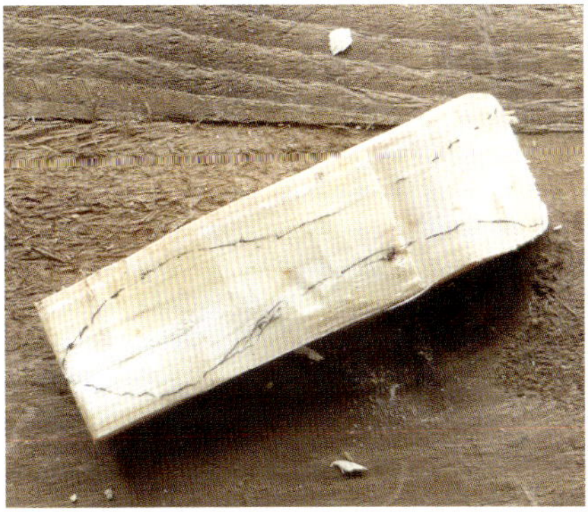

5 Wenn die Grundform einmal zugeschnitten ist, glätten Sie Ober- und Unterseite, so gut Sie können, um das Zeichnen der nächsten Form zu erleichtern. Ihr Löffel kann nun, da er trocknet, auch seine Farbe verlieren. Seien Sie jedoch unbesorgt, sie setzt sich später.

6 Verwenden Sie die Vorlage, um das Muster mit einem Filzstift aufzuzeichnen. Überprüfen Sie das Holz auf Defekte; Sie können das Muster so anpassen, dass Sie diese vermeiden.

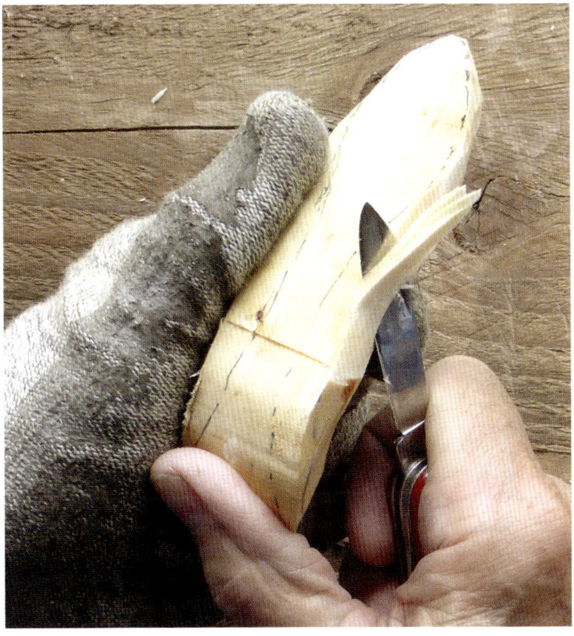

7 Schnitzen Sie das angezeichnete Muster mit einem Messer. Wenn es Sie nervös macht, in Richtung Ihres Daumens zu schnitzen, wickeln Sie ein wenig Tape herum oder verwenden Sie einen Daumenschutz aus Leder, falls verfügbar.

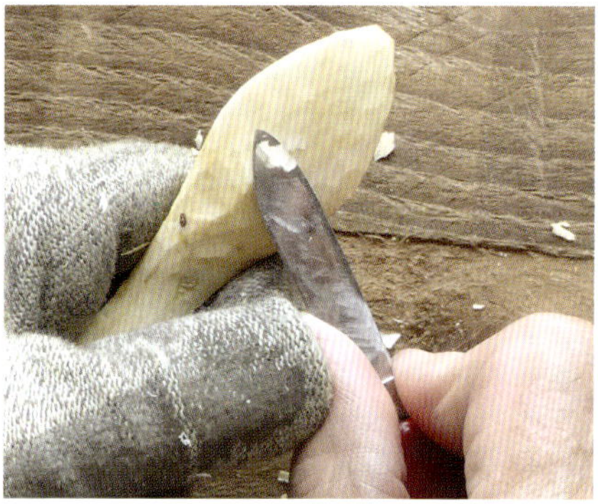

8 Wenn Sie mit der Form zufrieden sind, können Sie mit dem Schnitzen der Löffelschale beginnen. Ich empfehle Ihnen, außen zu beginnen, da es so einfacher ist, die gewünschte Form zu sehen und das Werkstück wirklich glatt zu bekommen. Schleifen Sie den Löffel gründlich ab, bevor Sie sich ans Innere wagen.

9 Nun wird die Innenseite der Schale geschnitzt. Ich habe ein kleines Löffelmesser verwendet, da es damit leichter ist, eine gute Form zu erhalten, als mit einem Hohleisen. Wenn Sie nur ein Hohleisen haben, arbeiten Sie quer zur Maserung statt in Maserungsrichtung. Entfernen Sie immer nur wenig Holz und überprüfen Sie mit den Fingern die Dicke des Werkstücks. Tun Sie dies regelmäßig, um sicherzugehen, dass die Schale überall gleich dick wird. Wenn Sie mit einem Löffelmesser arbeiten, schützen Sie Ihren Daumen. Diese Messer können großen Schaden anrichten, wenn sie abrutschen.

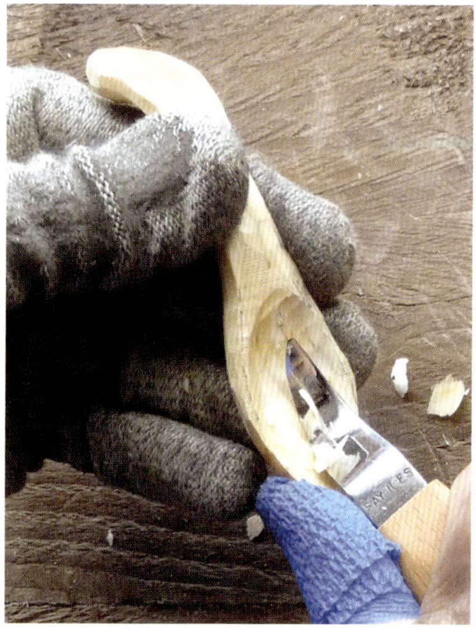

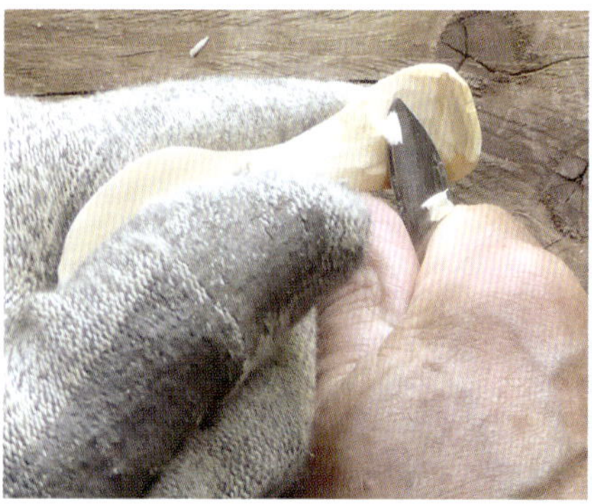

10 Wenn Sie mit der Form der Löffelschale zufrieden sind, verleihen Sie dem Griff seine endgültige Form. Arbeiten Sie das gesamte Werkstück so glatt, wie Sie nur können, ohne harte Kanten.

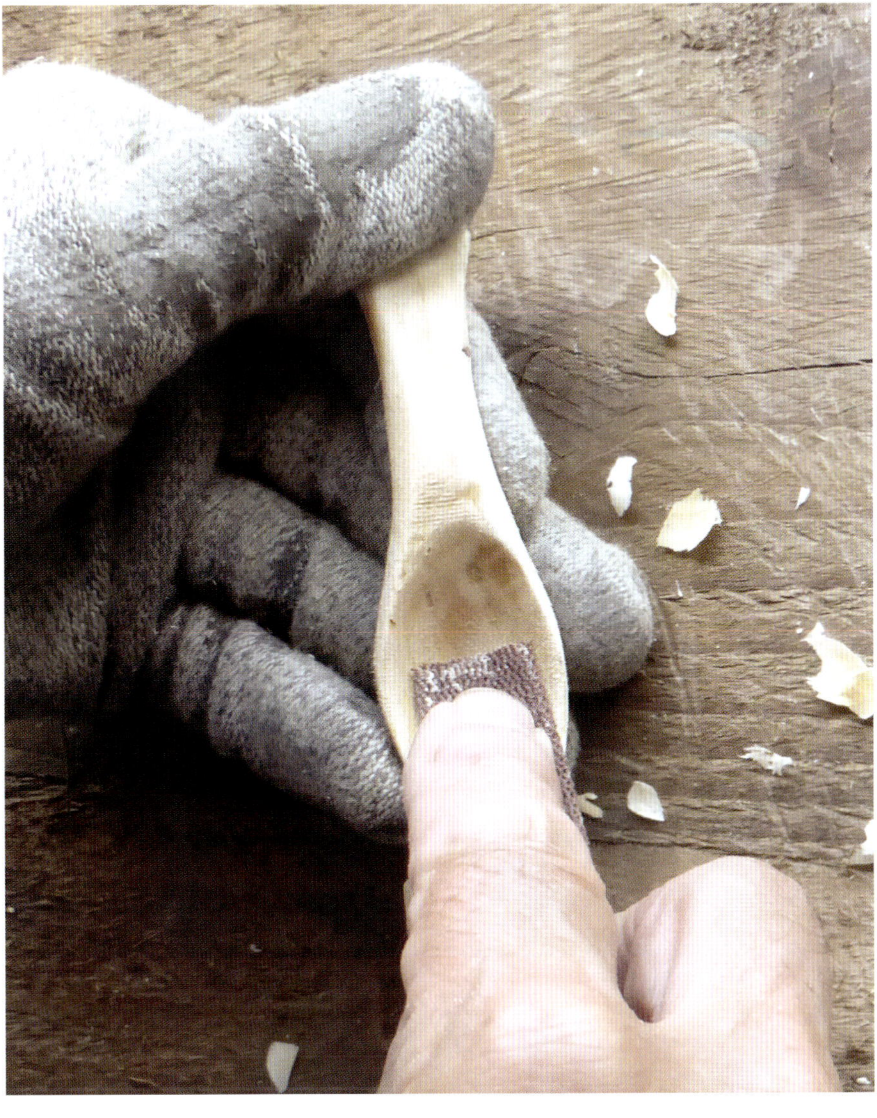

11 Schmirgeln Sie den gesamten Löffel mit sämtlichen Körnungen, bis Sie ein sehr glattes Gesamtergebnis erhalten. Versehen Sie das Werkstück mit einigen Schichten Olivenöl und lassen Sie es gründlich trocknen. Es sollte nun sicher sein, es außerhalb der Plastiktüte aufzubewahren. Wenn das Öl vollständig getrocknet ist, können Sie den Löffel ein letztes Mal mit feinstem Schleifpapier schleifen. Überprüfen Sie ihn immer wieder und geben Sie bei Bedarf mehr Öl hinzu, bis er komplett getrocknet und gebrauchsfertig ist.

Schmuckständer

RINGE GEHÖREN ZU DEN DINGEN, DIE IN EINEM HAUSHALT REGELMÄSSIG VERLOREN GEHEN. DIESER SCHMUCKSTÄNDER BIETET EINE RAFFINIERTE LÖSUNG FÜR DIE AUFBEWAHRUNG GELIEBTER SCHMUCKSTÜCKE. JEDES DESIGN, AUF DAS MAN RINGE STECKEN KANN, IST FÜR DIESES WERKSTÜCK GEEIGNET, UND MIT EIN BISSCHEN EINFALLSREICHTUM KÖNNEN SIE ETWAS SCHNITZEN, DAS DEM FRISIERTISCH ZU ELEGANZ VERHILFT.

Es gibt viele taugliche Gestaltungsmöglichkeiten, aus denen Sie wählen können. Alles, was Spitzen aufweist, die dünn genug sind, dass ein Ring darauf passt, ist geeignet. Ich habe schon Tiere, Vögel und verschiedenste abstrakte Formen zu diesem Zweck gesehen. Hier habe ich ein Stück eines Astes eines Pflaumenbaums verwendet, von dem ich annahm, ich könnte es in eine passende Form schnitzen. Vielleicht möchten Sie ja etwas Ähnliches versuchen.

IM WERKZEUGKASTEN

- Kreidestift
- Messer
- Sicherheitshandschuh
- kleine Raspel oder Riffelfeile
- Schleifleinen
- Bohrer und Schrauben, um die Grundplatte anzubringen
- Klarlack oder Öl zum Versiegeln

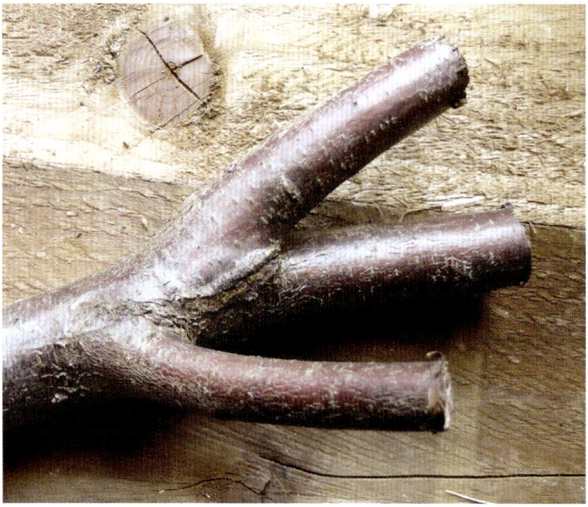

1 Wählen Sie ein Stück Ast, das zwei oder drei kleine Nebenzweige hat.

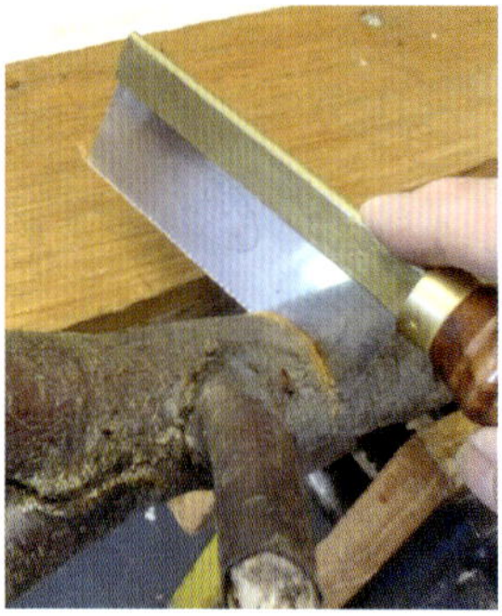

2 Schneiden Sie es zu und achten Sie darauf, dass Sie genug Holz zum Festhalten stehenlassen.

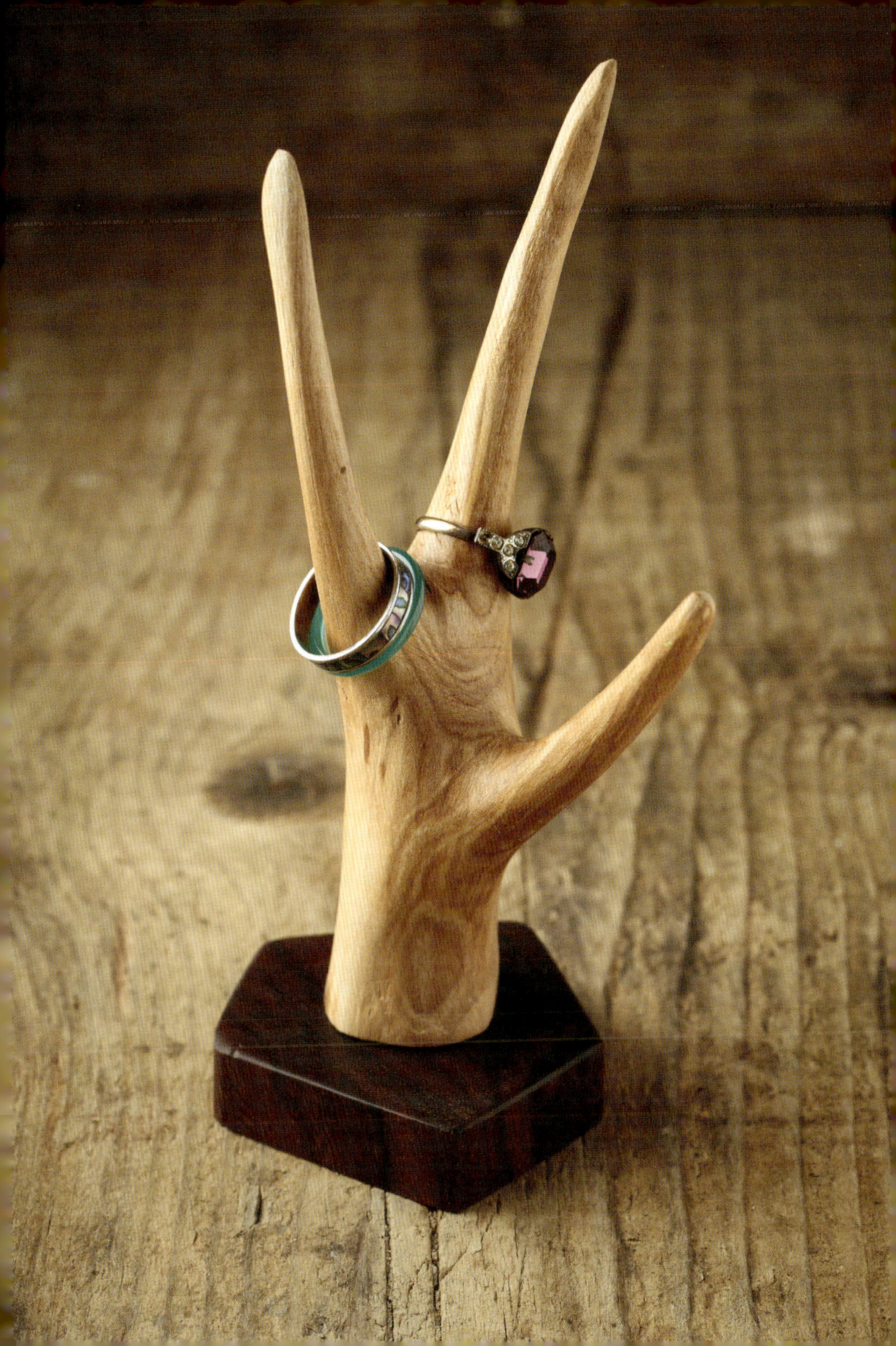

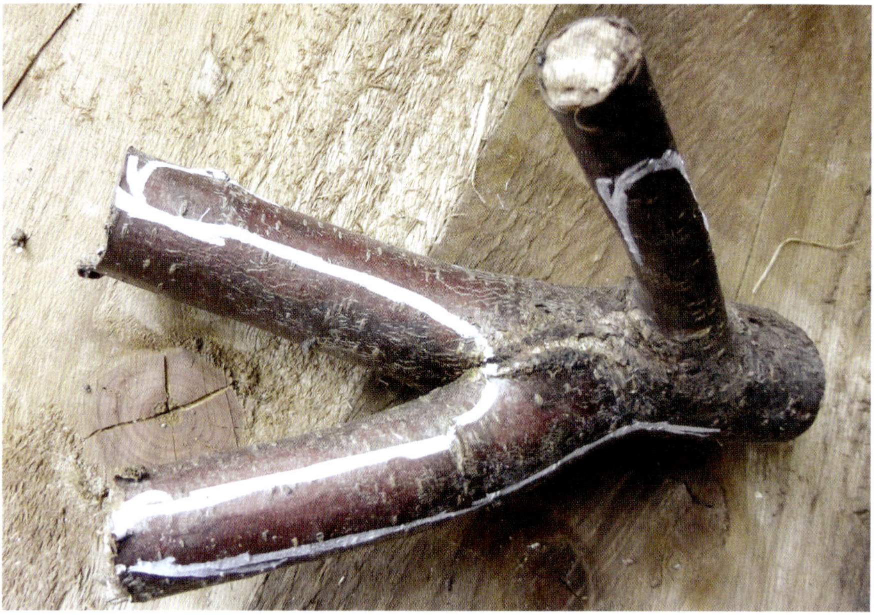

3 Markieren Sie mit dem Kreidestift grob, wo Sie die Arme oder Spitzen enden lassen möchten.

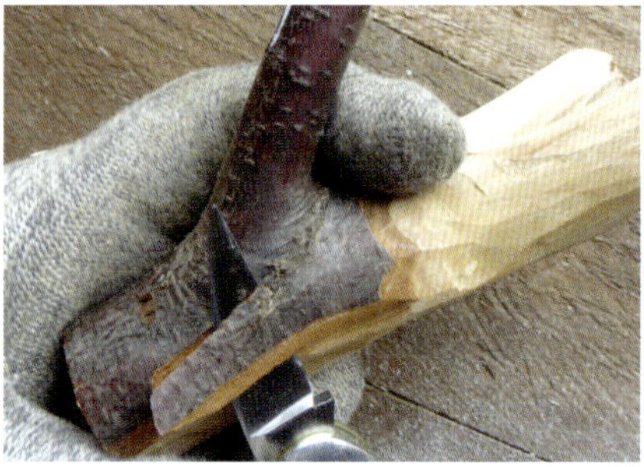

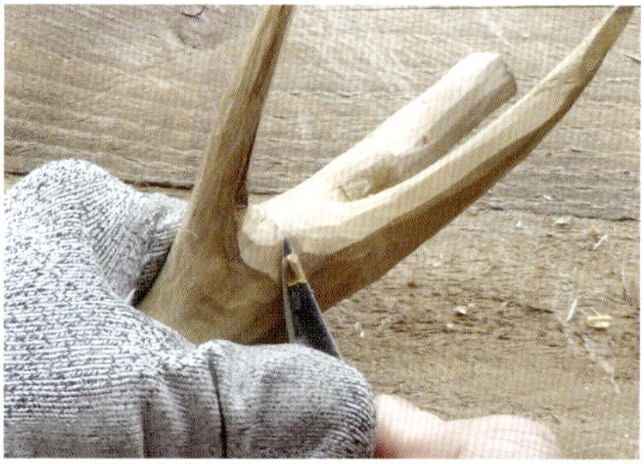

4 Entfernen Sie die Rinde und beginnen Sie mit dem Formen. Wahrscheinlich müssen Sie ein bisschen Totholz oder Splitter oder anderes Unerwünschtes entfernen, bevor Sie mit dem Schnitzen beginnen können. Seien Sie flexibel in Ihrem Design, da Sie nie ganz sicher sein können, worauf Sie stoßen werden.

5 Da das Design glatt sein muss, sorgen Sie dafür, dass der Ansatz jedes Armes eine schöne, saubere Kurve hat und dass das Erscheinungsbild insgesamt ansehnlich ist. Eine Raspel oder Riffelfeile könnte sich hier als nützlich erweisen.

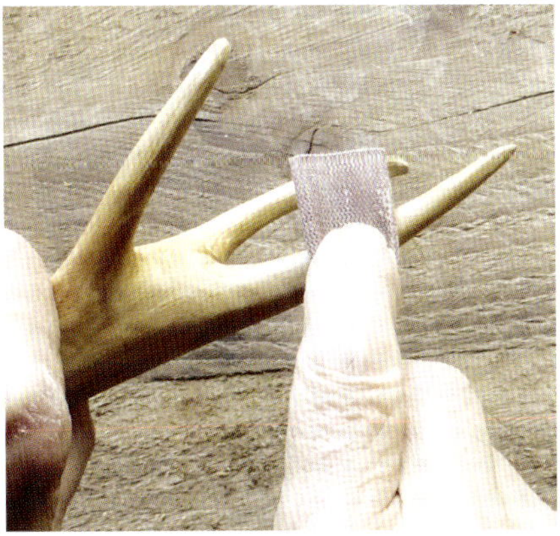

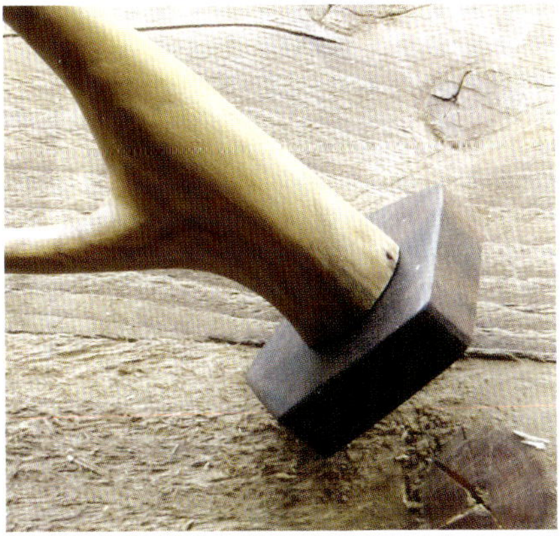

6 Schleifen Sie das gesamte Werkstück gründlich ab, damit Hand oder Kleidung nirgends hängenbleiben können.

7 Suchen Sie ein passendes Stück Holz in Kontrastfarbe, das Sie als Grundplatte verwenden können, und schrauben Sie diese unten an den Baum.

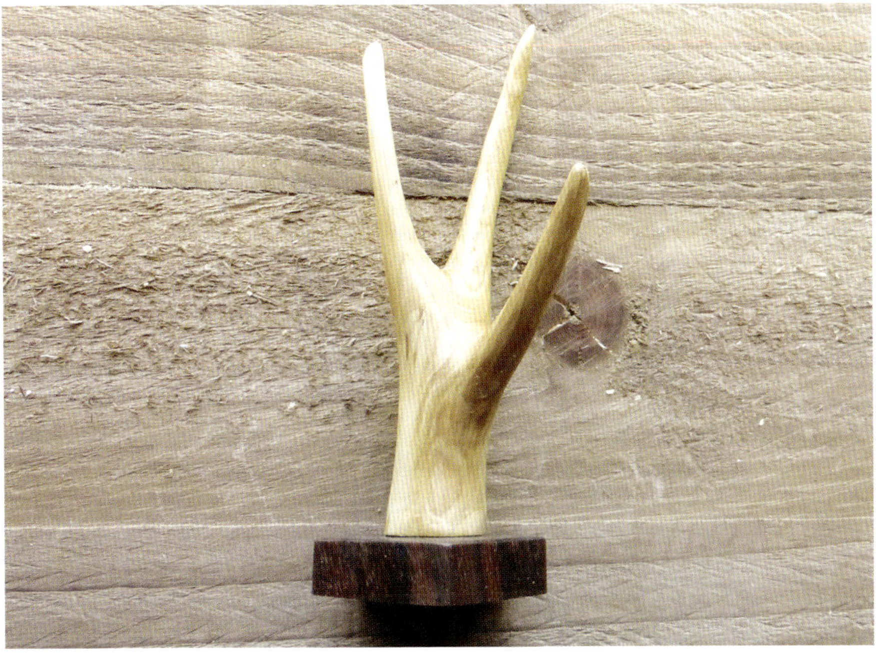

8 Versehen Sie die gesamte Schnitzarbeit mit einigen Schichten Klarlack oder Öl zum Versiegeln und lassen Sie sie trocknen.

Schmuckanhänger

ES GIBT EINIGE WUNDERSCHÖNE HOLZARTEN, DIE SCHWER IN GRÖSSEREN MENGEN ERHÄLTLICH SIND UND AUCH SEHR TEUER SEIN KÖNNEN. MIT EIN BISSCHEN EINFALLSREICHTUM UND NACHFORSCHUNG KÖNNEN SIE KLEINE STÜCKE EXOTISCHER HÖLZER IN IHRE SAMMLUNG AUFNEHMEN, DIE GROSS GENUG SIND, UM HÜBSCHEN HOLZSCHMUCK HERZUSTELLEN.

Den Gestaltungsmöglichkeiten sind keine Grenzen gesetzt – je mehr Sie experimentieren, umso besser werden die Ergebnisse. Ich habe für diesen Schmuckanhänger mit einem einfachen Blattmuster gearbeitet, es sind jedoch mannigfaltige Varianten möglich. Wenn Sie nach Holzstücken mit starker Maserung suchen, braucht es nur ein Minimum an Arbeit, um spektakuläre Ergebnisse zu erzielen.

Das hier gezeigte Werkstück wurde aus einem Stück Fliederholz (*Syringa vulgaris*) geschnitzt, das zwar recht hart ist, aber eine schöne Farbe und Maserung aufweist. Wenn Sie mit hartem Holz wie diesem arbeiten, sollten Sie lieber viele kleine Schnitte statt weniger großer machen.

IM WERKZEUGKASTEN

- Papier und Bleistift für den Designentwurf
- Filzstift
- Bogensäge oder Bandsäge
- Messer
- Sicherheitshandschuh
- kleines Hohleisen (optional)
- Schleifleinen
- Bohrer
- Öl zum Versiegeln
- Halskette, Kordel oder feines Lederband, um den Schmuckanhänger daran zu tragen

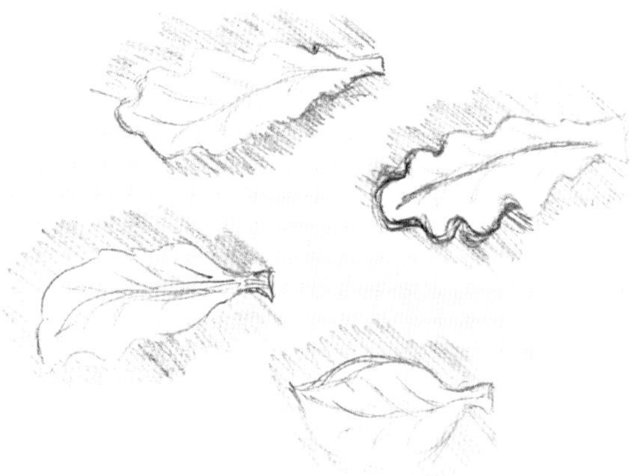

1 Skizzieren Sie das Blatt, das Sie schnitzen möchten, oder verwenden Sie ein echtes Blatt als Vorlage.

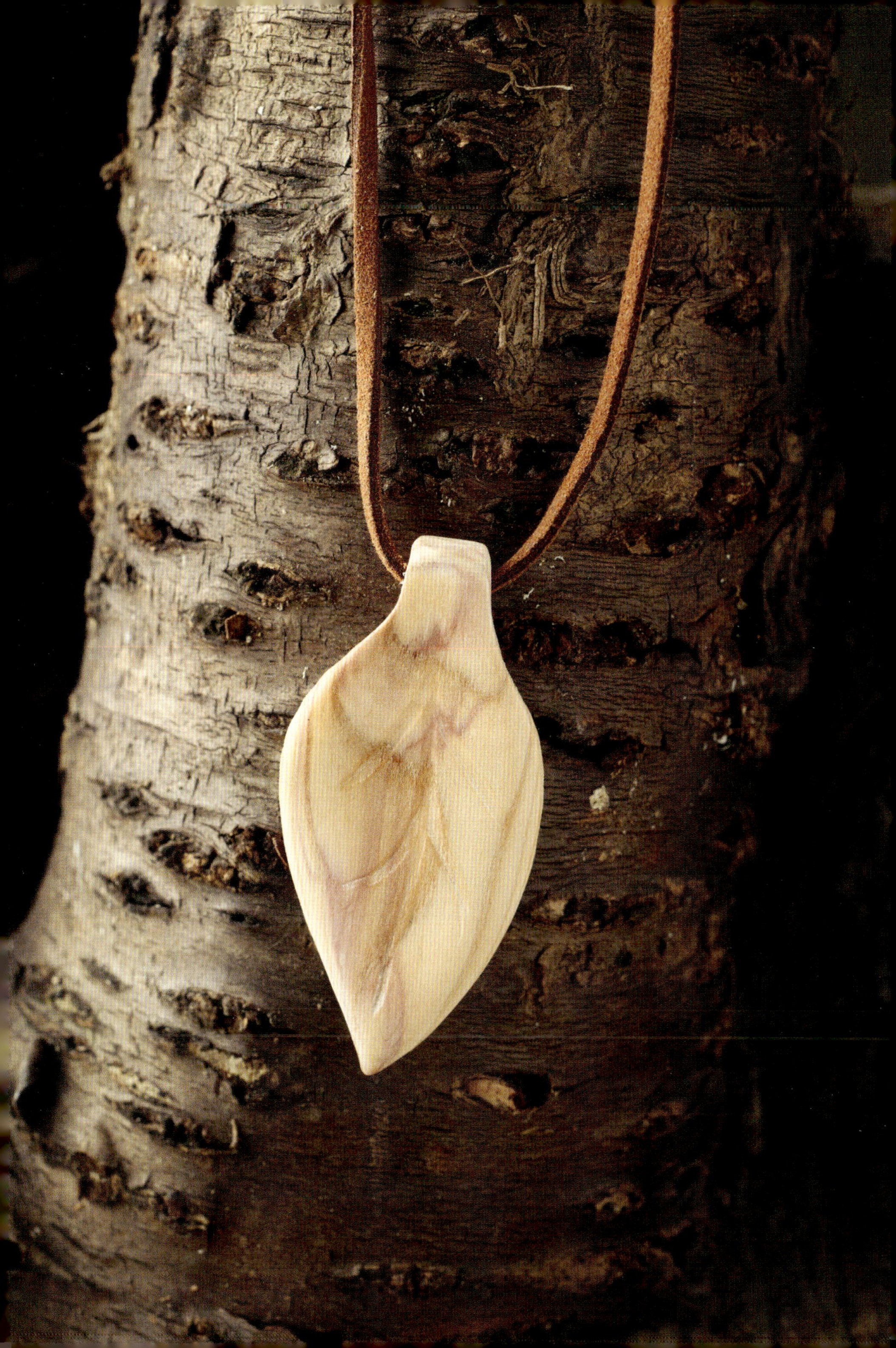

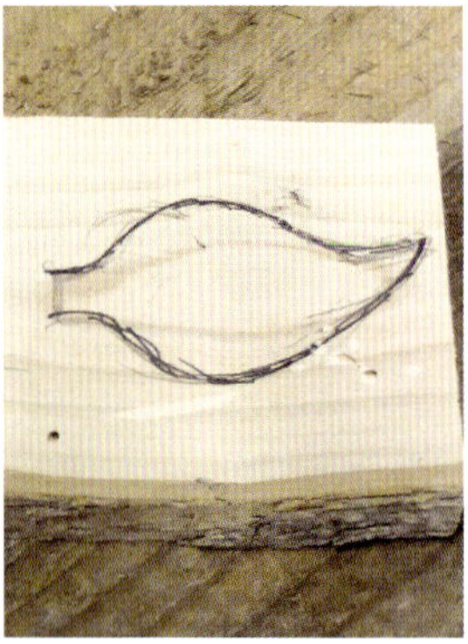

2 Zeichnen Sie das Muster Ihrer Wahl auf das Stück Holz, das Sie schnitzen möchten. Die Maserung kann die Form und ihre Ausrichtung am Holz beeinflussen.

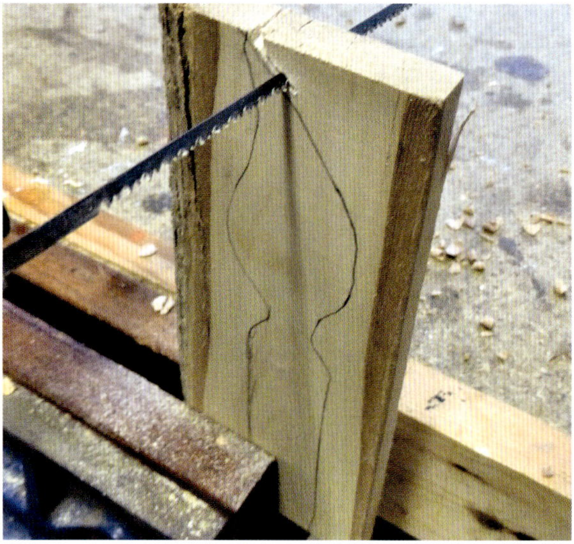

3 Schneiden Sie das Stück mit einer Bogen- oder Bandsäge zu und verwenden Sie möglichst einen Holzrest, um es zu halten – das kann das Zuschneiden erleichtern.

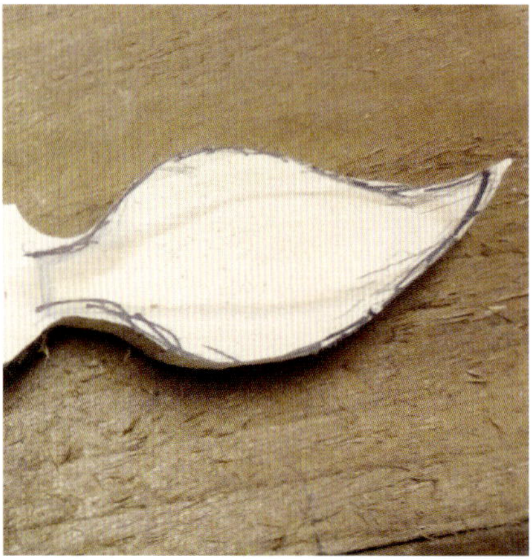

4 Der ausgeschnittene Umriss.

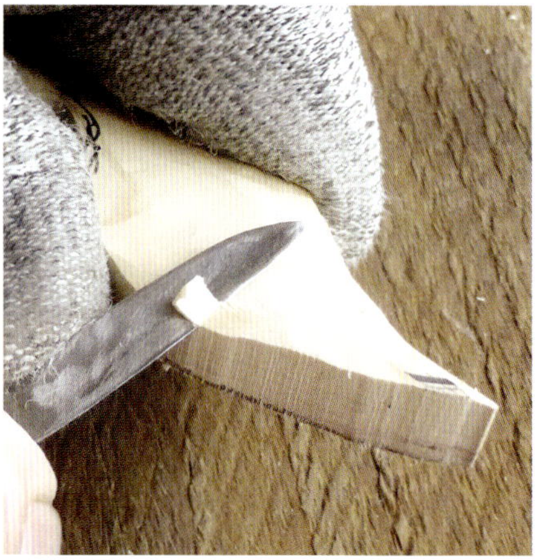

5 Formen Sie zuerst die Rückseite des Blatts und stellen Sie sicher, dass die Form grundsätzlich glatt ist, da sie auf der Haut zu liegen kommen wird.

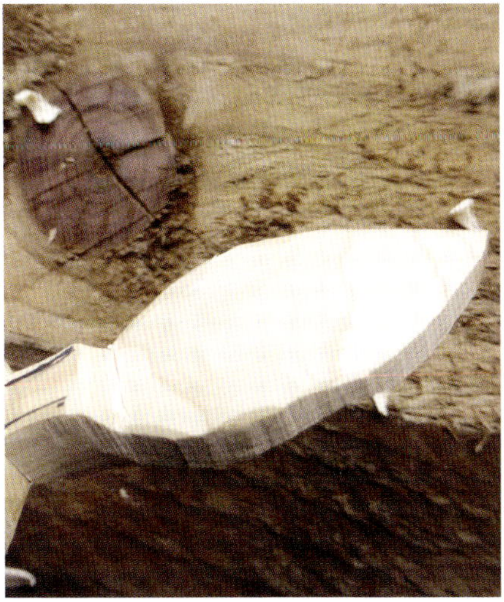

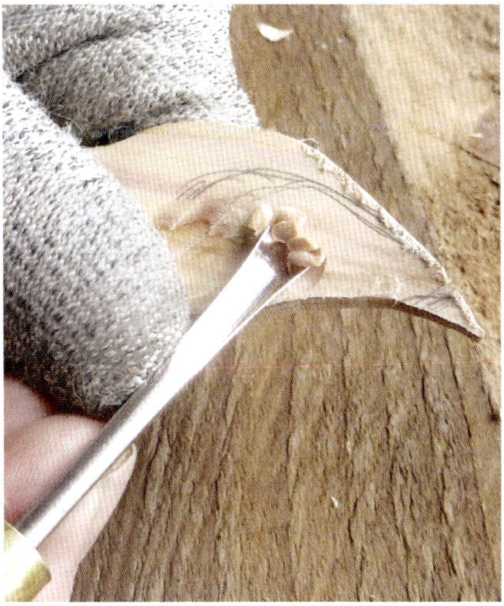

6 Lassen Sie an der Blattwurzel einen dickeren Bereich für den sich eindrehenden Stiel stehen, an dem der Schmuckanhänger an der Kette hängen soll.

7 Formen Sie die Oberseite des Blatts und schnitzen Sie das Werkstück so dünn, wie Sie können. Dies kann sich mit einem kleinen Hohleisen am leichtesten gestalten.

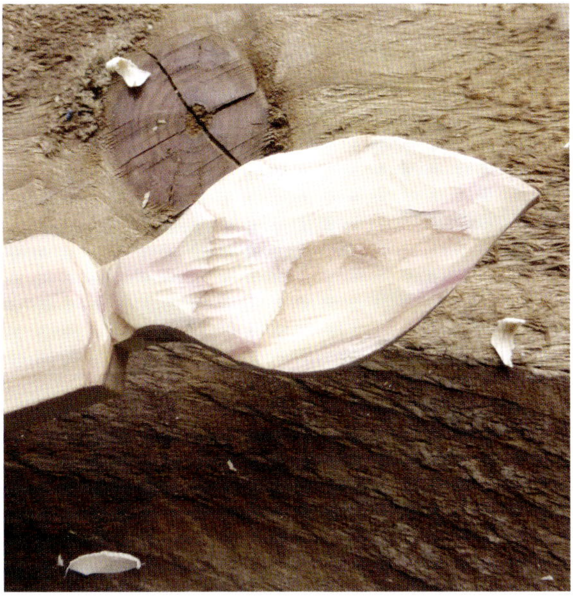

8 Sie können die gesamte Form ausputzen, um keine scharfen Bereiche zu haben, die sich beim Tragen des Schmuckanhängers verfangen.

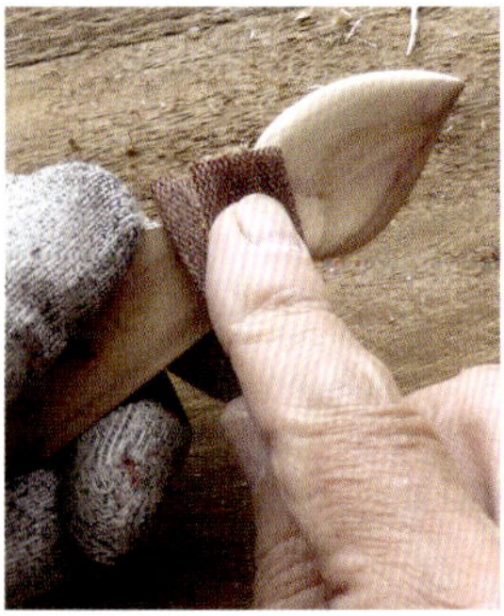

9 Schleifen Sie das gesamte Werkstück auf beiden Seiten unter besonderer Berücksichtigung der Kanten gründlich ab. Vergewissern Sie sich, dass Sie keine Kratzer auf der Oberfläche finden.

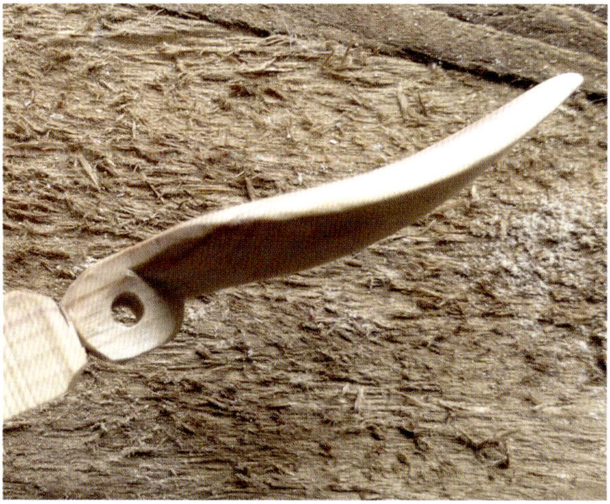

10 Bohren Sie ein Loch in den Teil des Stiels, der mit dem Holzrest verbunden ist.

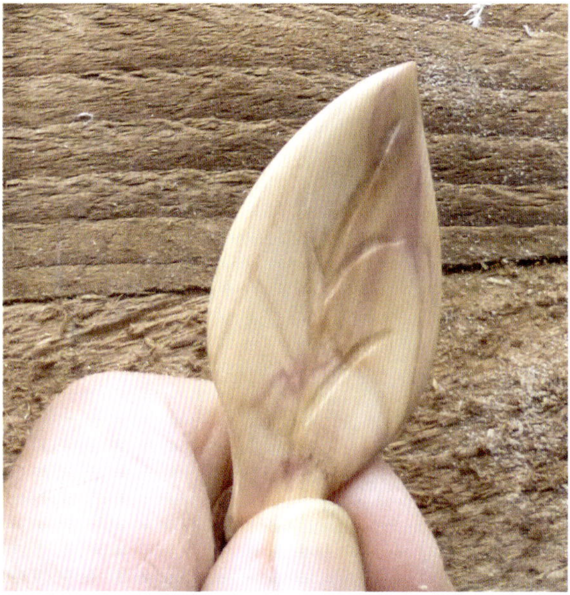

TIP

Wenn die Kette oder die Kordel nicht durch das Loch passt, können Sie beim Juwelier oder im Bastelgeschäft kleine Sprengringe kaufen, die Sie zum Auffädeln auf die Kette verwenden können.

11 Schnitzen Sie behutsam mit einem kleinen Hohleisen, soweit vorhanden, die Blattadern hinein und schleifen Sie das Werkstück glatt. Wenn Sie kein passendes Hohleisen zur Hand haben, lassen Sie das Werkstück einfach glatt.

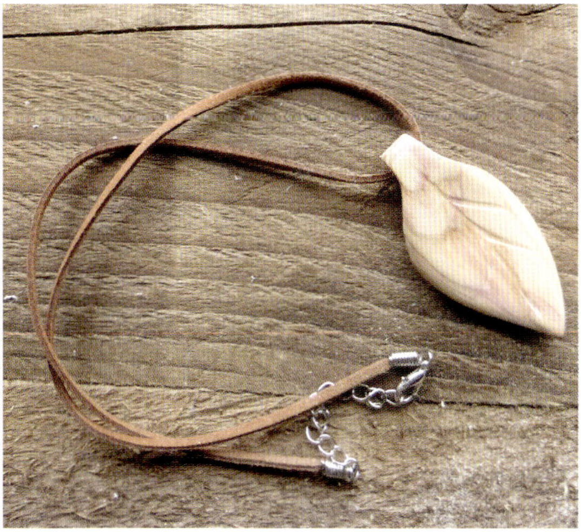

12 Trennen Sie das Blatt vom Holzrest, dann säubern und schleifen Sie es, damit es überall glatt ist. Versehen Sie Ihr Werkstück mit einer Schicht Öl zum Versiegeln und polieren Sie es, bis es glänzt, bevor Sie es auffädeln. Dazu kann eine dünne Kette, ein Lederriemen oder eine Kordel dienen. Ich habe einen Lieferanten für fertige dünne Lederstreifen mit Schließen gefunden, die pro Stück nur ein paar Cent kosten.

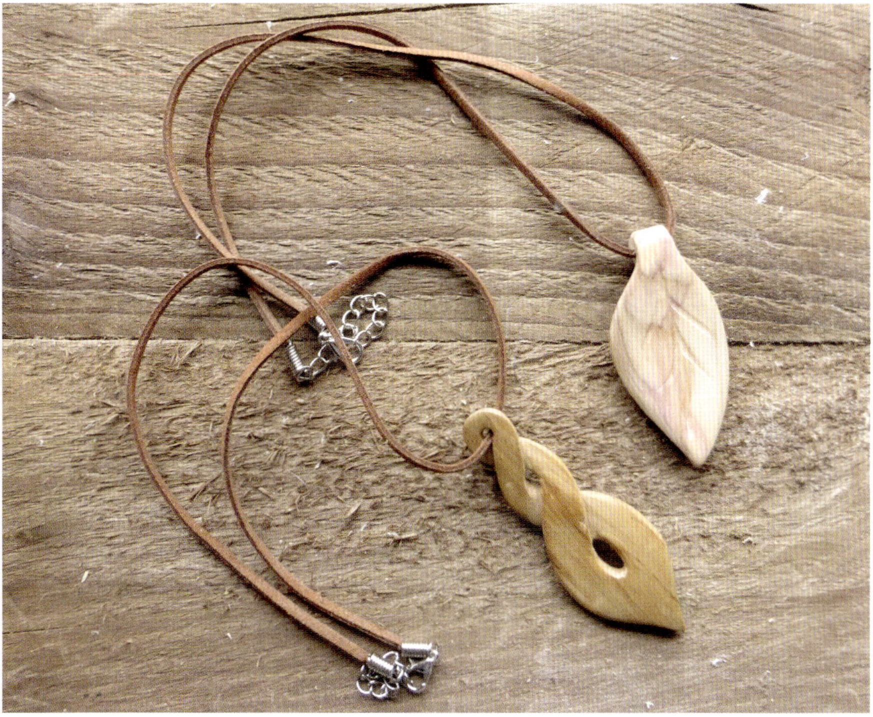

Variation *Der fertige Schmuckanhänger mit einem alternativen Design.*

Guksi

EINE GUKSI IST EIN KLEINER HOLZBECHER, DER AUS LAPPLAND STAMMT UND AUS DER MASERKNOLLE DER BIRKE GESCHNITZT WIRD. ICH HABE EINEN SEHR KLEINEN BECHER GESCHNITZT (ICH HATTE NUR KLEINE ÄSTE ZUR VERFÜGUNG), ABER SIE KÖNNEN SIE IN JEDER ERDENKLICHEN GRÖSSE AUS JEDEM HOLZ HERSTELLEN, DAS IHNEN ZUR VERFÜGUNG STEHT.

Dies ist ein traditioneller Trinkbecher, aber er eignet sich auch als Behälter für Kleinodien oder einfach als Gesprächsthema. Die Wahl des Holzes liegt bei Ihnen, wenn Sie jedoch im Saft stehende oder noch nicht getrocknete Stücke verwenden, müssen Sie sie in der Mitte spalten, um dem Kernbereich des Holzes, wo es sich gewiss spalten wird, aus dem Weg zu gehen. Wenn Sie Holz aus dem Baumarkt verwenden, achten Sie darauf, dass die Maserung horizontal statt vertikal verlaufen sollte, um dem Griff mehr Tragfähigkeit zu verleihen. Ich habe frisch geschnittenes Pflaumenholz verwendet, das sich leichter schnitzen lässt als gereiftes Holz, auch wenn es die Neigung hat, beim Trocknen aufzureißen.

IM WERKZEUGKASTEN

- kleine Axt oder großer Meißel
- Filzstift
- Messer
- Sicherheitshandschuh
- recht großes Hohleisen (12 mm; Nr. 8 oder 9) oder Löffelmesser, falls bevorzugt
- tiefes Hohleisen oder Bohrer
- Schleifleinen
- Olivenöl

Variation

Hier ist ein Beispiel für eine Guksi aus dem Handel, die ein etwas anderes Design aufweist.

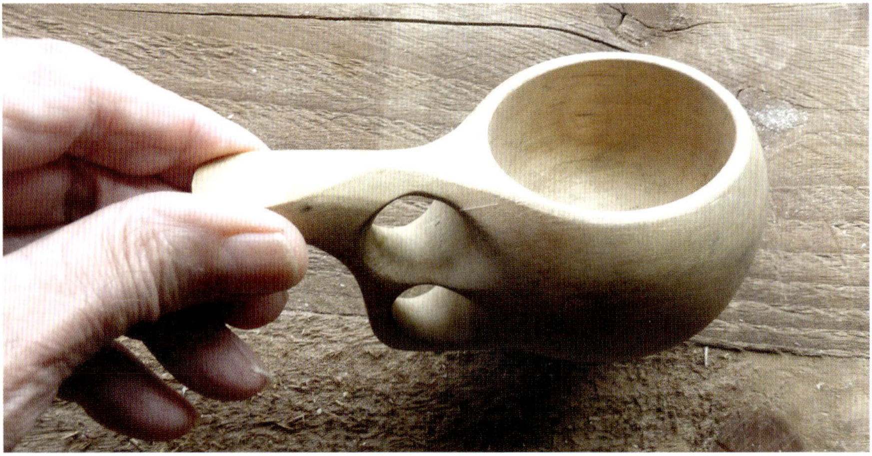

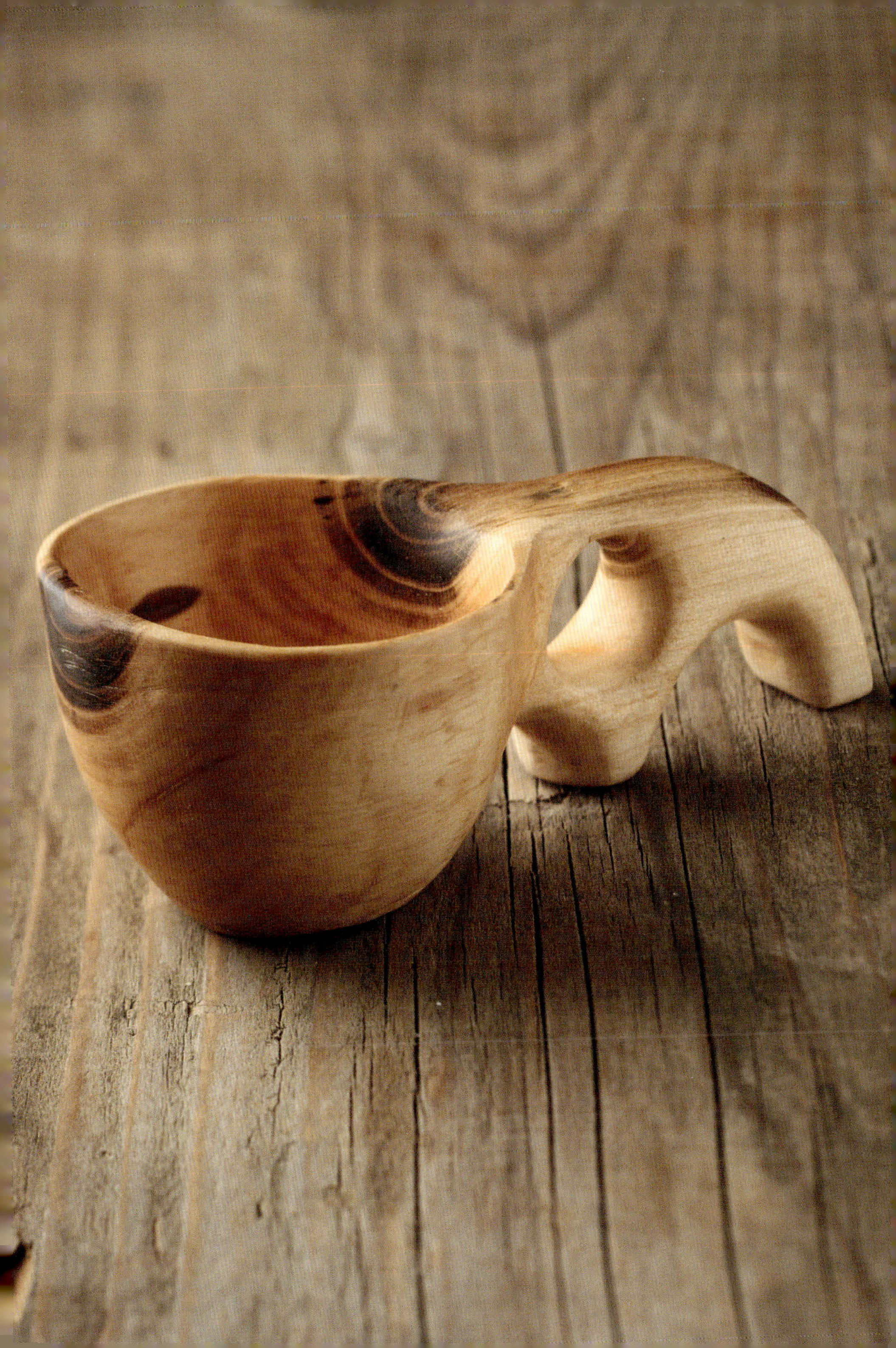

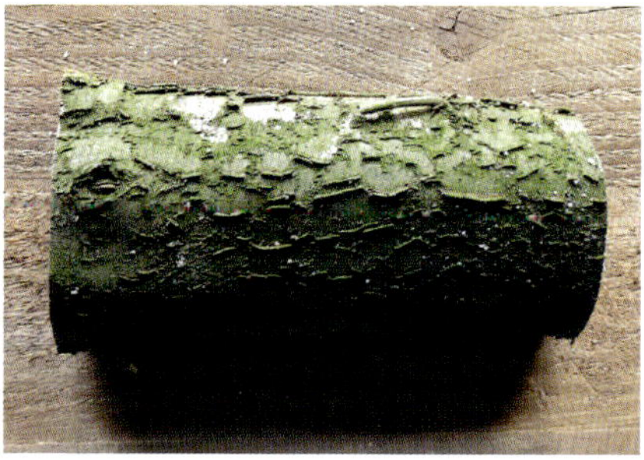

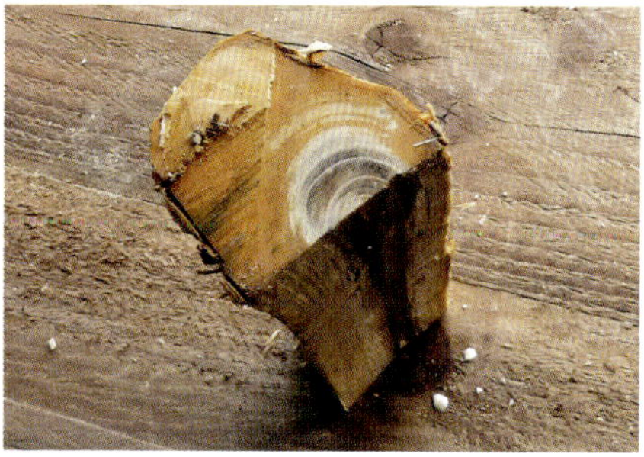

1 Wählen Sie einen Holzklotz oder ein Stück Holz aus, aus dem Sie nach dem Halbieren eine Tasse in der gewünschten Größe herausbekommen.

2 Spalten Sie den Klotz mit einer kleinen Axt oder einem großen Meißel in der Mitte, ziehen Sie die Rinde ab und überprüfen Sie das Holz auf Knoten oder Makel, die die Schnitzarbeit beeinträchtigen könnten.

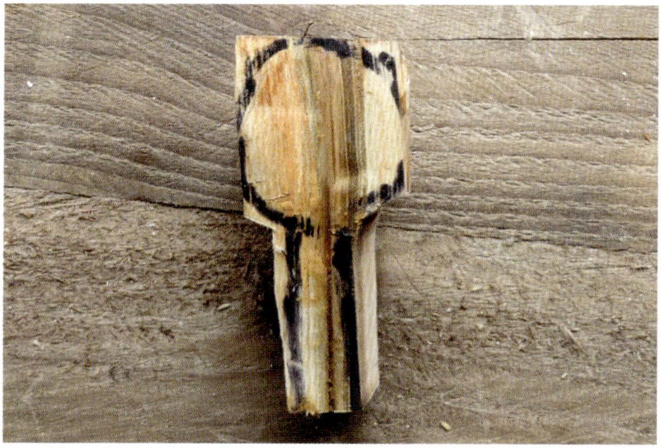

3 Zeichnen Sie grob den Becher und den Griff wie gezeigt an. Das muss nicht sehr genau sein, da sich die Form noch während des Schnitzens ändern kann, weshalb Sie etwas flexibel bleiben müssen.

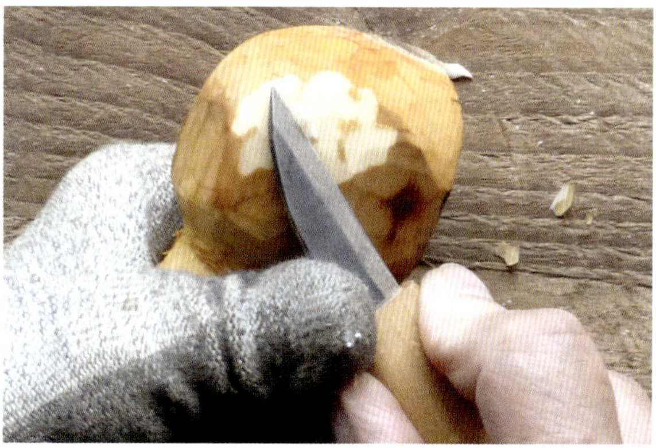

4 Verleihen Sie zuerst der Außenseite der Schale eine grobe Form, da dies die Größe der Tasse bestimmt.

5 Wenn Sie die Grundform ausgearbeitet haben, können Sie das Innere des Bechers in Angriff nehmen.

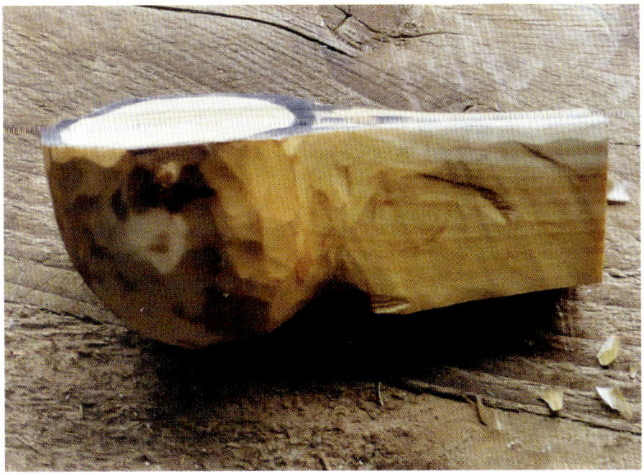

6 Höhlen Sie mit einem Hohleisen oder einem Löffelmesser das Becherinnere aus und versuchen Sie, die Form so rund wie möglich zu bekommen. Peilen Sie in dieser Phase Becherwände mit einer Stärke von 3–4 mm an. Sobald das Innere zu Ihrer Zufriedenheit geschnitzt ist, können Sie die Außenseite angehen.

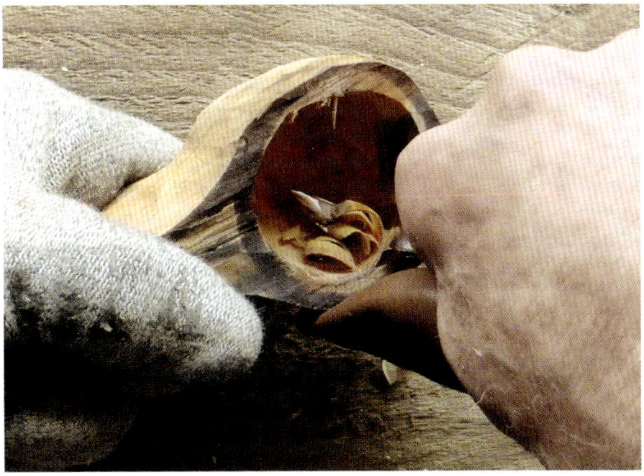

7 Eventuell hilft Ihnen eine Pappscheibe, die in das Innere passt, die richtige Form zu schnitzen. Vergessen Sie nicht, in die Mitte ein Loch zu machen, damit Sie sie wieder aus dem Becher herausnehmen können. Sie können diese Scheibe immer wieder verwenden, um die Form zu überprüfen, da diese sich durch das Trocknen des Holzes noch ändern kann.

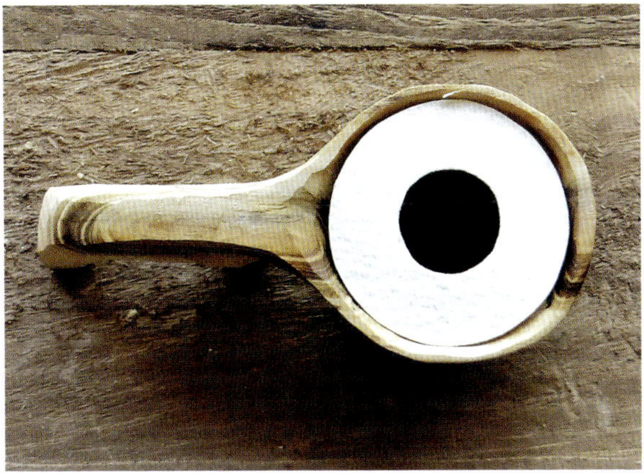

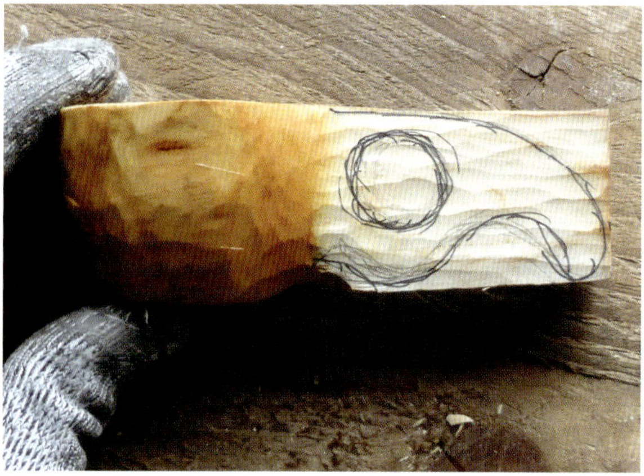

8 In dieser Phase sollten Sie das gesamte Werkstück mit einer guten Schicht Olivenöl behandeln, damit es nicht zu schnell austrocknet. Haben Sie dies erledigt, zeichnen Sie die Form des Griffs auf.

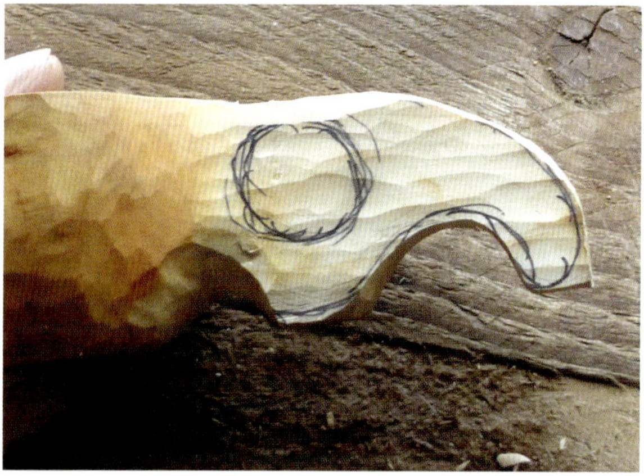

9 Runden Sie die Außenseite Ihrer markierten Form ab, bevor Sie den Griff verschmälern. Markieren Sie ungefähr, wo das Loch sein soll.

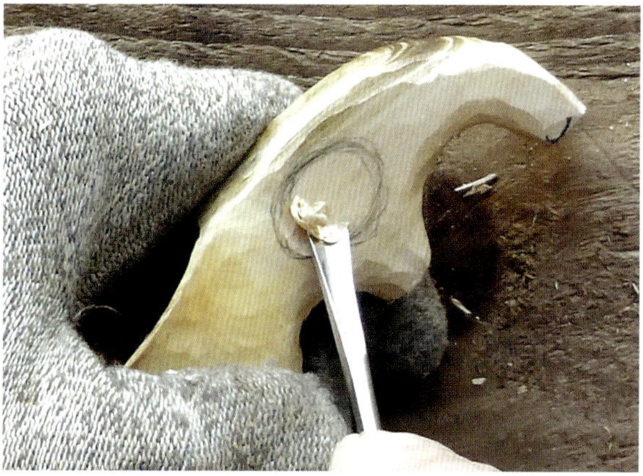

10 Verschmälern Sie den Griff und peilen Sie hier eine Stärke von 10–12 mm an. Er muss kräftig sein, ohne zu schwer zu sein, also passen Sie ihn so an, dass er gerade richtig für die Größe, die Sie schnitzen, wirkt. Runden Sie die Kanten ab, zeichnen Sie das Loch erneut auf und arbeiten Sie es mit einem tiefen Hohleisen oder Bohrer aus.

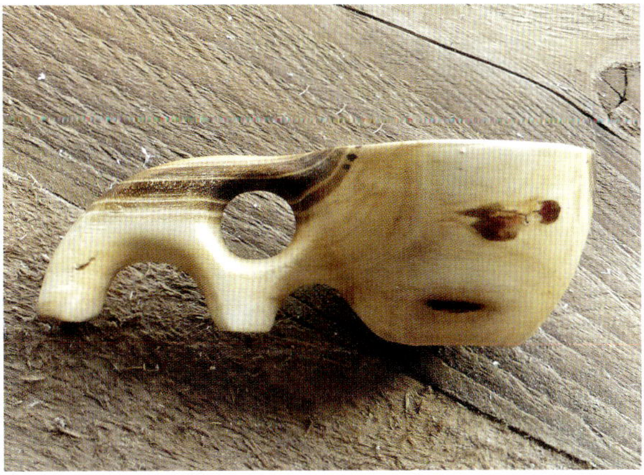

11 Schleifen Sie den Griff, sodass er optisch zu dem Becher passt. Die Schnitzarbeit ist nun fertig, Sie müssen dem Werkstück nur noch einen guten letzten Schliff verpassen. Nehmen Sie sich die Zeit und achten Sie darauf, verschiedene Körnungen zu verwenden, bis die Oberfläche überall kratzerfrei ist.

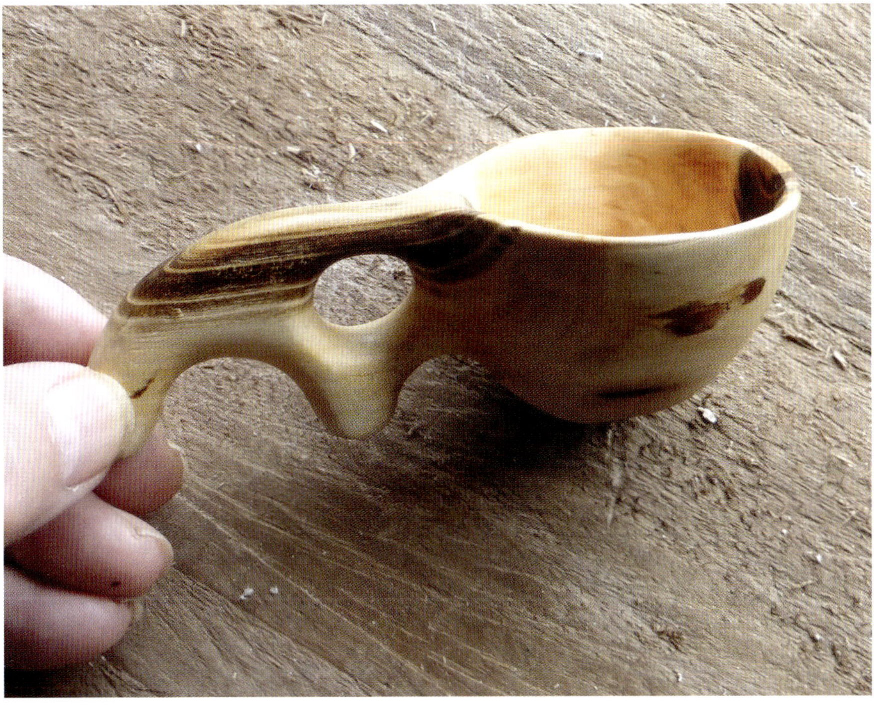

12 Versehen Sie den Becher mit einigen Schichten Olivenöl; lassen Sie die eine Schicht erst trocknen, bevor Sie die nächste auftragen. Wenn das Öl gut getrocknet ist, sollte es möglich sein, das Schnitzstück mit einem weichen Tuch zu polieren, bis es glänzt.

Weihnachtsstern

DIE VERMARKTUNG DES WEIHNACHTSFESTES IST IN DEN LETZTEN JAHREN STETIG GEWACHSEN, UND VIELE GESCHÄFTE HABEN BEREITS AB SEPTEMBER SPEZIELLE VERKAUFSFLÄCHEN FÜR DIE FEIERTAGSWAREN. ICH TREFFE JEDOCH ZUNEHMEND AUF MENSCHEN, DIE SELBST GEMACHTE DEKORATIONEN VORZIEHEN. WENN SIE ETWAS BEDEUTSAMERES VERSCHENKEN MÖCHTEN ALS EINE IM LADEN GEKAUFTE CHRISTBAUMKUGEL, VERSUCHEN SIE DOCH, DIESEN WEIHNACHTSSTERN ZU SCHNITZEN.

In diesem Projekt schnitze ich ein paar Ideen, die Sie vielleicht ausprobieren möchten. Ich bin sicher, dass Ihnen auch noch viel mehr einfallen wird.

Für diese Schnitzarbeiten ist jedes Holz geeignet. Ich verwende etwa 10 mm dicken Verschnitt. Wählen Sie einige dünne Reste aus geeignetem Holz aus; die Stärke ist nicht wichtig, versuchen Sie jedoch, kein Holz zu verwenden, das zu hart oder zu dick ist. Ihr Holzhändler vor Ort kann Ihnen das Holz wahrscheinlich auch in gewünschter Stärke zuschneiden, wenn Sie das nicht können. Sie können Ihren Stern in jeder Größe fertigen, die Ihnen gefällt – vergrößern oder verkleinern Sie einfach das Muster, damit es passt. Ich habe ein Stück Jelutong (*Dyera costulata*) mit einer Breite von 85 mm und einer Dicke von 10 mm gewählt.

IM WERKZEUGKASTEN

- Papier und Bleistift zum Entwerfen
- Kohle- oder Durchschlagpapier und Filzstift
- Messer (verwenden Sie Ihr normales Messer oder ein Kerbschnittmesser, falls Sie eines haben)
- Sicherheitshandschuh
- Bogensäge oder Bandsäge
- Schleifleinen
- Schrauböse, um den Stern aufzuhängen
- Öl zum Versiegeln

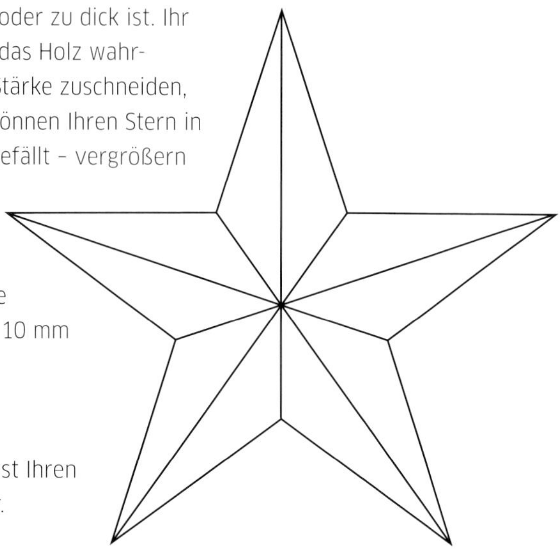

1 Entwerfen Sie zuerst Ihren Stern auf dem Papier.

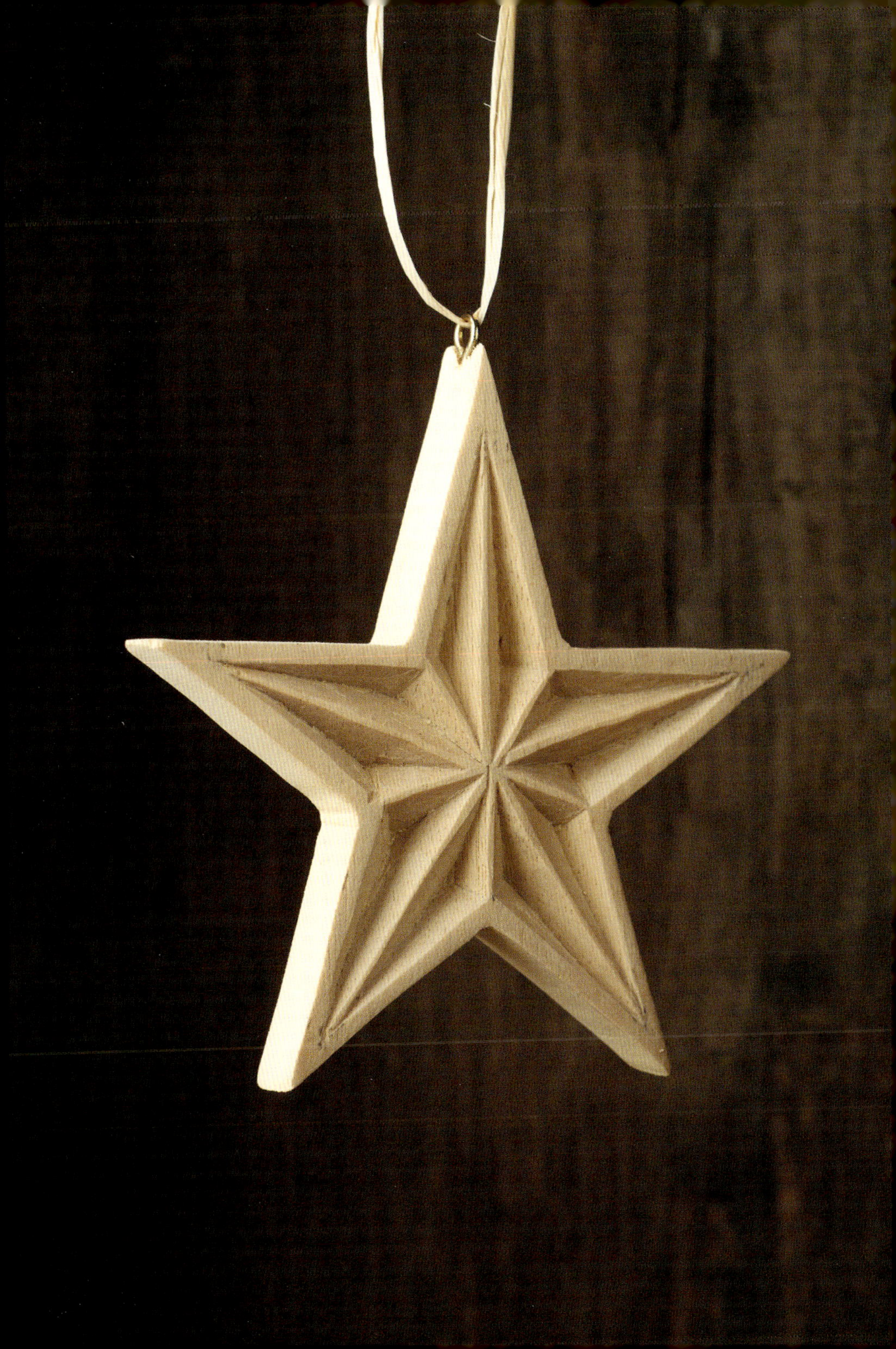

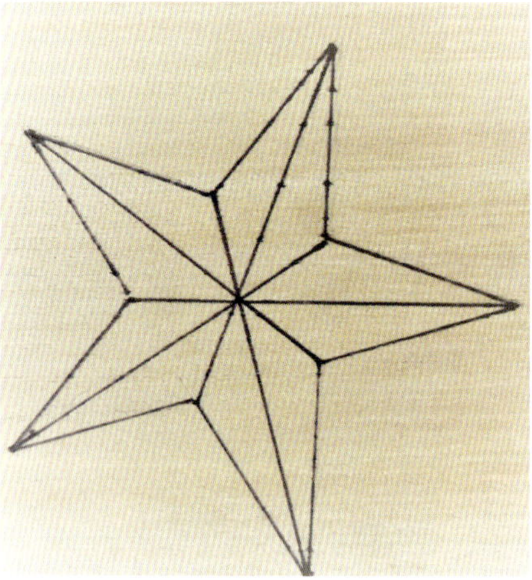

2 Pausen Sie das Muster ab und verkleinern oder vergrößern Sie es auf die gebrauchte Größe. Übertragen Sie es mit dem Durchschlagpapier genau auf das Holz und richten Sie es so aus, dass so wenige Spitzen wie möglich gegen die Maserung verlaufen. Schneiden Sie das Holz jetzt noch nicht zu, da Sie etwas brauchen, wo Sie die Hand ablegen können, während Sie schnitzen. Arbeiten Sie so genau wie möglich, da Sie an den Linien entlang schnitzen und wellige Linien zu welligen Schnitten führen.

TIPP

Wenn Sie einen Bereich schnitzen, der neben einem bereits geschnitzten liegt, lassen Sie die Seite neben diesem Bereich ungeschnitzt, bis Sie die anderen zwei geschnitzt haben. Dies minimiert die Wahrscheinlichkeit, dass die Strebe zwischen ihnen ausbricht.

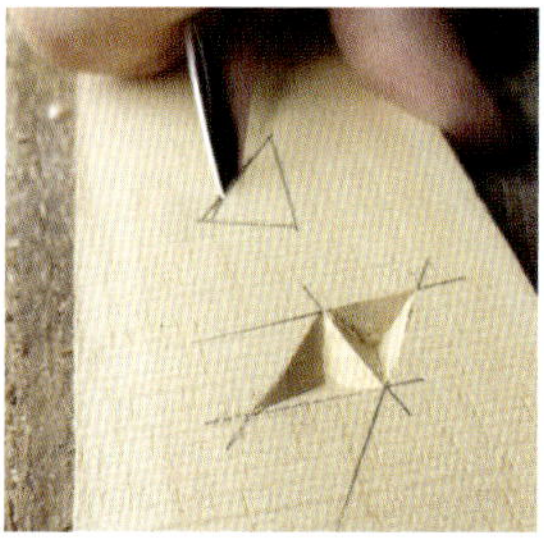

3 Üben Sie zuerst an einem Holzrest, bevor Sie das Muster aus dem richtigen Holz ausschneiden. Sie müssen die Messerklinge im 45-Grad-Winkel führen.

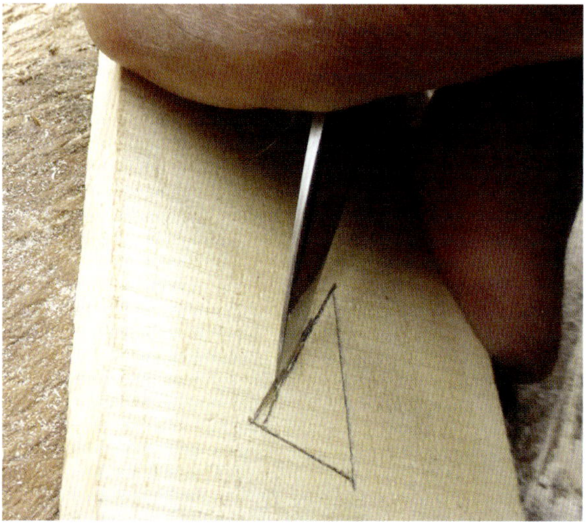

4 Beginnen Sie mit einem sehr flachen Schnitt am äußersten Ende der Linie und schneiden Sie in Richtung Mitte, wobei Sie immer tiefer schnitzen. Bleiben Sie dabei mit der Hand am Holz. Wenn Sie die Mitte erreicht haben, ziehen Sie das Messer vorsichtig in Richtung des Linienendes und schnitzen Sie wieder flacher, bis das Messer am Ende des Dreiecks aus dem Holz wieder herauskommt. So erhalten Sie einen Schnitt, der in der Mitte tiefer als an den Enden ist.

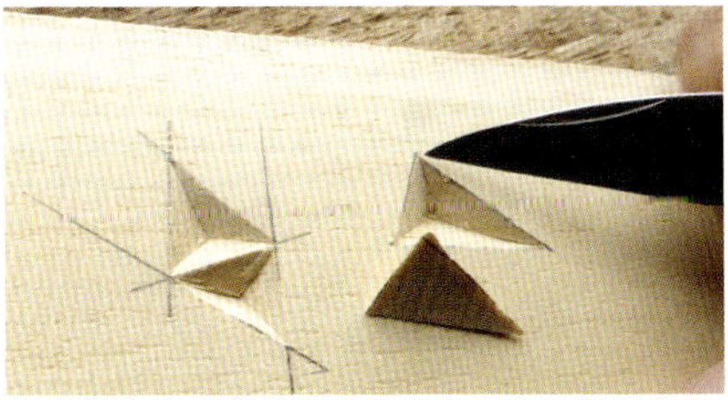

5 Wiederholen Sie diese Technik bei den anderen beiden Seiten, dann springt mit etwas Glück die Mitte heraus. Ist dies nicht der Fall, wiederholen Sie die Schnitte etwas tiefer, bis dies doch geschieht. Dabei versprechen schneidende Schnitte in Richtung Ihres Körpers die besten Erfolgschancen.

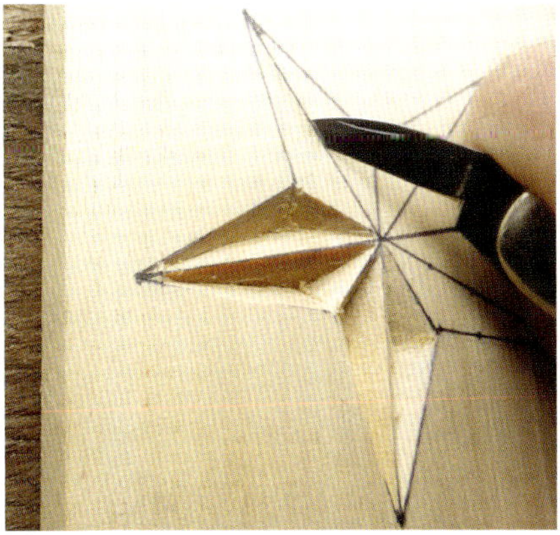

6 Wiederholen Sie diese Technik für jeden der eingezeichneten Abschnitte Ihres Musters.

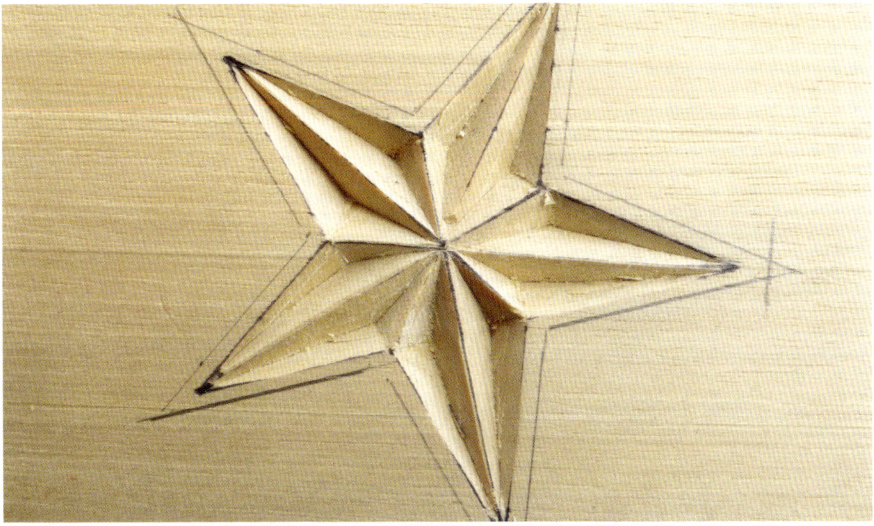

7 Wenn Sie alle Abschnitte geschnitzt haben, zeichnen Sie etwa 2 mm vom Rand entfernt Linien um alle Kanten. Wenn Sie das Foto genau ansehen, werden Sie feststellen, dass ein kleiner Bereich ausgebrochen ist. Das passiert mit weicherem Holz sehr häufig. Wenn der Stern ohne Bemalung auskommen soll, bedeutet das, dass Sie leider von vorn anfangen müssen. Wenn Sie ihn bemalen möchten, können Sie ihn zuvor mit ein wenig Holzkitt reparieren, damit der Fehler nicht auffällt. In meinem Fall habe ich wieder neu begonnen, wie Sie auf den späteren Bildern sehen werden.

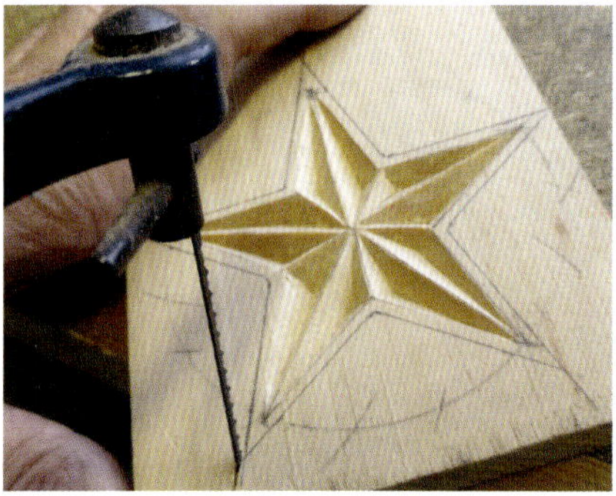

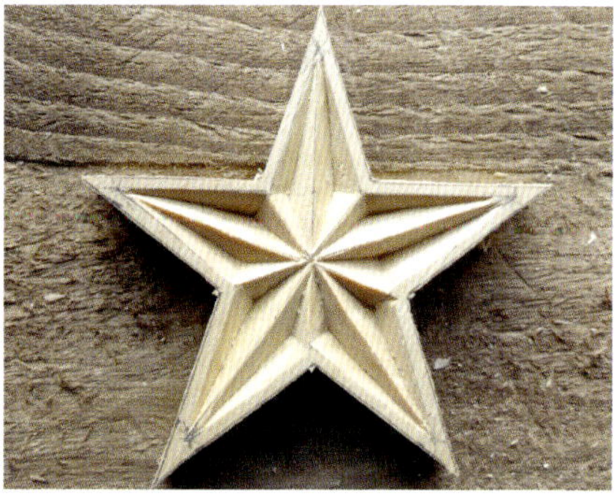

8 Schneiden Sie den Stern mit einer Bogen- oder Bandsäge aus und achten Sie darauf, nicht über die Linien zu sägen, die Sie gezeichnet haben.

9 Wenn das Holz über die Linien übersteht, ist das kein Problem: Sie können die Kanten anschließend anpassen.

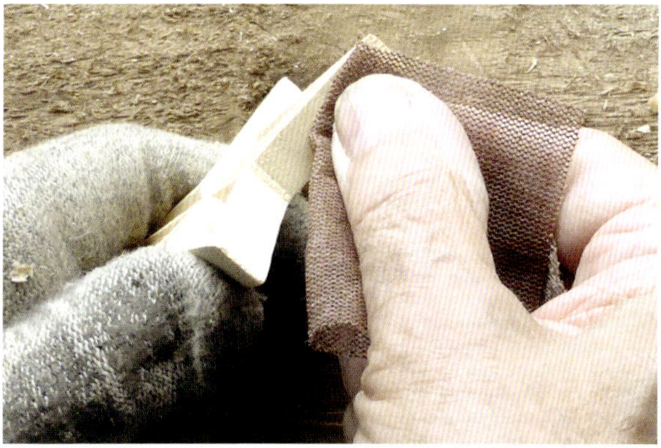

10 Passen Sie die Kanten vorsichtig an und schleifen Sie sie dann sorgfältig ab.

TIPP

Die Messerklinge ist von Natur aus keilförmig und kann dazu neigen, die Seiten des Schnitts nach außen zu drücken. Es mag für Sie leichter sein, mehrere kleinere Schnitte statt eines tiefen Schnitts zu machen, insbesondere neben einem bereits geschnitzten Teil des Musters. Seien Sie sehr behutsam an den Spitzen eines jeden Schnitts, da dieser hier sehr flach ist.

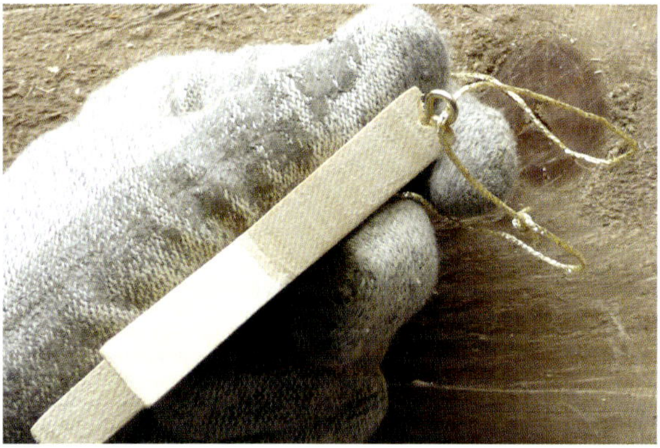

11 Schleifen Sie eine Spitze flach und setzen Sie eine kleine Ösenschraube ein, damit Sie den Stern aufhängen können. Tragen Sie etwas Öl zum Versiegeln auf und lassen Sie das Werkstück trocknen.

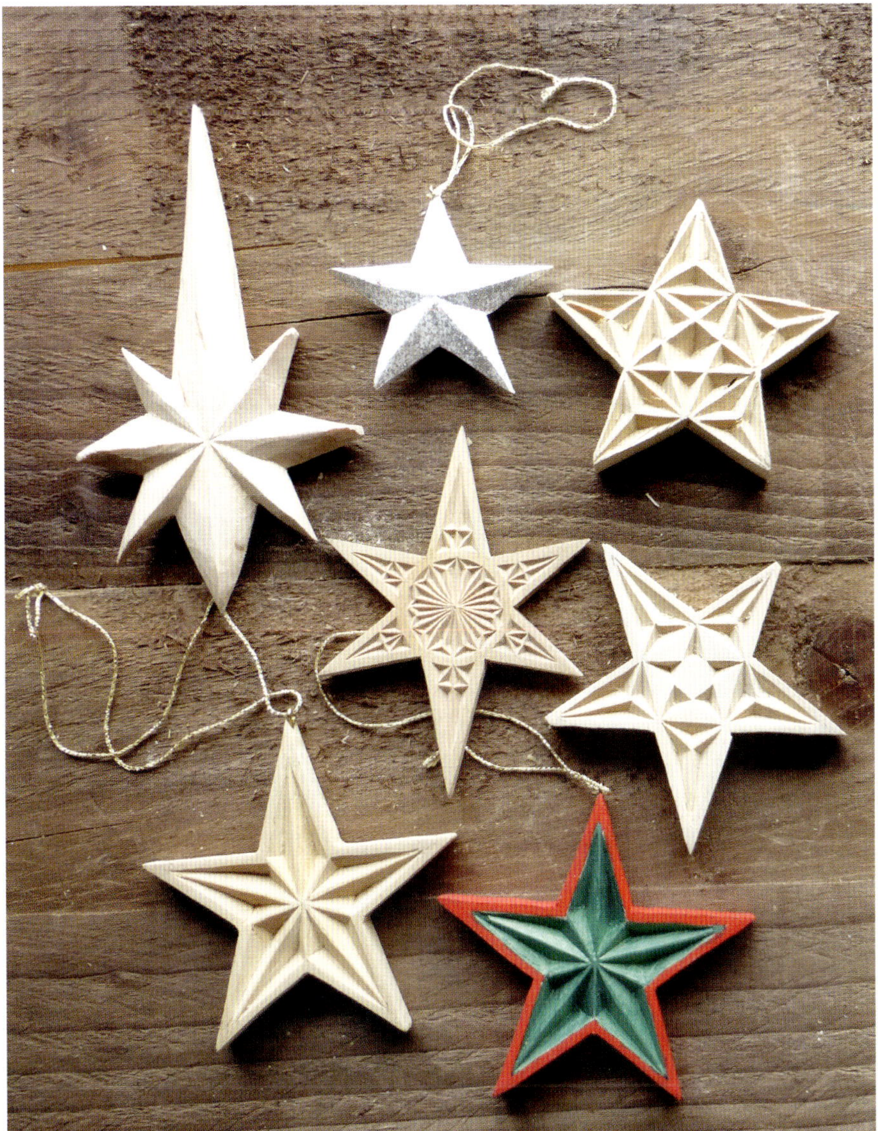

12 Sie können mit verschiedensten Designs experimentieren. Wenn Sie einen bemalten Stern haben möchten, können Sie die Farbe auch bereits vor dem Beginn auftragen; durch das Schnitzen entsteht ein Kontrasteffekt. Sie können den Stern auch im quadratischen Block lassen, statt ihn auszuschneiden.

Entchen

WIR HABEN EINEN GROSSEN TEICH, DER VOR FISCHEN NUR SO WIMMELT, WAS ENTEN UND ANDERE WILDTIERE ANZIEHT. WIR ERHALTEN REGELMÄSSIGE BESUCHE EINES WILDENTEN-TRIOS, MEHREREN REIHERN UND EINES GELEGENTLICH VORBEISCHAUENDEN EISVOGELS. DIESES PROJEKT BEINHALTET EINIGE ENTENKÜKEN. AUCH WENN DIE AUSGEWÄHLTE SZENE MIT ZWEIEN VON IHNEN AUSKOMMT, KÖNNEN SIE GENAUSO NUR EINE EINZELNE SCHNITZEN, WENN IHNEN DAS LIEBER IST.

Sie benötigen ein Stück Holz in der Größe von etwa 100 mm x 80 mm und einer Stärke von 60 mm. Sie können die Enten auch verkleinern, wenn Sie nur ein kleineres Stück Holz haben. Vielleicht helfen Ihnen Entenfotos dabei, die richtige Form auszuarbeiten. Besser noch, machen Sie einen Frühlingsspaziergang an einen See oder einen großen Teich, dann können Sie selbst ein paar Fotos als ganz persönliche Vorlage schießen und die frische Luft genießen.

IM WERKZEUGKASTEN

- Papier und Bleistift für den Entwurf
- Kohle- oder Durchschlagpapier und Filzstift
- Bogensäge oder Bandsäge
- Messer
- Sicherheitshandschuh
- kleines Hohleisen
- Schleifleinen
- Öl zum Versiegeln
- Brenneisen für Details (optional)

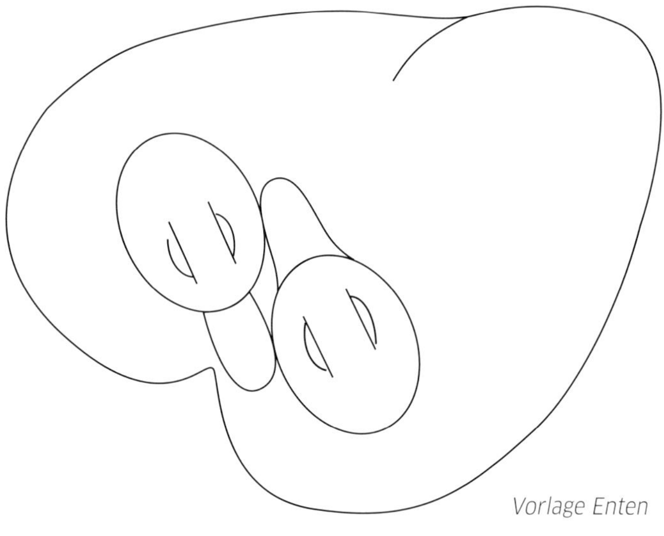

Vorlage Enten

1 Zeichnen Sie das abgebildete Muster in der gewünschten Größe.

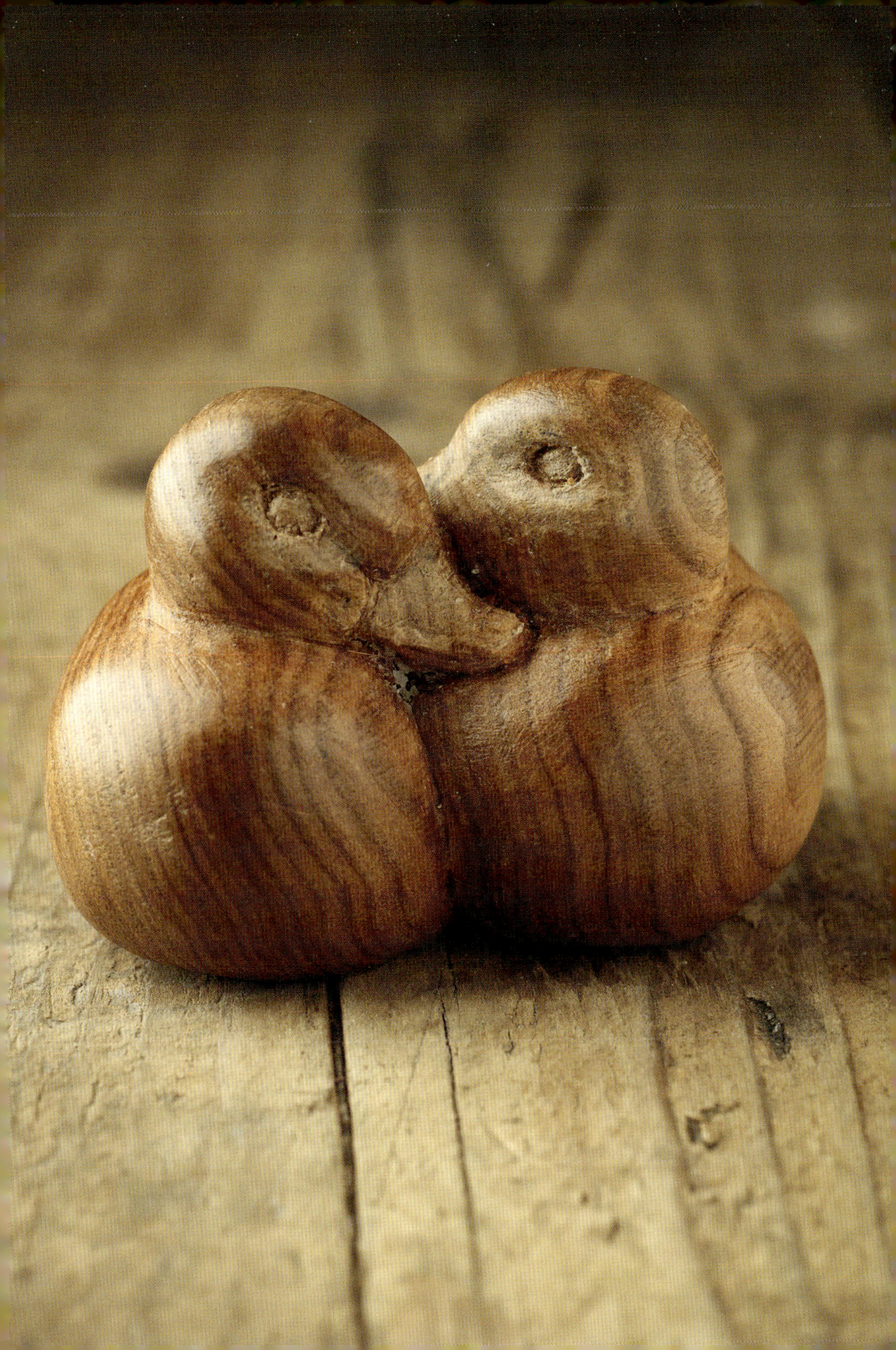

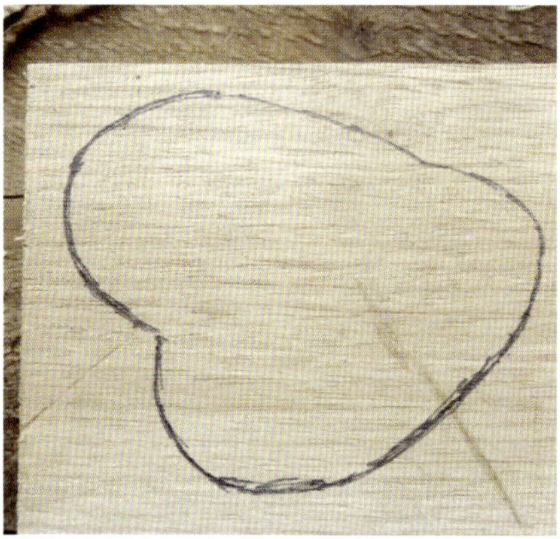

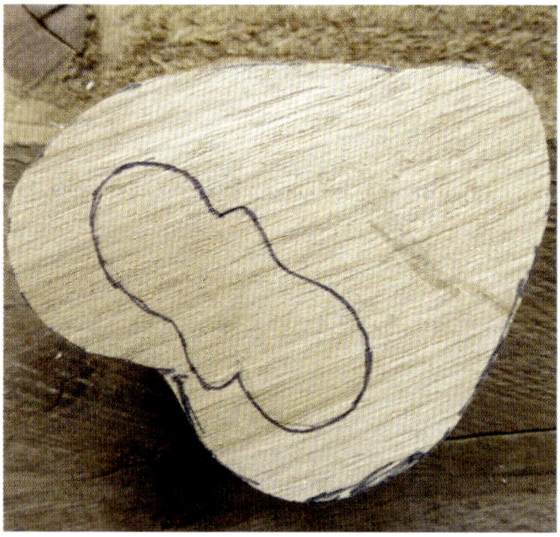

2 Übertragen Sie das Muster mit Kohle- oder Durchschlagpapier auf das Holz Ihrer Wahl, mit der Maserungsrichtung des Holzes entlang der Körper in Schwanzrichtung.

3 Schneiden Sie die Außenlinie mit einer Bogen- oder Bandsäge nach.

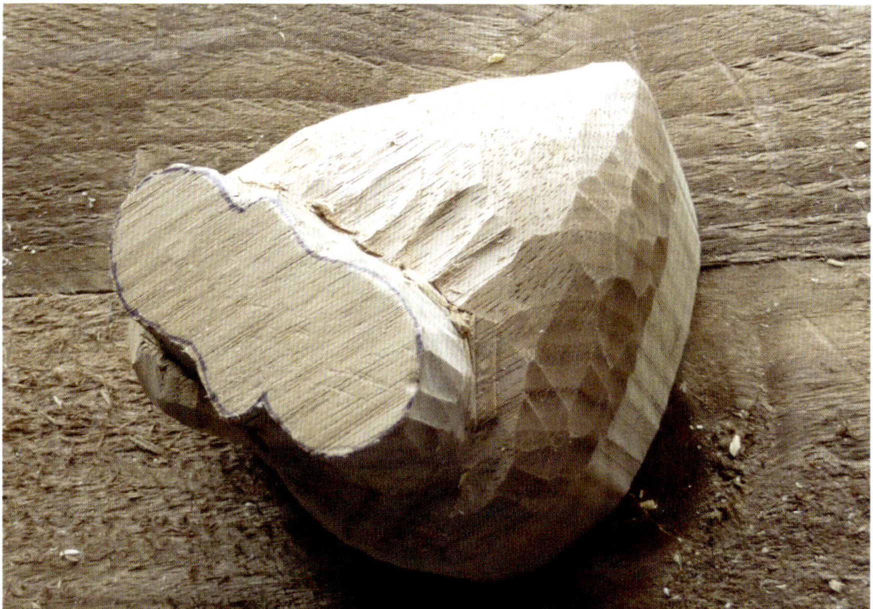

4 Lassen Sie den Bereich für die Köpfe aus und formen Sie die Körper, sodass sie rundlich und voll werden und keine flachen Bereiche haben.

5 Zeichnen Sie die Umrisse jedes Kopfs auf den erhabenen Teil Ihres Holzklotzes und schnitzen Sie sie aus, sodass die Schnäbel entlang des jeweils anderen Kopfes verlaufen. In der Mitte der Köpfe gezeichnete Linien helfen, die Symmetrie zu bewahren, während Sie schnitzen.

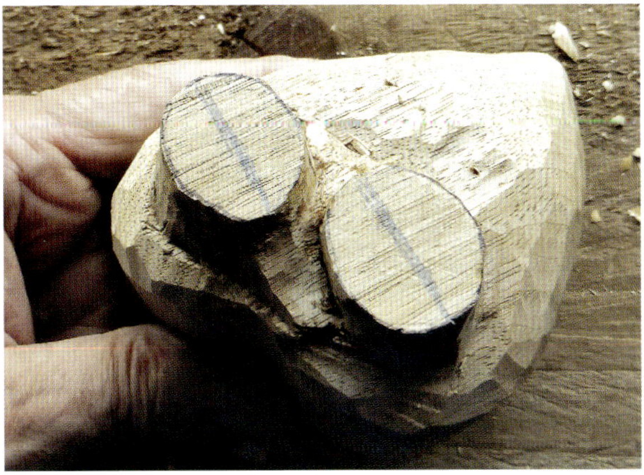

6 Runden Sie jeden Kopf ab und lassen Sie unten ein bisschen mehr Holz für die Wangen stehen. Schnitzen Sie den groben Umriss der Schnäbel und überprüfen Sie diese immer wieder auf die richtige Ausrichtung.

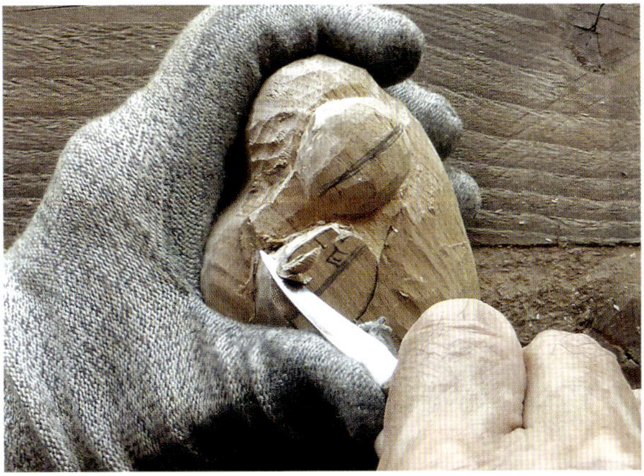

7 Verwenden Sie ein kleines Hohleisen zum Schnitzen der Form der Schnäbel und achten Sie darauf, dass diese auf den Körpern ruhen.

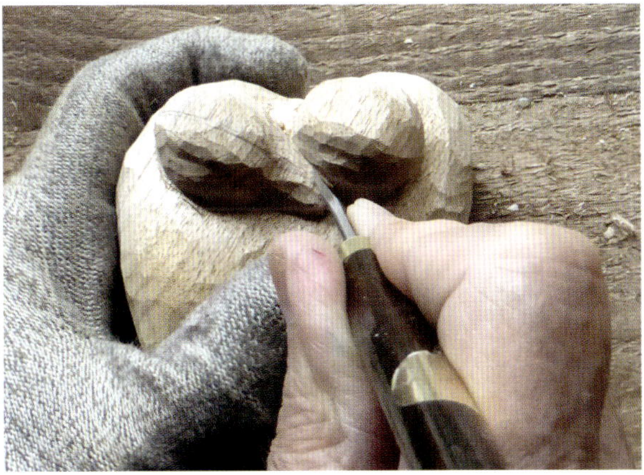

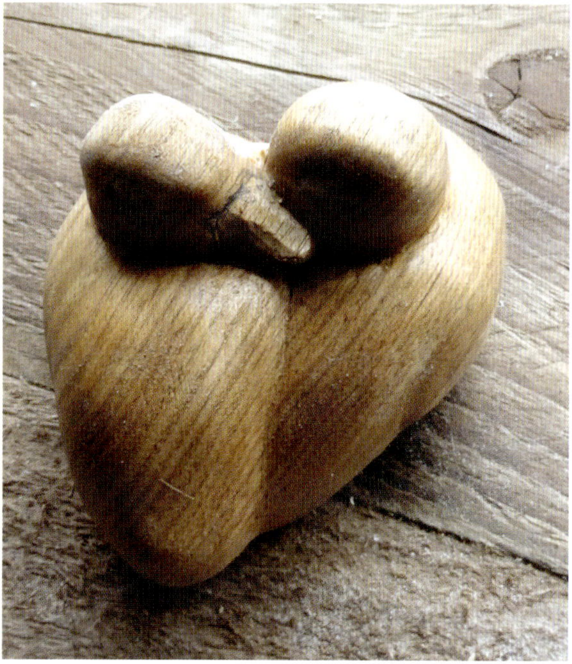

8 Runden Sie die Körper ab und schleifen Sie sie, bis es keine sichtbaren Werkzeugspuren mehr gibt. Ich habe diesem Werkstück eine Schicht Öl gegönnt, nachdem ich es einmal abgeschliffen hatte, da dies etwaige Fehler oder unregelmäßige Stellen aufzeigt. Wenn Sie Schleifleinen wie Abranet verwenden, können Sie nach dem Trocknen des Öls sicher schleifen, ohne dass das Schleifleinen klumpt.

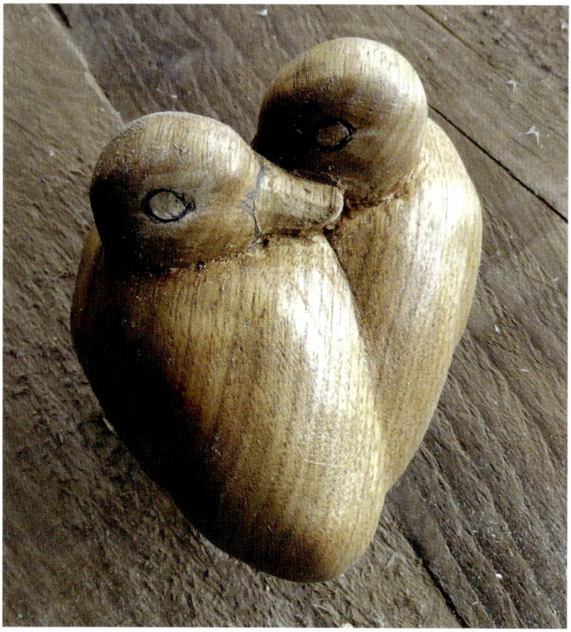

9 Sind Sie mit dem Endergebnis zufrieden, zeichnen Sie die Augen ein. Achten Sie darauf, dass sie symmetrisch sind, indem Sie sowohl von vorne als auch von oben überprüfen.

10 Schneiden Sie mit einem kleinen Hohleisen oder Ihrem Messer entlang der Außenkante eines jeden Auges und runden Sie die Mitte ab, um eine einfache Augenform zu erhalten. Das gesamte Werkstück fein abschleifen und mit einer Ölschicht versiegeln.

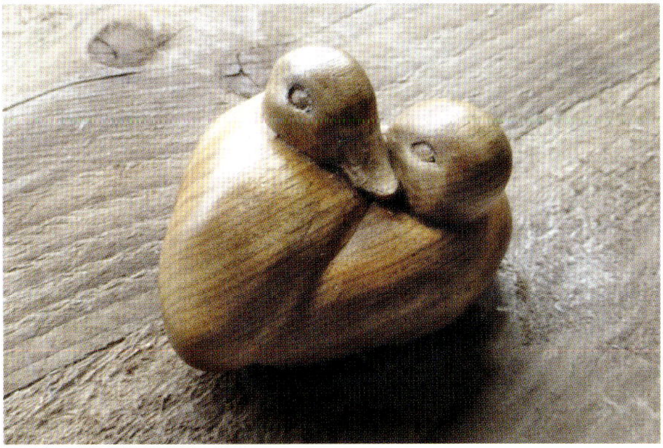

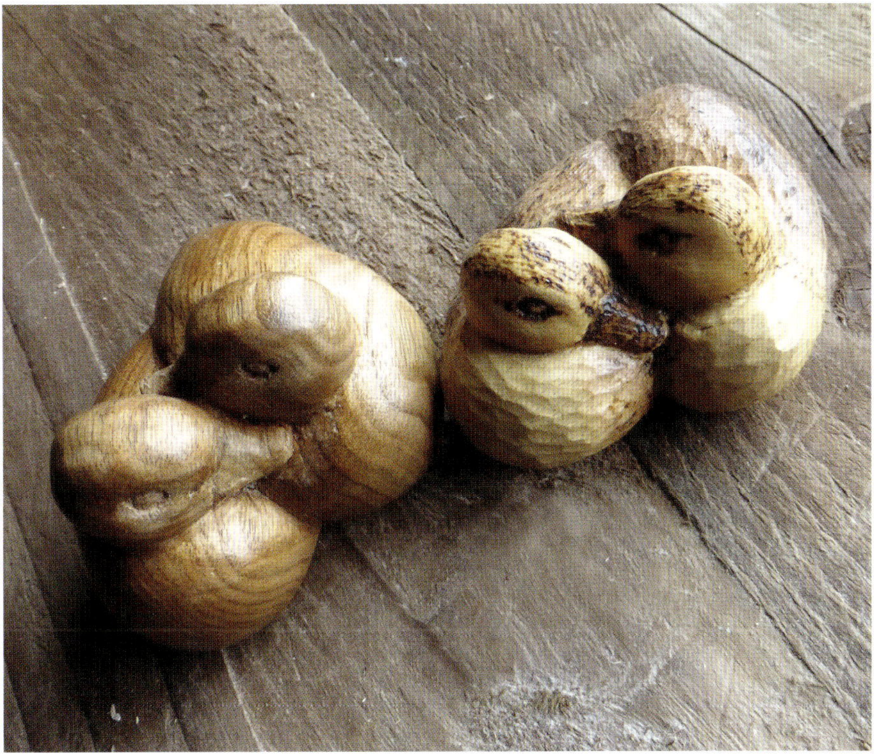

Variation

Die fertige Schnitzarbeit neben einer alternativen Arbeit aus hellem Holz mit Details, die mit dem Brenneisen hinzugefügt wurden.

Zaunkönig

WIR LEBEN IN EINEM REETGEDECKTEN LANDHAUS, DAS HUNDERTE JAHRE ALT IST. EIN STÄNDIGER BEWOHNER IN EINER RUHIGEN ECKE IST EIN ZAUNKÖNIG, DER SEIN TERRITORIUM WÄHREND DER BRUTZEIT AUFS SCHÄRFSTE BEWACHT. ZAUNKÖNIGE MÖGEN ZWAR ZU DEN KLEINSTEN VÖGELN GEHÖREN, JEDOCH MANGELT ES IHNEN NICHT AN HALTUNG. SIE SIND DIE ERSTEN, DIE MORGENS ZU SINGEN BEGINNEN, UND MAN KANN SIE NOCH IM ABENDROT HÖREN.

Die Haltung, die ich ausgewählt habe, ist für diesen kleinen Vogel sehr typisch. Die Schnitzarbeit ist tatsächlich größer als der Vogel selbst; noch ein bisschen kleiner, und es würde ein sehr zerbrechliches Stück. Sie benötigen ein Holzstück mit einer Länge von 80 mm, einer Höhe von 60 mm und einer Stärke von etwa 50 mm; Sie können diese Maße anpassen. Wenn Sie möchten, dass die fertigen Teile eine stark sichtbare Maserung haben, brauchen Sie ein recht hartes Holz. Jelutong (*Dyera costulata*) lässt sich leichter schnitzen, aber es gibt kein offensichtliches Maserungsmuster. Ich habe ein Stück Holz aus meinen Verschnitten gewählt, von dem ich glaube, dass es sich um Afrormosia (*Pericopsis elata*) handelt – es ist sehr hart, aber das Endergebnis sieht gut aus.

1 Zeichnen Sie Ihr Design zuerst auf Papier auf und übertragen Sie das Muster dann mit Kohle- oder Durchschlagpapier auf Ihr Holz, wobei Sie darauf achten müssen, dass die Maserungsrichtung entlang des Schnabels verläuft, um ein Brechen zu vermeiden.

IM WERKZEUGKASTEN

- Papier und Bleistift für den Entwurf
- Kohle- oder Durchschlagpapier und Filzstift
- Bogensäge oder Bandsäge
- Messer
- Sicherheitshandschuh
- Schleifleinen
- Klarlack oder Olivenöl

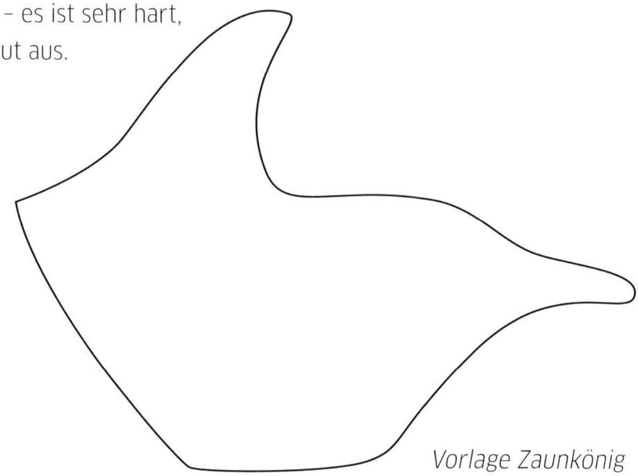

Vorlage Zaunkönig

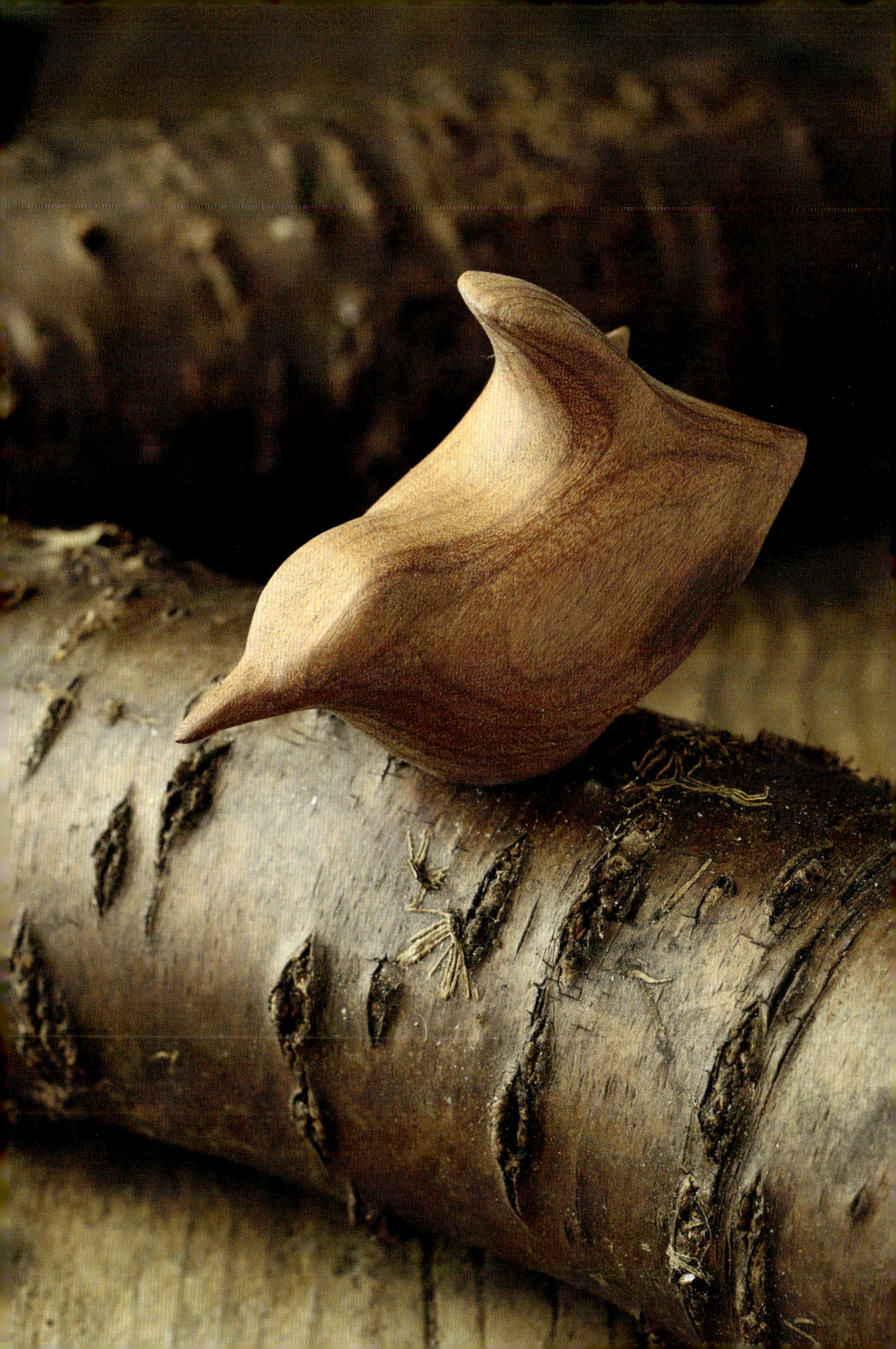

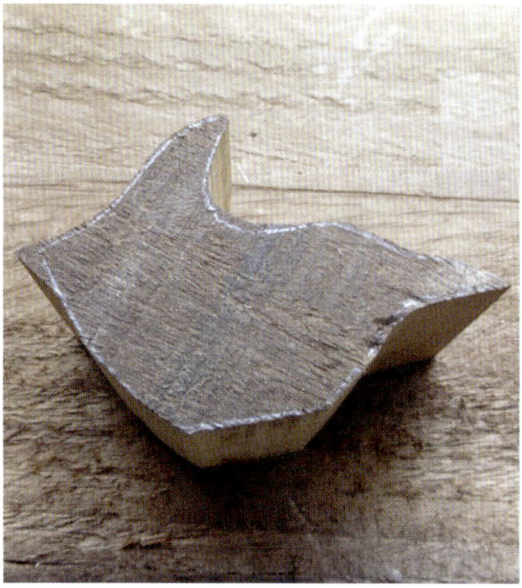

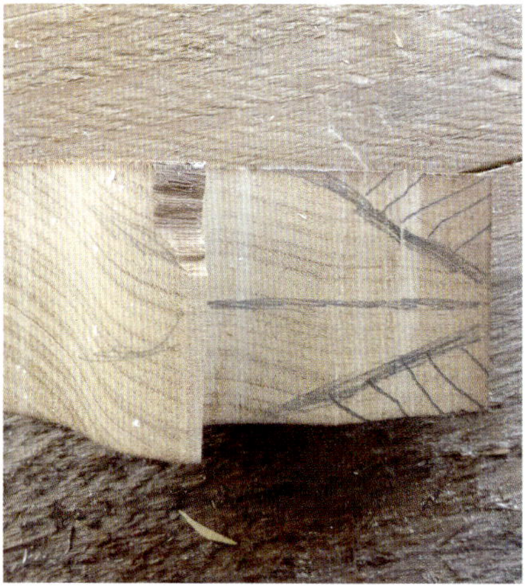

2 Schneiden Sie die Form mit einer Bogen- oder Bandsäge aus.

3 Zeichnen Sie den Kopf auf jeder Seite so, dass er sich zum Ende hin verjüngt, um zu sehen, wo Sie Holz entfernen müssen.

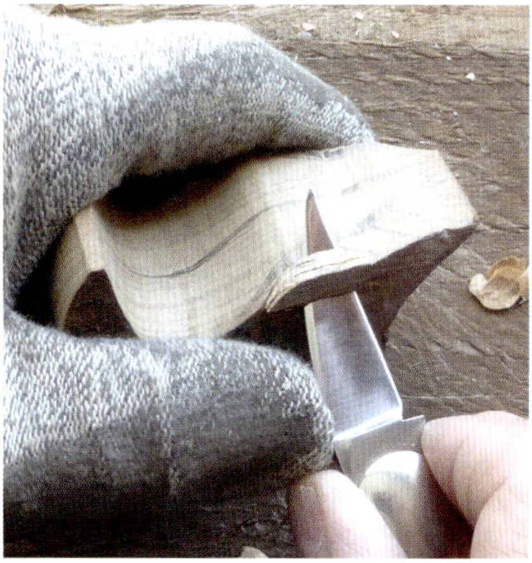

4 Entfernen Sie auf jeder Seite das überschüssige Holz. Achten Sie darauf, die Maserungsrichtung zu überprüfen: Es geschieht schnell, hier zu viel Holz abzunehmen, sodass am Ende nichts mehr für den Schnabel übrig bleibt.

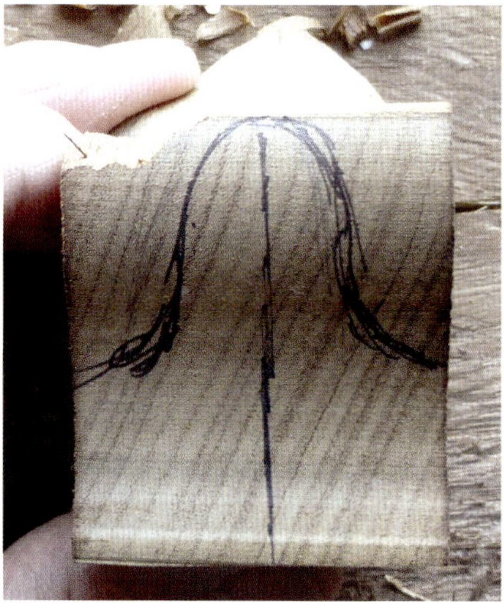

5 Zeichnen Sie eine mittige Linie den Rücken hinunter; zeichnen Sie dann die Schwanzform ein, die symmetrisch sein sollte.

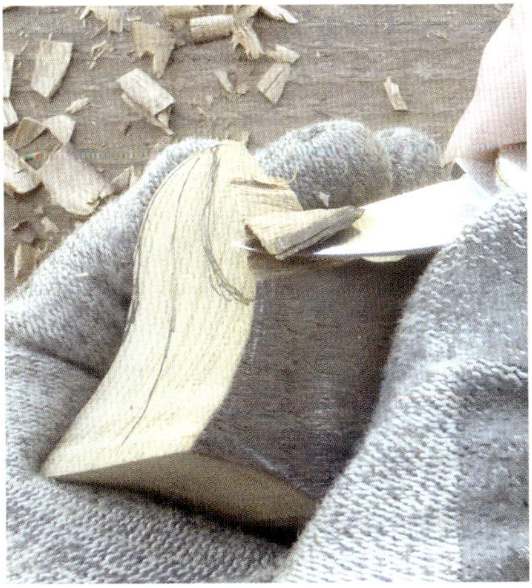

6 Schnitzen Sie um die Schwanzfedern herum und lassen Sie sie sich unten an den Flügelspitzen einfügen.

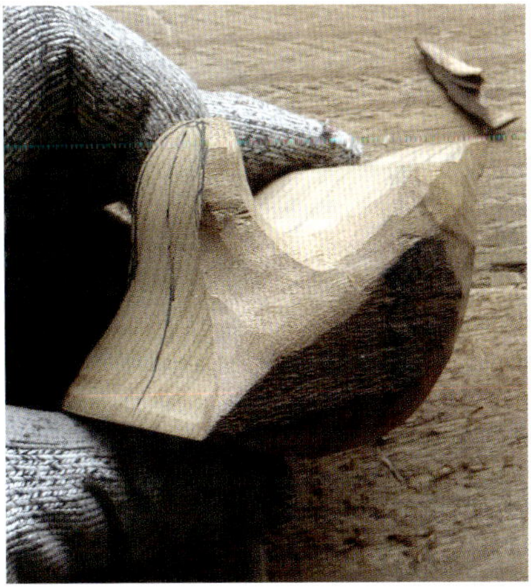

7 Vermeiden Sie harte Kanten und versuchen Sie, eine glatte, sanfte Form beizubehalten.

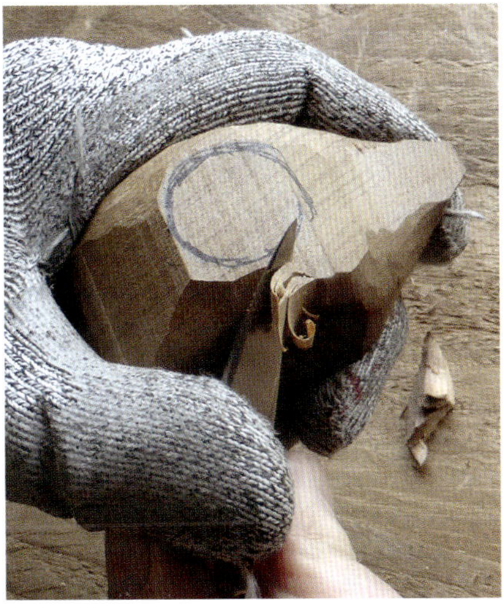

8 Zeichnen Sie unten einen möglichst großen Kreis und runden Sie dann alle Ecken an beiden Seiten nach unten hin zu dem Kreis ab.

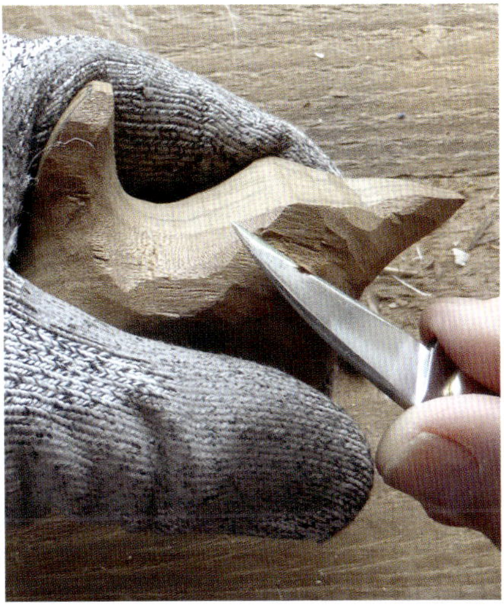

9 Runden Sie den Körper ab und verschmälern Sie ihn weiter, um den Kopf zu formen.

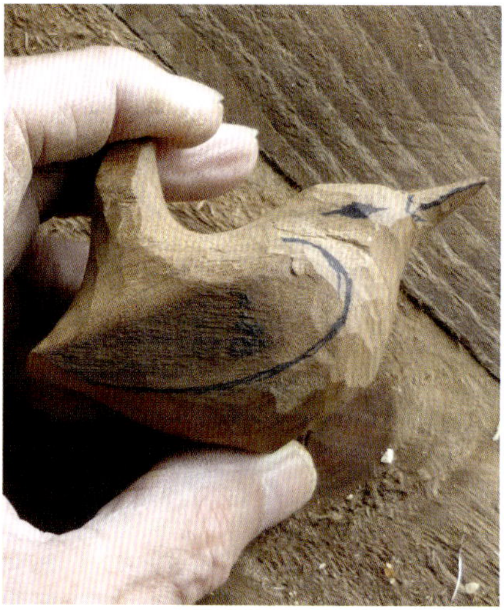

10 Zeichnen Sie Augen, Schnabel und Flügel ein. Achten Sie sorgfältig darauf, dass die Augen und Flügel symmetrisch sind. Hier auftretende Fehler können die Form des gesamten Werkstücks ruinieren.

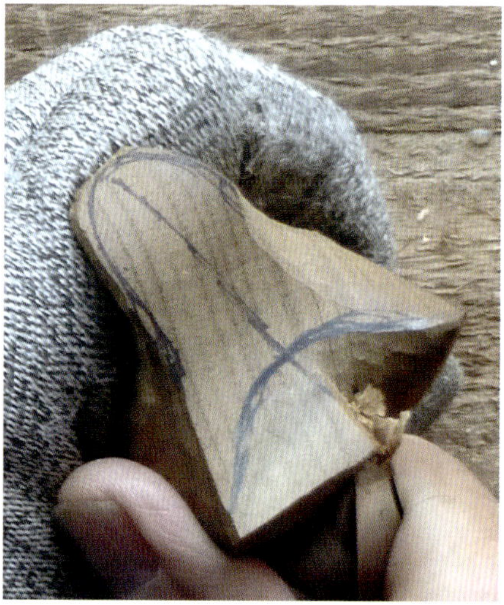

11 Zeichnen Sie am Rücken zwischen den Flügelspitzen eine Kurve auf und entfernen Sie das überschüssige Holz. Halten Sie Ihre gesamte Arbeit auch hier glatt und abgerundet.

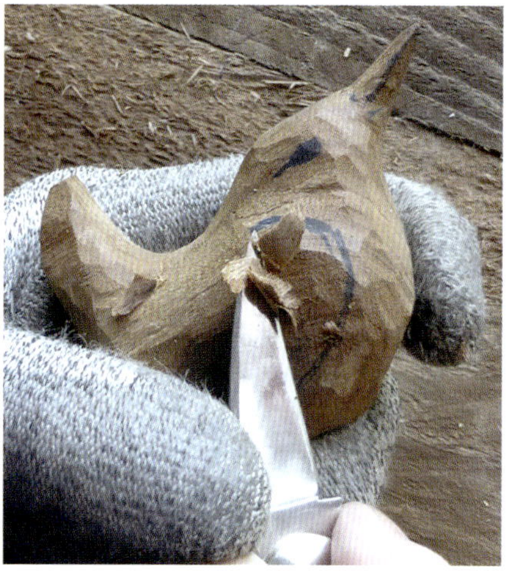

12 Schnitzen Sie vorn und unter jedem Flügel überschüssiges Holz weg.

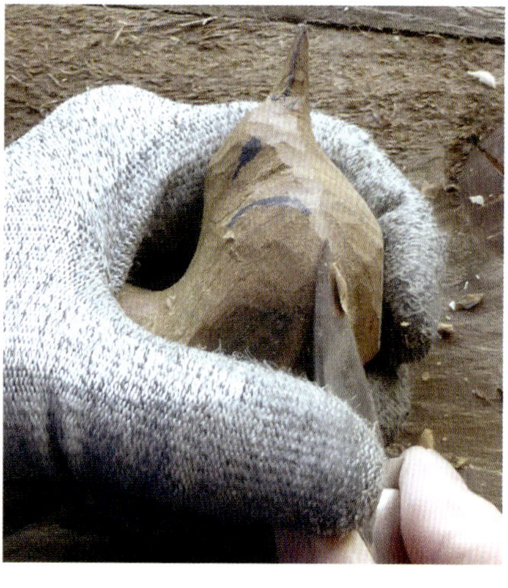

13 Schnitzen Sie die Form noch deutlicher heraus, während Sie gleichzeitig das rundliche Profil beibehalten.

14 Schleifen Sie den gesamten Vogel für ein gutes Erscheinungsbild ab und arbeiten Sie dann Augen, Kopf und Schnabel detaillierter aus. Wenn Sie damit fertig sind, schleifen Sie auch diese.

TIPP

Dies ist ein stilisierter Vogel, der anatomisch nicht ganz korrekt sein muss. Das Ziel ist es, den Geist des Vogels einzufangen und auszudrücken. Sie können beliebige Verbesserungen beim nächsten Mal vornehmen. Widerstehen Sie der Versuchung, Ihre Schnitzereien zu verändern, wenn sie einmal fertig sind, da Sie damit zerstören, was Sie bereits geschaffen haben. Behalten Sie sie als Wegweiser für die Zukunft.

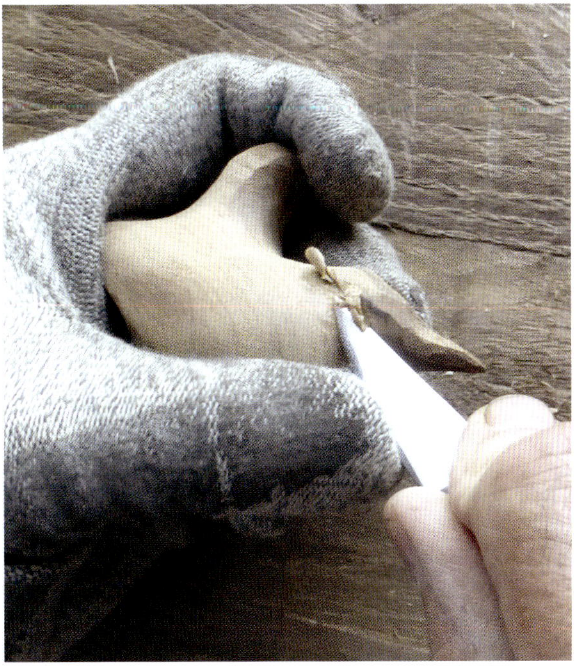

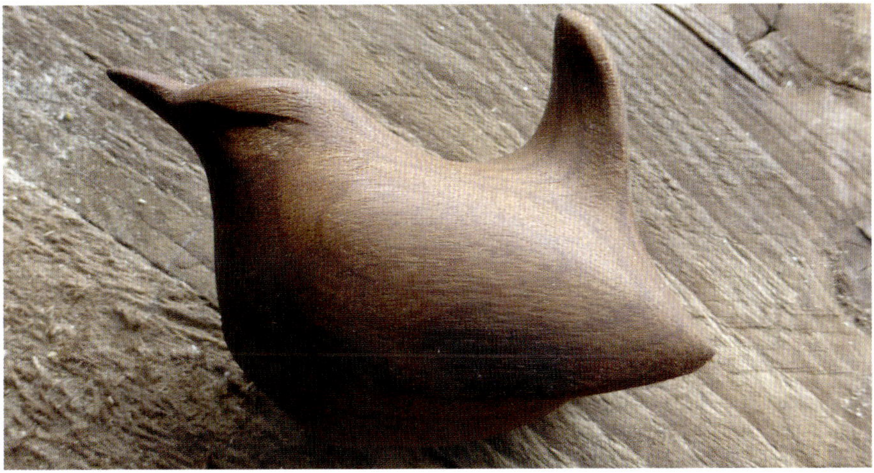

15 Wenn Sie mit dem Ergebnis zufrieden sind, versehen Sie den ganzen Vogel mit einer Schicht Klarlack oder Olivenöl. Reiben Sie sie diese gut ein und polieren Sie den Zaunkönig auf Hochglanz, wenn er getrocknet ist.

Löffel mit Monogramm

EINES DER EINFACHSTEN UND NÜTZLICHSTEN OBJEKTE, DIE SIE MIT EINEM MESSER SCHNITZEN KÖNNEN, IST EIN LÖFFEL. DIE VARIANTEN SIND BETRÄCHTLICH. SOLLTEN SIE IHREN FERTIGEN LÖFFEL DEKORIEREN WOLLEN, STEHT IHNEN EINE GANZE WELT AN GESTALTUNGSMÖGLICHKEITEN OFFEN. ICH HABE MICH DAZU ENTSCHIEDEN, DIESEM PROJEKT EIN MONOGRAMM HINZUZUFÜGEN, UM IHM EINE PERSÖNLICHE NOTE ZU VERLEIHEN.

Sie müssen achtsam in Ihrer Holzwahl sein, da es viele Arten gibt, die für den Kontakt mit Lebensmitteln nicht brauchbar sind. Die üblichen Obsthölzer sollten jedoch in Ordnung sein, ebenso wie Linde, Bergahorn und Birke.

Sie können einen Löffel sowohl aus getrocknetem Holz aus dem Baumarkt oder Sägewerk als auch aus frisch geschnittenem Holz aus dem Garten oder der Umgebung schnitzen. Wenn Sie frisch geschnittene Holzklötze verwenden, müssen Sie diese erst mit einer kleinen Axt oder einem großen Meißel spalten. Sie in der Mitte durchzusägen wäre eine weitere Option, Sie brauchen jedoch eine Art von Halterung, die das Holz während des Sägens sicher festhält.

IM WERKZEUGKASTEN

- Papier und Bleistift für den Entwurf
- kleine Axt oder großer Meißel
- Kohle- oder Durchschlagpapier und Filzstift
- Messer
- Sicherheitshandschuh
- Bogensäge oder Bandsäge
- Schleifleinen
- Hohleisen (15 mm; Nr. 8 oder 9) oder Löffelmesser
- Radiergummi
- Kugelschreiber
- kleines Hohleisen und Geißfuß (optional für das Monogramm)
- Olivenöl oder Öl zum Versiegeln

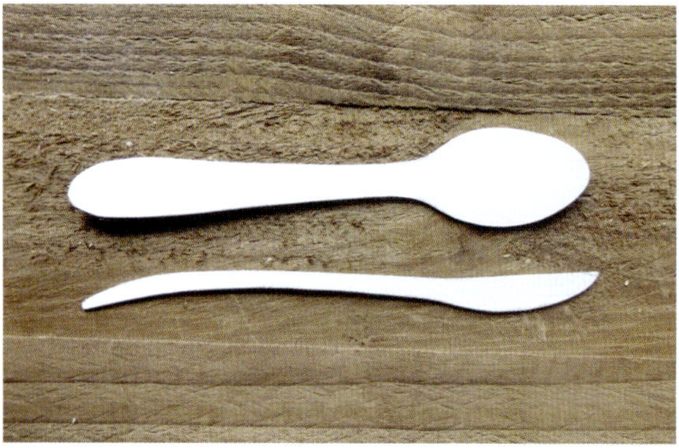

1 Skizzieren Sie das Muster für den Löffel. Falten Sie zum Ausschneiden das Muster für die Oberseite in der Mitte und schneiden Sie eine Hälfte aus. Wenn es aufgeklappt wird, haben Sie ein symmetrisches Löffelmuster. Das Muster für die Seiten muss nur übertragen werden.

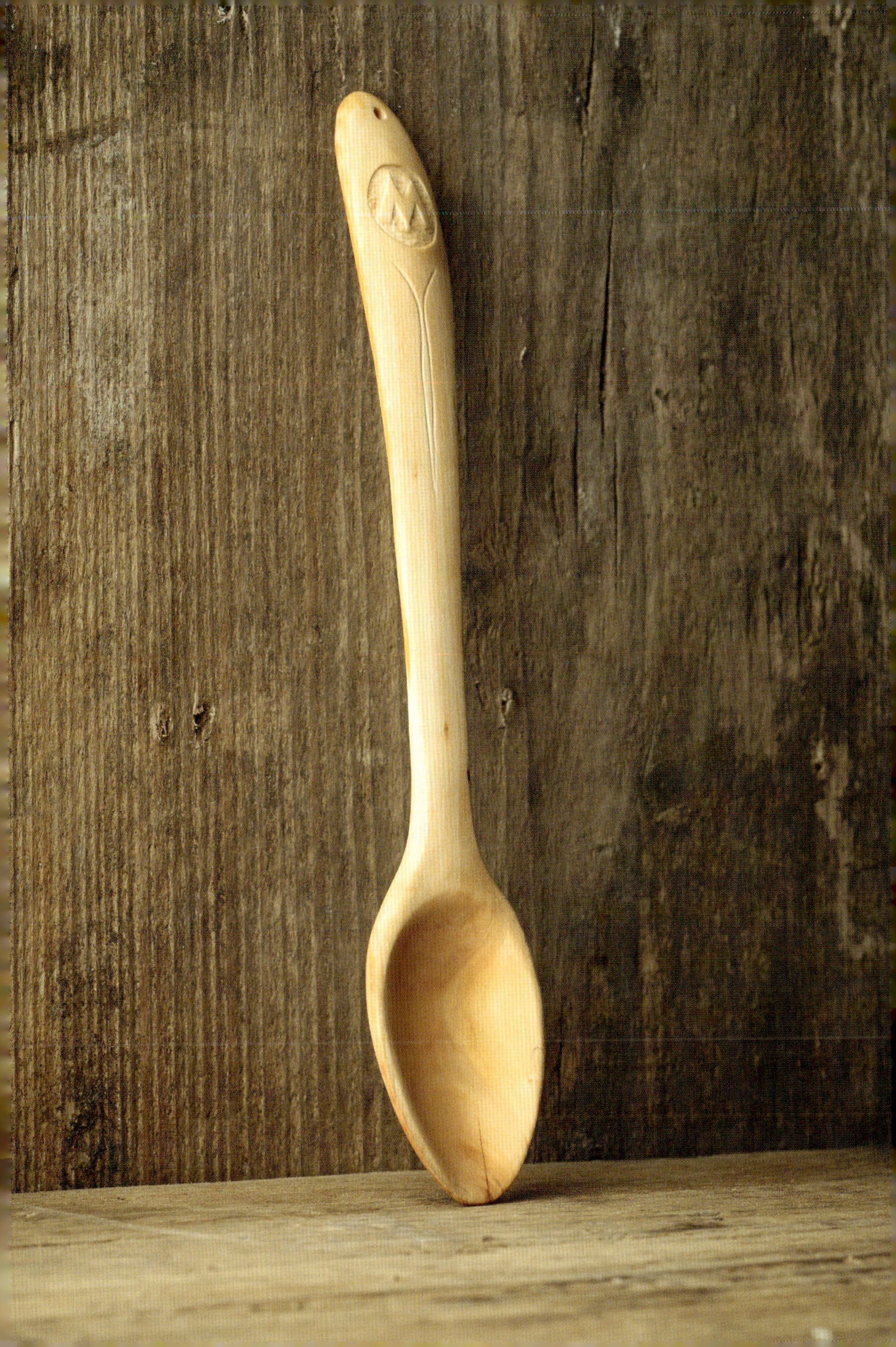
M

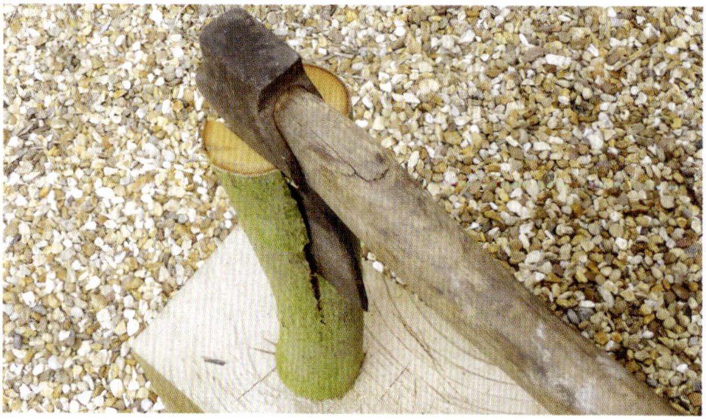

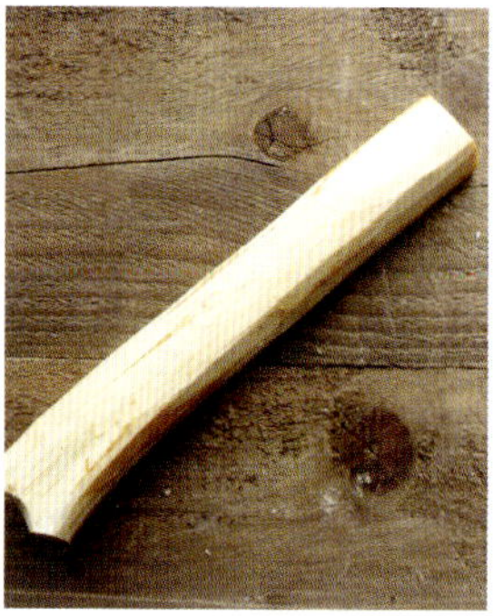

2 Spalten Sie Ihr gewähltes Holzstück mit einer kleinen Axt oder einem großen Meißel in der Mitte. Da das Holz noch grün ist, sollte das leicht gehen, aber vielleicht brauchen Sie auch einen Hammer oder einen Schlägel, um mehr Kontrolle zu haben. Verwenden Sie einen starken Holzblock als Basis, tragen Sie eine Schutzbrille und festes Schuhwerk, wenn Sie eine Aufgabe wie diese angehen, da es möglich ist, dass Kleinteile durch die Luft fliegen.

3 Entfernen Sie verbliebene Rinde und formen Sie die Kanten des Blocks so quaderförmig wie möglich.

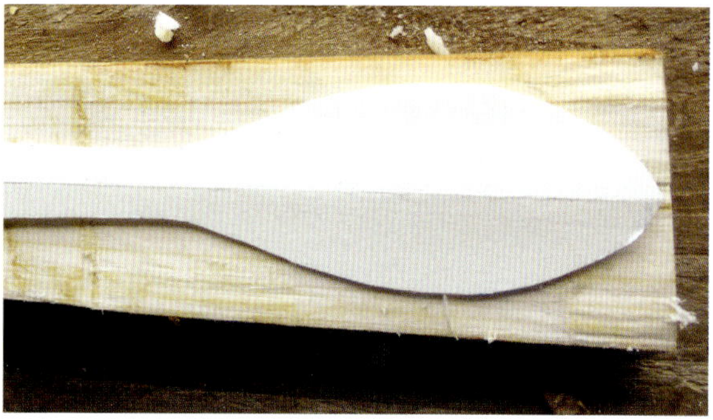

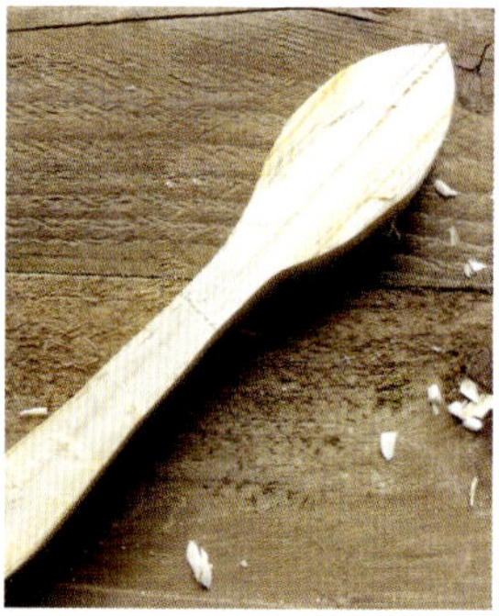

4 Übertragen Sie die Form mit Hilfe des Musters und dem Kohle- oder Durchschlagpapier auf Ihren Holzklotz. Das Muster, das ich verwendet habe, hat mir die Grundform vorgegeben, die ich leicht angepasst habe, während ich arbeitete, was an den Eigenheiten des Holzes lag. Das Muster in Schritt 1 wurde vom fertig geschnitzten Löffel abgenommen. Sie möchten vielleicht zur Sicherheit ein bisschen großzügiger zeichnen, falls Sie auf unvorhergesehene Probleme mit dem Holz stoßen.

5 Schneiden Sie die Form, die Sie auf Ihren Klotz gezeichnet haben, mit einer Bogen- oder Bandsäge aus.

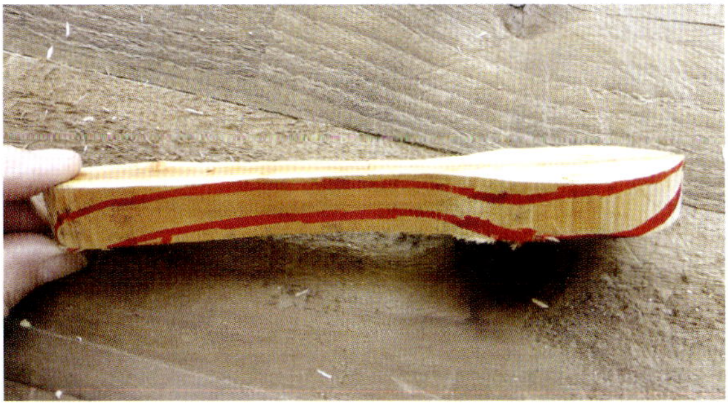

6 Zeichnen Sie nun das Muster für die Seiten auf jede Seite des Klotzes und überprüfen Sie, dass die Zeichnungen auf gleicher Höhe sind und in die richtige Richtung zeigen.

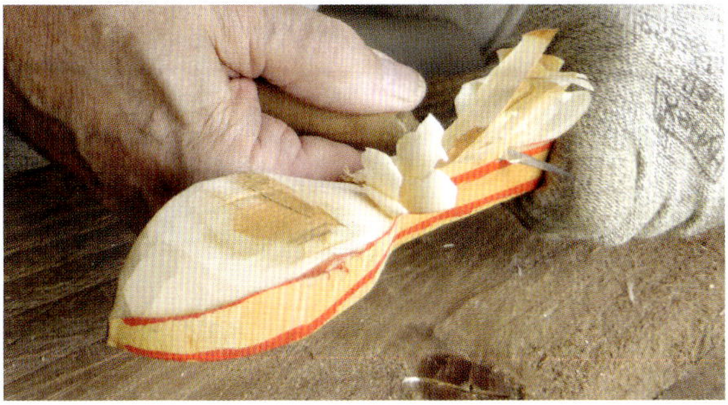

7 Schnitzen Sie überschüssiges Holz unter dem Löffel zuerst weg, da die wichtigste Formgebung in diesem Bereich stattfindet – die Formgebung der Oberseite entspricht dem, was Sie auf der Unterseite tun.

8 Wenn Sie mit der Form zufrieden sind, können Sie das überschüssige Holz von der Oberseite entfernen.

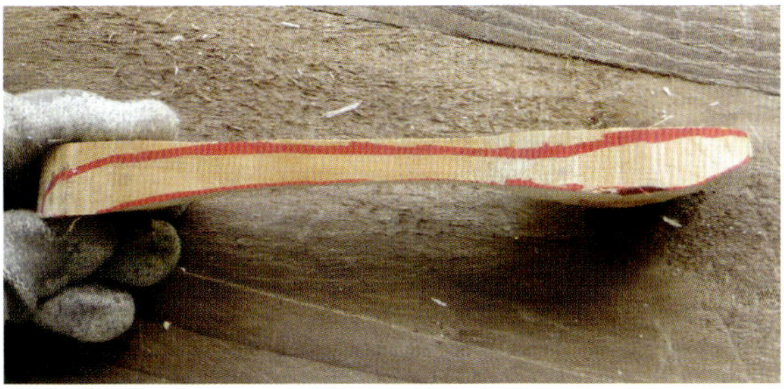

9 Nehmen Sie sich ein bisschen Zeit, um zu prüfen, ob Sie mit der Gesamterscheinung der Form des Löffels zufrieden sind. Es muss noch einiges an Feinarbeiten geschehen, doch es ist wichtig, eine ansprechende Linienführung zu erreichen.

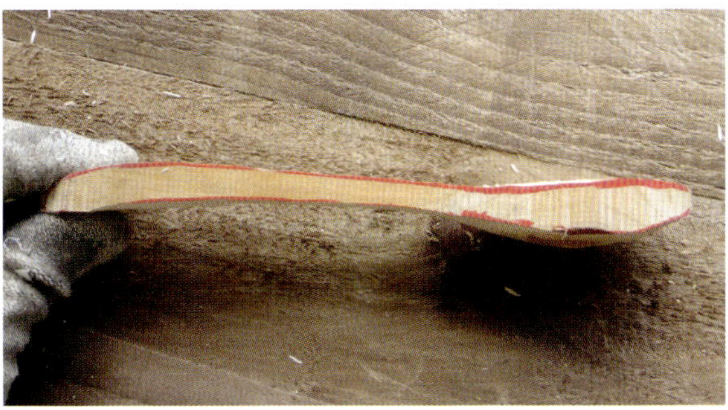

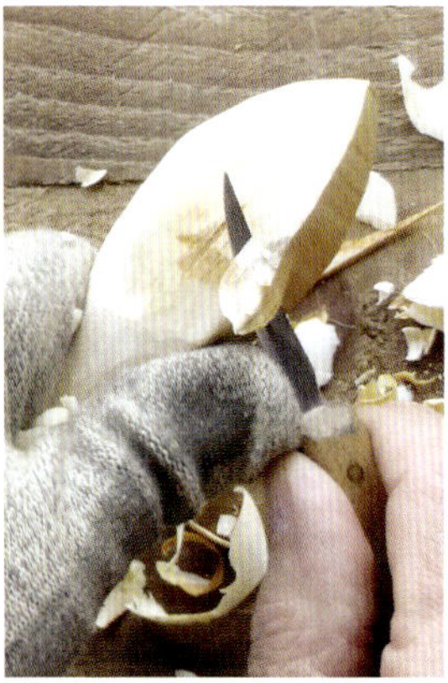

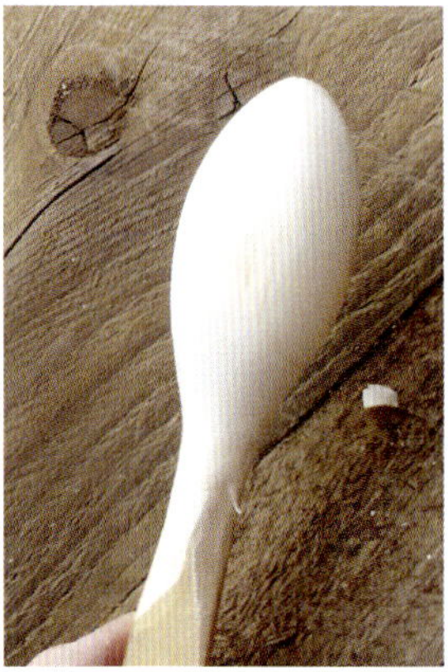

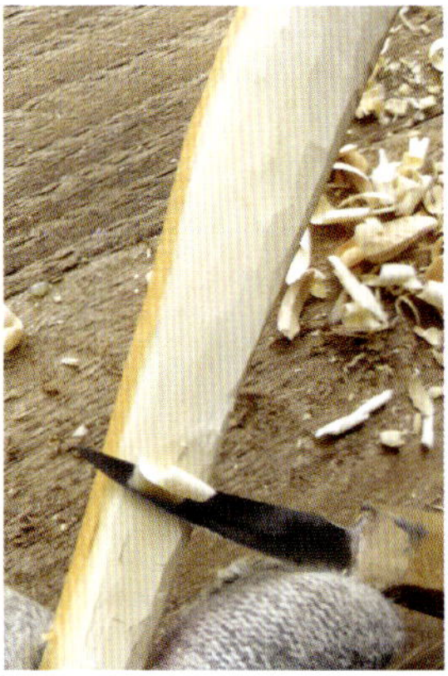

10 Sie können nun beginnen, die Schale des Löffels zu schnitzen; beginnen Sie mit der Außenseite.

11 Mit einer Kombination aus Schnitzen und Schleifen arbeiten Sie weiter an der Form, bis sich das Werkstück perfekt glatt anfühlt.

12 Formen Sie die Unterseite des Stiels und schleifen Sie sie glatt. Wiederholen Sie diesen Vorgang dann mit der Oberseite des Griffs und glätten Sie beide Seiten für ein gutes Endergebnis.

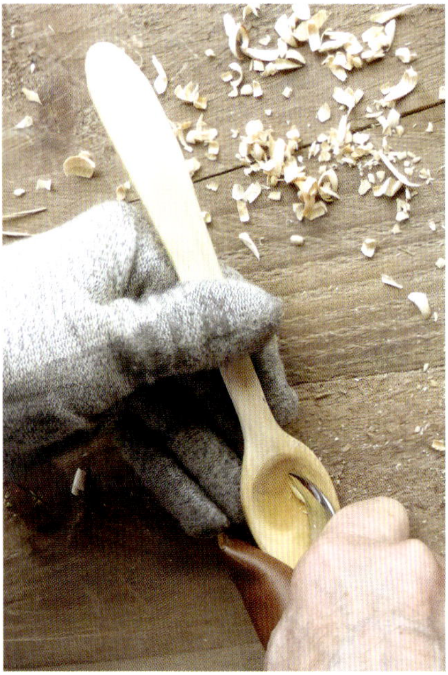

13 Sie können nun das Innere der Löffelschale formen. Ich habe ein Löffelmesser verwendet, Sie können aber auch ein kleines Hohleisen benutzen. Wenn Sie ein Löffelmesser verwenden, schützen Sie den Daumen Ihrer Messerhand. Arbeiten Sie quer zur Maserungsrichtung, höhlen Sie die Schale stückchenweise aus und überprüfen Sie sie mit den Fingern auf eine gleichmäßige Stärke. Sie werden auf Bereiche stoßen, wo die Arbeit in Maserungsrichtung besser funktioniert. Halten Sie dies jedoch möglichst gering, da Sie leicht unter die Maserung geraten könnten, was Probleme verursacht. Die fertige Form hängt von Ihren Vorlieben ab und davon, wie vorsichtig Sie sind. Wenn Sie mit der Form zufrieden sind, schleifen Sie sie gründlich ab.

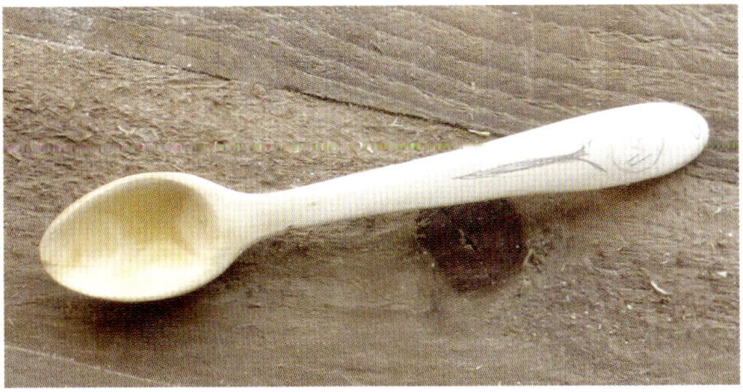

14 Die Formgebung Ihres Löffels ist nun fertig. Wenn Sie ihn nicht personalisieren möchten, können Sie hier aufhören, sonst zeichnen Sie nun Ihr Muster auf, das Sie verwenden möchten, etwa das Monogramm, das ich hier benutzt habe, und halten Sie es einfach.

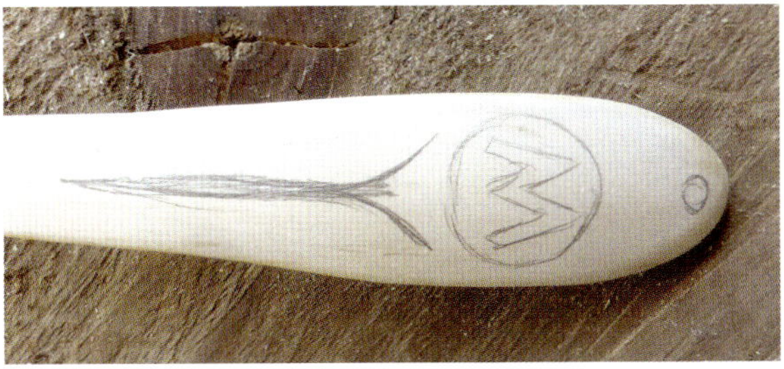

15 Wenn Sie Ihre Skizze fertiggestellt haben, zeichnen Sie sie sorgfältig mit einem Kugelschreiber nach und radieren Sie die Bleistiftlinien weg.

16 Sie sollten nun einzelne Linien haben, die Sie fürs Schnitzen nutzen können. Vielleicht möchten Sie ja mit einem kleinen Geißfuß ein einfaches Linienmuster entlang des Griffs schnitzen.

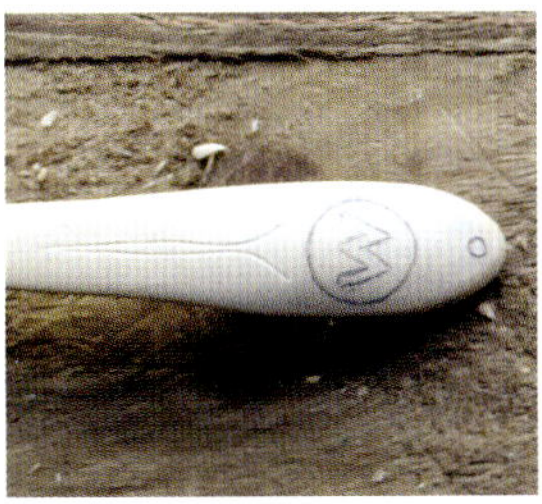

TIPP

Sie können Ihren Löffel in diesem Stadium ölen, da er sich dann leichter schnitzen lässt und es ihn vor dem vorzeitigen Trocknen schützt, das ein Splittern zur Folge haben kann.

17 Schnitzen Sie vorsichtig mit einem kleinen Hohleisen rund um Ihr Muster oder Ihren Buchstaben und lassen Sie Ihren Hintergrund strukturiert, um den Kontrast zum Buchstaben sicherzustellen. Schleifen Sie den ganzen Löffel ein letztes Mal ab und versehen Sie Ihn mit einer Schicht Olivenöl oder Holzöl zum Versiegeln.

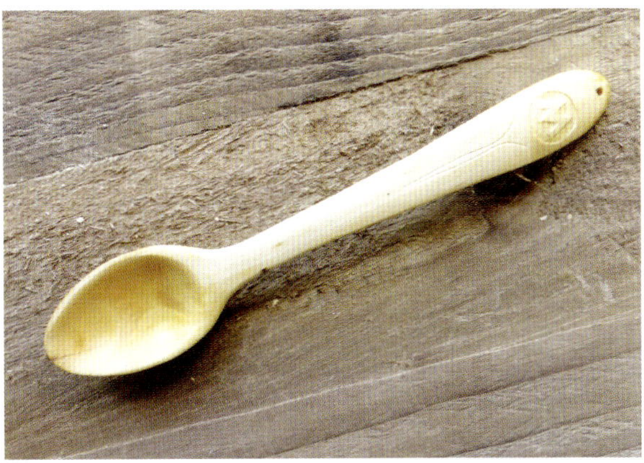

Landbevölkerung

JEDES LAND HAT SEINE EIGENE VORSTELLUNG VON SEINER LANDBEVÖLKERUNG. DIES KÖNNEN FIGUREN IN DER LANDESTRACHT SEIN ODER CHARAKTERE, DIE DIE ESSENZ DES ORTES DARSTELLEN. MEINE INTERPRETATION VON LEUTEN VOM LANDE KÖNNTE IM VIKTORIANISCHEN ENGLAND SO ANGETROFFEN WORDEN SEIN. MEIN ZIEL WAR ES, CHARAKTERE ZU GESTALTEN, DIE EIN LÄCHELN HERVORLOCKEN UND NICHT UNBEDINGT REPRÄSENTATIV SEIN MÜSSEN.

Alle hier gezeigten Figuren entspringen derselben Quadergrundform, wodurch das Muster sich leicht vorbereiten lässt. Sie können die Form mit einer Bogen- oder Bandsäge zuschneiden, um Zeit und Mühe zu sparen. Und wenn Sie möchten, können Sie auch gleich mehrere im Voraus vorbereiten, damit Sie stets einen Quader nehmen können, wenn Ihnen danach ist, Ihre Sammlung zu erweitern.

Diese Figuren sind nicht nur einfach lustig, sie können auch nützlich sein. Sie könnten als Flaschenkorken oder als Gartendeko auf Stangen dienen. Dazu braucht es nur ein Loch in der Unterseite, um einen Rundholzstab oder einen Korken für die Flasche aufzunehmen, oder ein passendes Loch für einen Gartenstecker.

Ich habe ein und dasselbe Muster verwendet, um mit meinen Klassen ein komplettes Krippenspiel zu schnitzen, und ich bin sicher, Sie haben auch selbst noch einige Ideen.

Ich empfehle Ihnen, ein Stück Linde oder Jelutong zu verwenden, da diese sehr weich sind. Ich habe einen etwa 50 mm langen und 80 mm hohen Quader verwendet.

IM WERKZEUGKASTEN

- Bleistift oder Filzstift
- Bogensäge oder Bandsäge
- Ray Iles-Messer
- Sicherheitshandschuh
- Geißfuß
- kleines Hohleisen (Nr. 9)
- Bohrer
- Öl zum Versiegeln oder Acrylfarbe

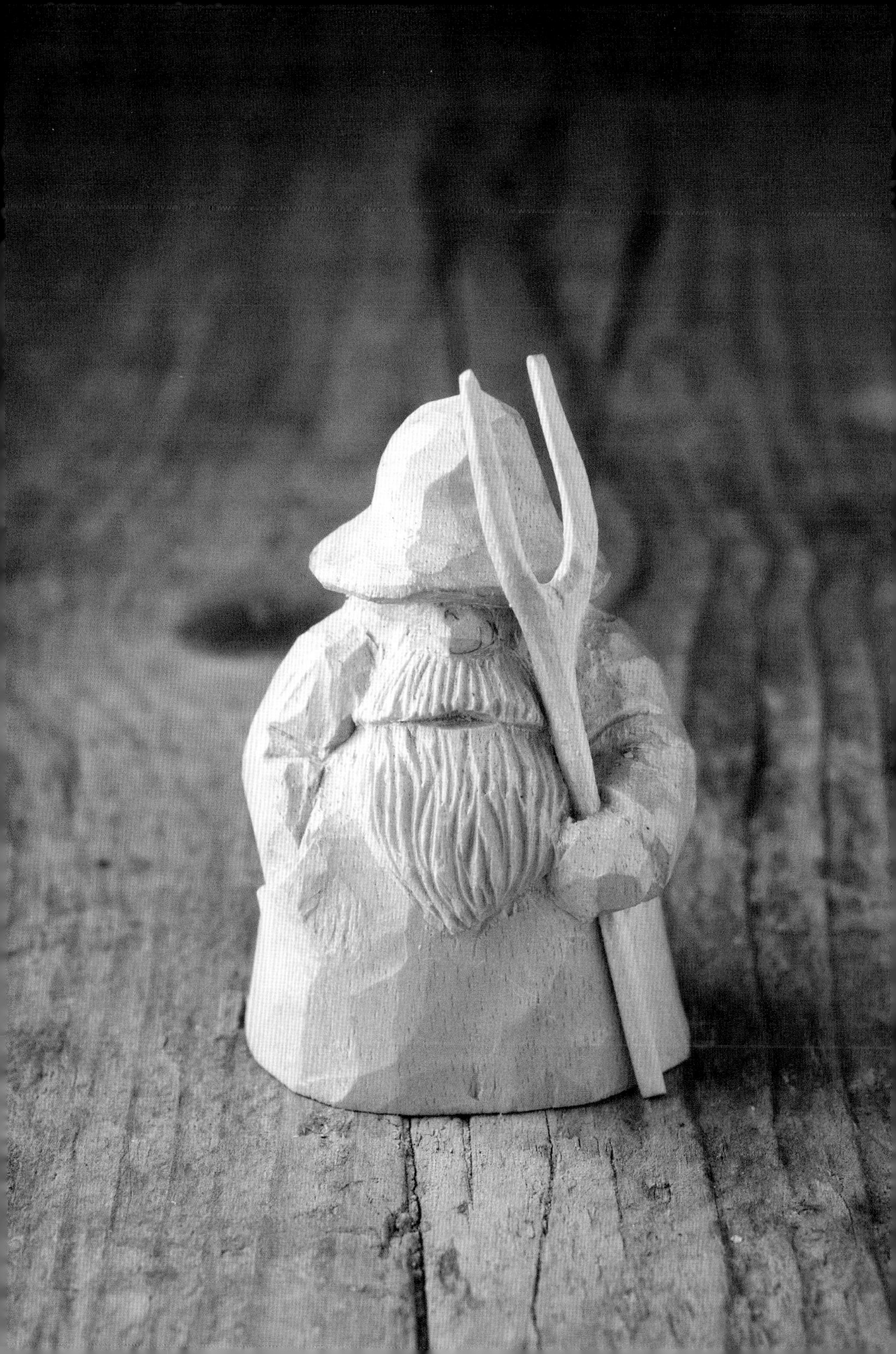

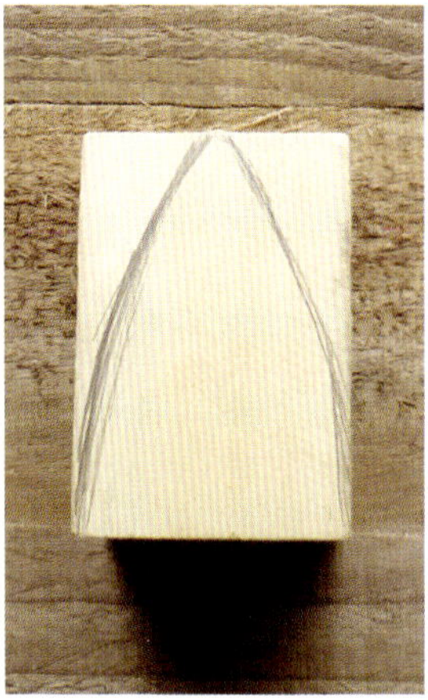

1 Zeichnen Sie eine konische Form auf eine Seite des Blocks.

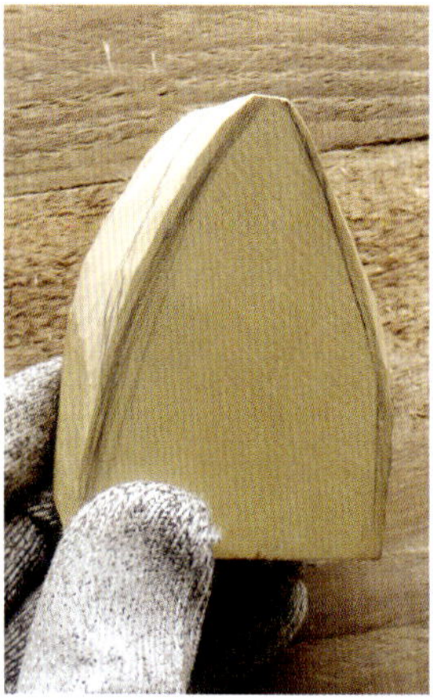

2 Schneiden Sie diese Form mit dem Messer, einer Bogen- oder einer Bandsäge aus.

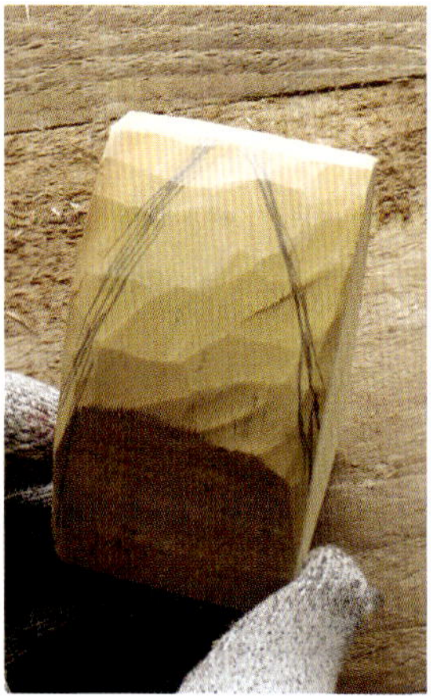

3 Zeichnen Sie die gleiche Form auf die bereits geschnittene Seite.

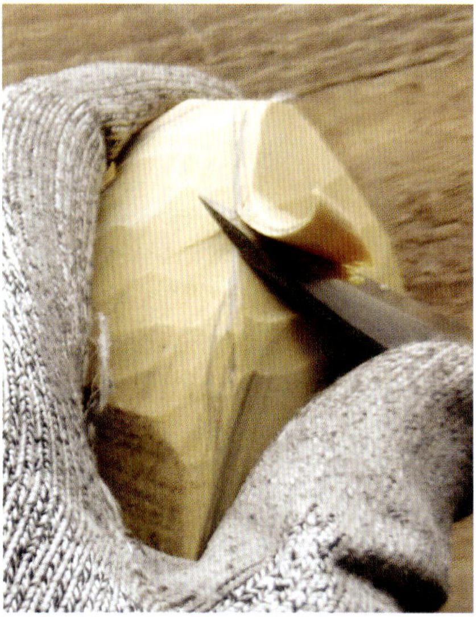

4 Formen Sie das Werkstück so, dass alle Seiten gleich sind.

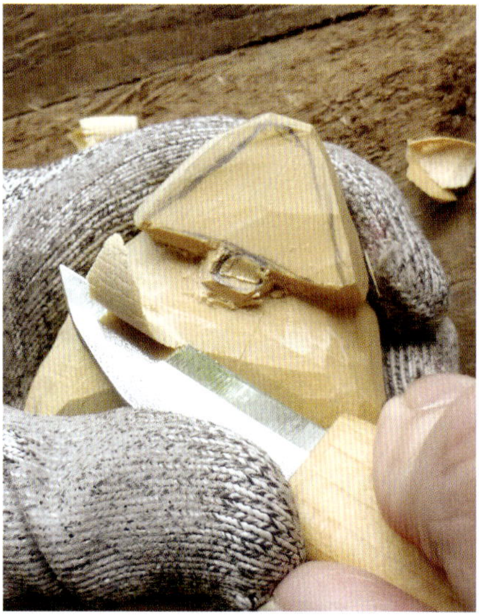

5 Markieren Sie, wo die Hutkrempe sein soll, und schnitzen Sie rundherum; lassen Sie eine Seite für die Nase mittig ungeschnitzt.

6 Runden Sie die Form des Huts ab, wie Sie es wünschen.

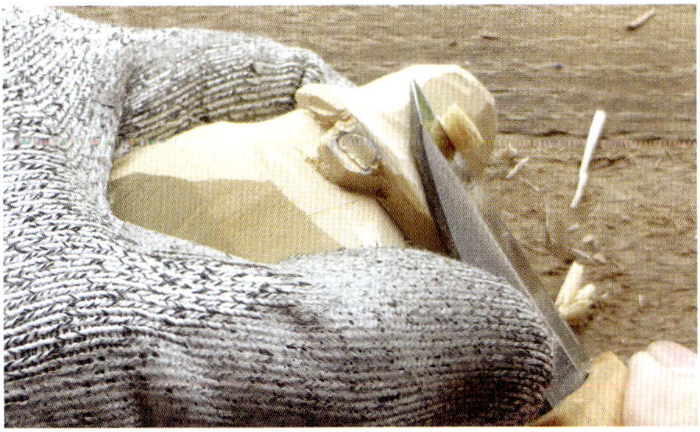

7 Zeichnen Sie den Bart und schnitzen Sie diesen, indem Sie die Seiten zurücknehmen, um die erforderliche Rundung zu erhalten.

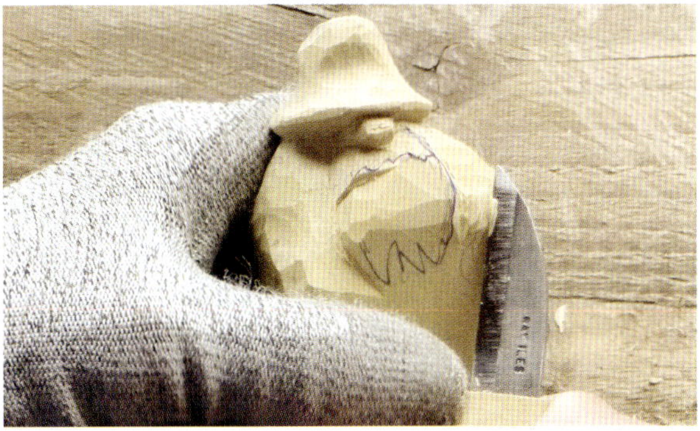

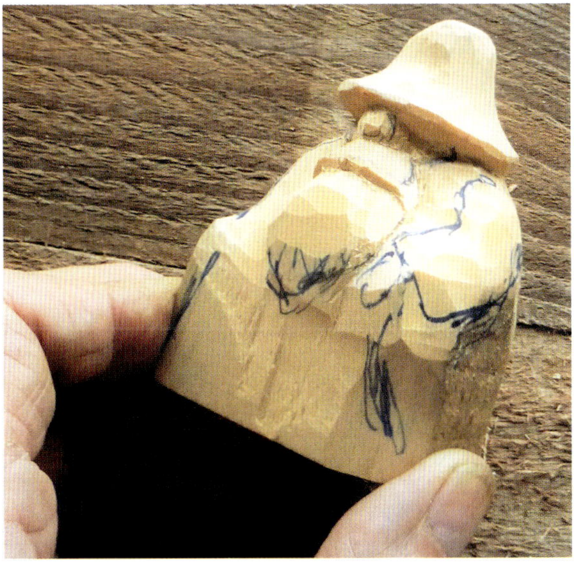

8 Entscheiden Sie, wie Sie die Arme handhaben möchten, und zeichnen Sie diese ein. Ich wollte, dass meine Figur eine Mistgabel hält, darum habe ich den linken Arm angehoben. Der andere Arm kann in der Tasche seines Gewands stecken.

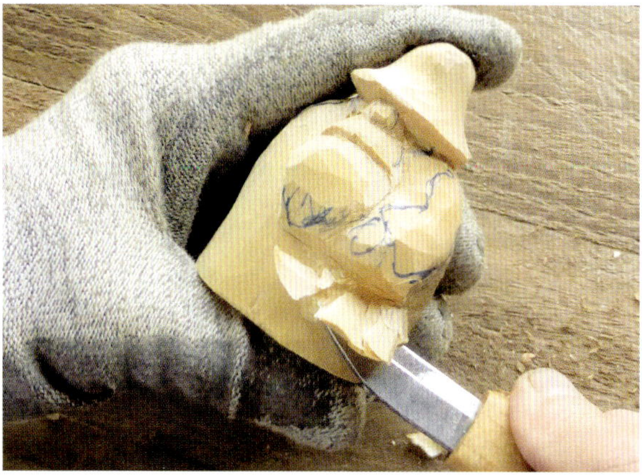

9 Formen Sie die Vorderseite des Kittels bis zu den Armen und schnitzen Sie dabei in die Unterseiten der Arme.

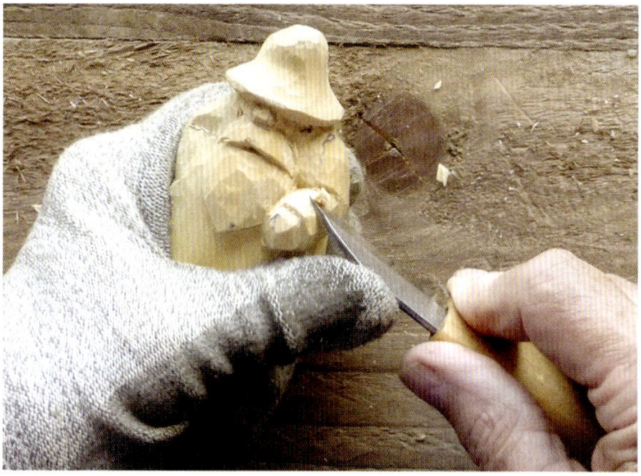

10 Schnitzen Sie zwei Arme und halten Sie die Form einfach. Fügen Sie keine Finger hinzu, außer Sie fühlen sich sehr mutig. Ihr Bauer ist nun bereit fürs Säubern und die Details des Rauschebarts.

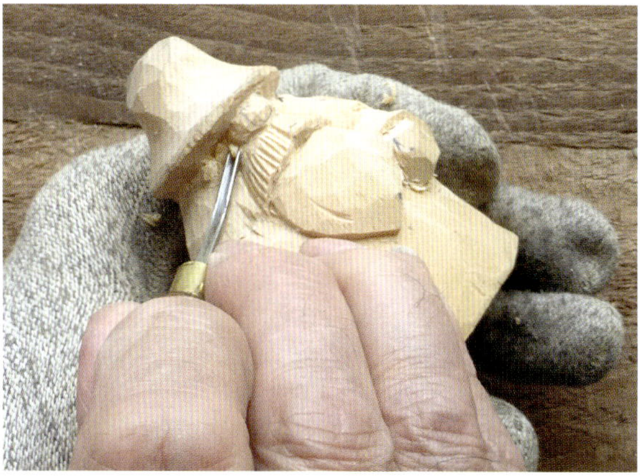

11 Verwenden Sie einen kleinen Geißfuß und arbeiten Sie feine Strukturen aus; versuchen Sie, gerade Linien zu vermeiden. Je willkürlicher die Schnitte, umso besser wird das Ergebnis.

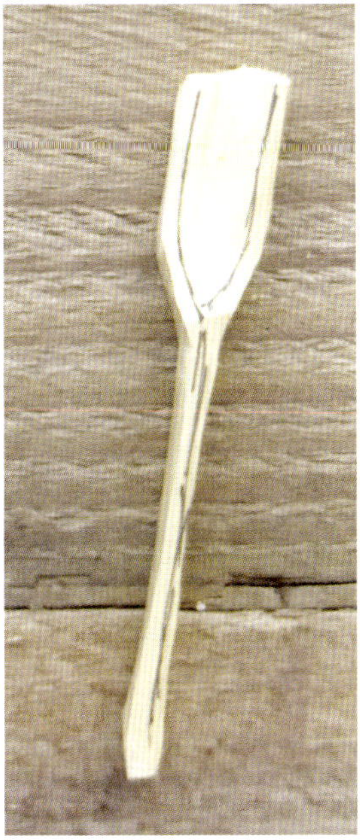

12 Wenn Sie die Figuren als Aufsätze für Gartenstangen verwenden möchten, wollen Sie wahrscheinlich nichts mehr hinzufügen, abgesehen von einem Loch in entsprechender Größe unten in der Figur, um sie auf die Stange stecken zu können. Wenn Sie die Figuren nur zur Dekoration verwenden, können Sie eine Mistgabel oder einen Spaten aus einem Holzrest hinzufügen.

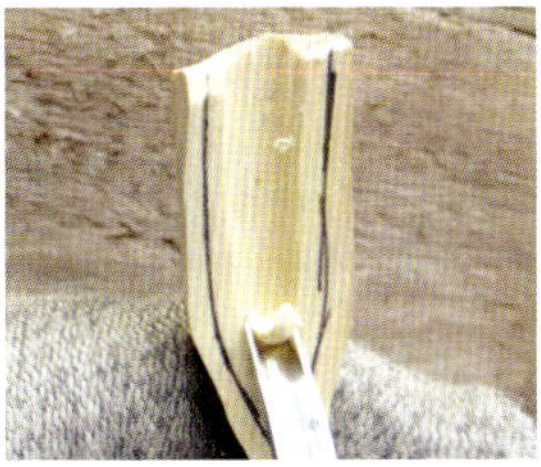

13 Seien Sie vorsichtig beim Schnitzen der Zinken. Ein kleines Hohleisen (Nr. 9) ist hier sehr nützlich.

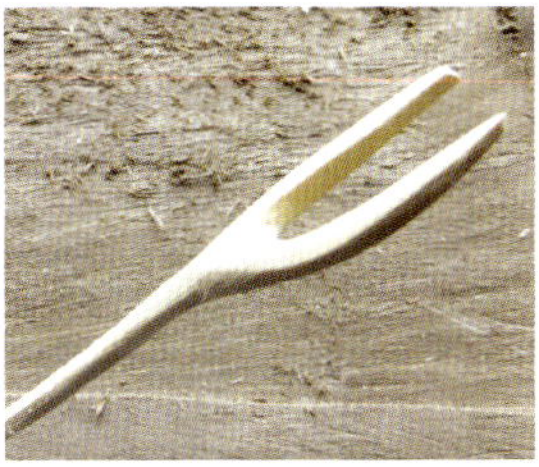

14 Die fertige Mistgabel

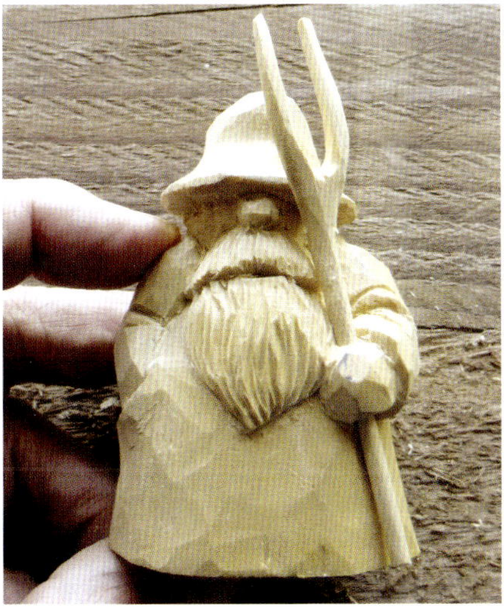

15 Bohren Sie mit einem Bohrer von gleicher Stärke wie der Stiel ein Loch in die Hand und stecken Sie die Forke hinein.

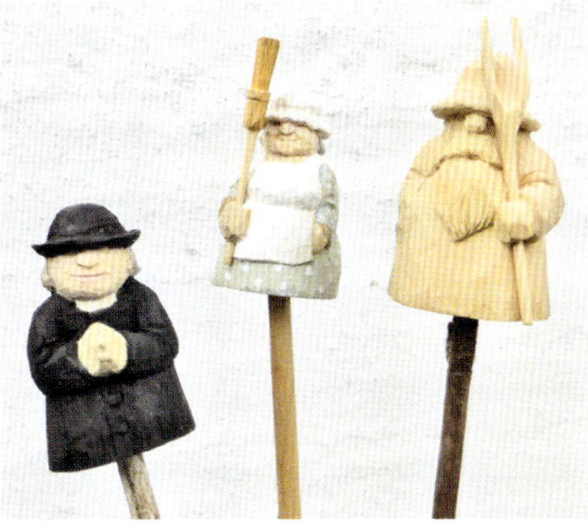

16 Ihre Figur ist nun, abgesehen von einer letzten Reinigung oder der Bemalung, fertig. Ich habe meine nicht bemalt, aber die Entscheidung liegt bei Ihnen. Hier sehen Sie den Bauern mit zwei bemalten Figuren aus seiner Familie, die ich als Dekoration für Gartenstangen verwendet habe.

Persönlich gestaltetes Käsebrett

HIER HABE ICH EIN KLEINES, PERSÖNLICH GESTALTETES KÄSEBRETT GESCHNITZT. WENN SIE EINE GRÖSSERE VERSION SCHNITZEN MÖCHTEN, BRAUCHEN SIE NUR EIN GRÖSSERES STÜCK HOLZ. DIE DETAILS BLEIBEN GLEICH, UNABHÄNGIG VON DER GRÖSSE. DIESES BRETT BRAUCHT NUR WENIG FORMGEBENDES SCHNITZEN, ABER SIE KÖNNEN BEI IHRER VERSION SO ABENTEUERLUSTIG SEIN, WIE SIE MÖCHTEN.

Ich habe die Grundform rechteckig gelassen, habe jedoch am Ende ein bisschen an der Form geschnitzt, um eine Art Griff zum Aufheben und Tragen zu gestalten. Ich habe auch ein kleines Wesen hinzugefügt, um das Design aufzuwerten.

Bei Projekten, bei denen es wahrscheinlich ist, dass das Endprodukt mit Lebensmitteln in Kontakt kommt, wählen Sie ein Holz, dessen Verwendung sicher ist. Viele importierte Hölzer sind nicht geeignet, bleiben Sie also bei heimischen Hölzern – mit einigen Ausnahmen. Apfel, Birne und Pflaume sind sicher, ebenso wie Linde, Bergahorn, Birke und Buche.

Ich habe ein Stück Englische Linde (*Tilia x europaea*) in den Maßen 180 x 150 x 35 mm gewählt, da ich dieses Stück in meinem Lager hatte, nicht weil die Maße von besonderer Bedeutung wären.

IM WERKZEUGKASTEN

- Bleistift oder Filzstift
- Hohleisen (12 mm; Nr. 5 oder 6 oder ähnlich)
- kleines Hohleisen (3 mm; Nr. 4 / 5 mm; Nr. 3)
- Klappmesser mit kurzer Klinge
- Sicherheitshandschuh
- Olivenöl

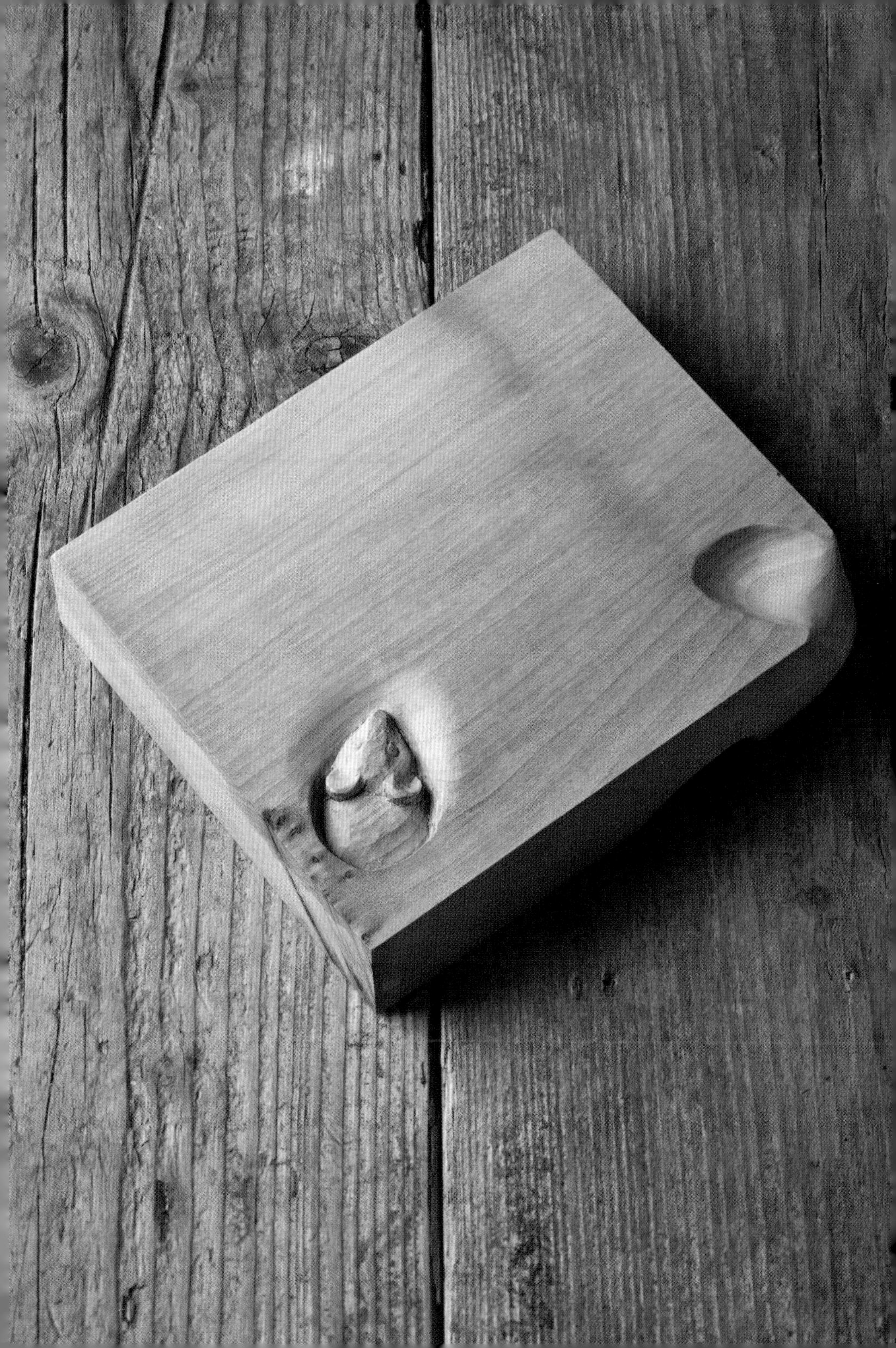

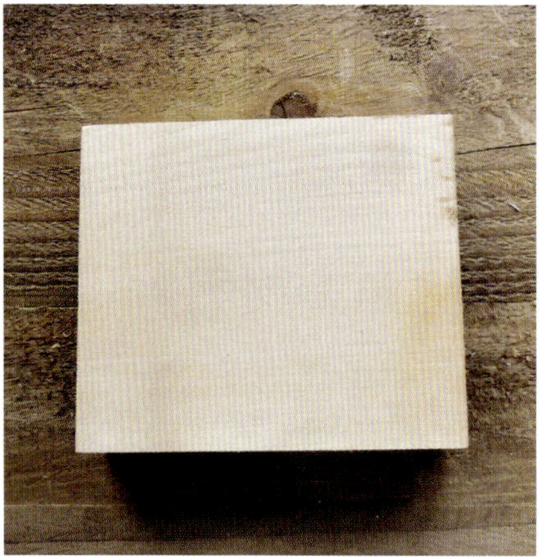

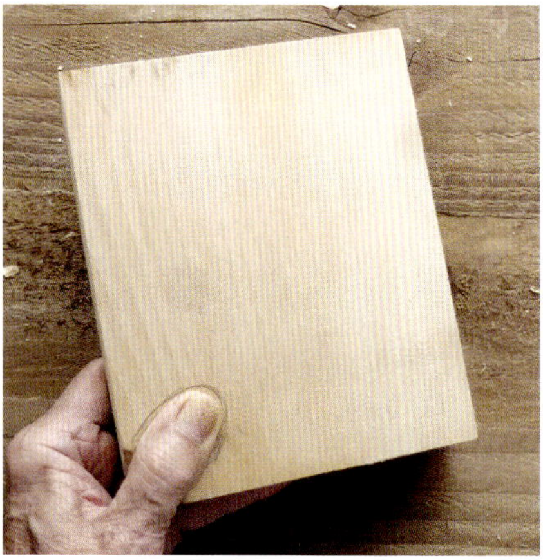

1 Wenn Sie das Holz, das Sie verwenden möchten, gefunden haben, müssen Sie entscheiden, wohin der Griff soll, was davon abhängt, ob Sie Rechts- oder Linkshänder sind.

2 Zeichnen Sie für die Mulde um Ihren Daumen herum. Ich habe sie für einen Rechtshänder platziert, allerdings können Sie zum Anzeichnen der Form auch den anderen Daumen verwenden, wie gezeigt. In der Regel sind Daumen symmetrisch; wenn nicht, können Sie dies nachträglich anpassen.

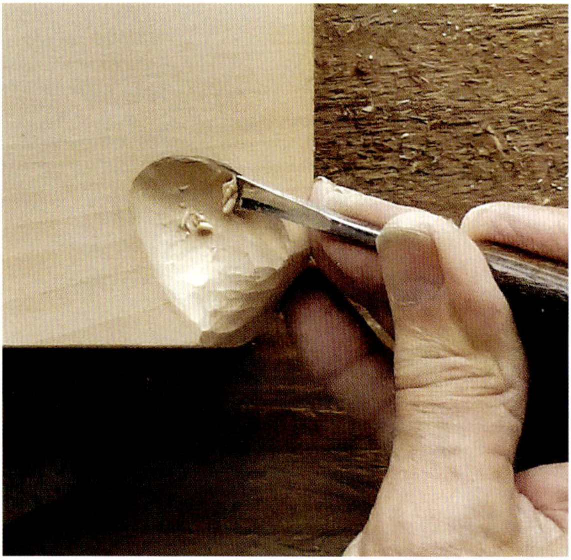

3 Entfernen Sie mit einem Hohleisen in passender Größe das Holz innerhalb Ihrer gezeichneten Form, bis Sie eine Aushöhlung für Ihren Daumen haben. Überprüfen Sie sie mit dem Daumen, mit dem das Brett gehalten werden soll, und bessern Sie so lange nach, bis die Form sich angenehm anfühlt. Wenn das Brett für jemand anderen ist, können Sie auch später noch Korrekturen vornehmen.

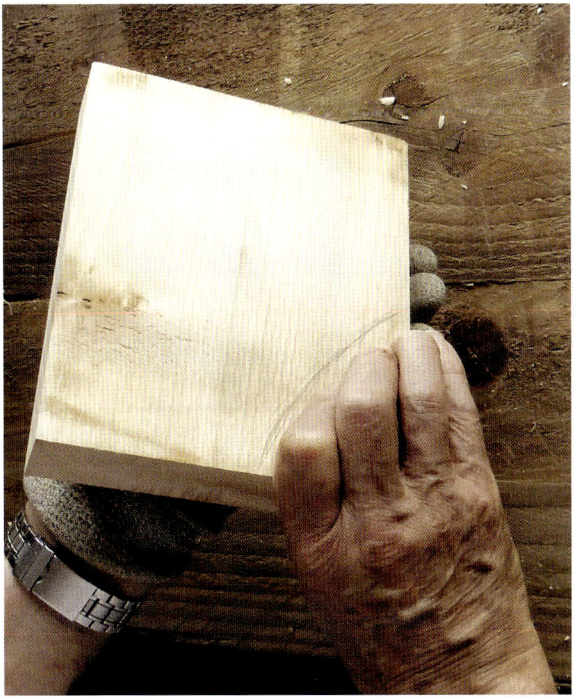

4 Halten Sie das Brett mit Ihrem Daumen fest und zeichnen Sie an der Unterseite um Ihre Finger herum. Wenn Sie das schwierig finden, lassen Sie jemand anderen Ihre Finger für Sie anzeichnen.

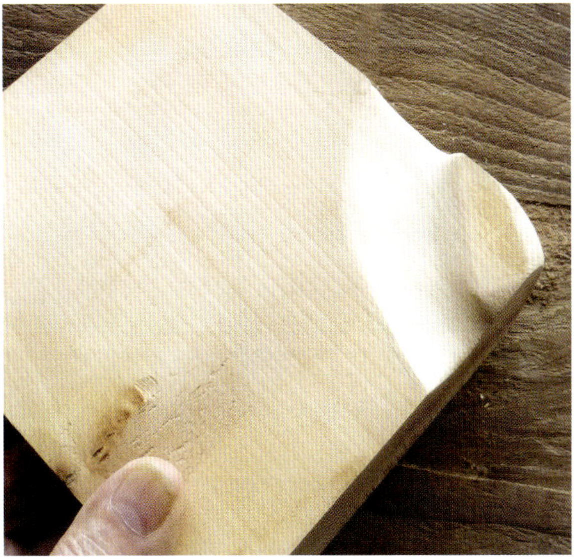

5 Schnitzen Sie eine Furche innerhalb dieser Linie und lassen Sie dabei die Ecke hochstehend, damit Sie in Ihre Handfläche passt. Achten Sie darauf, dass Sie das Brett gut anfassen können, und passen Sie es noch weiter an, falls notwendig.

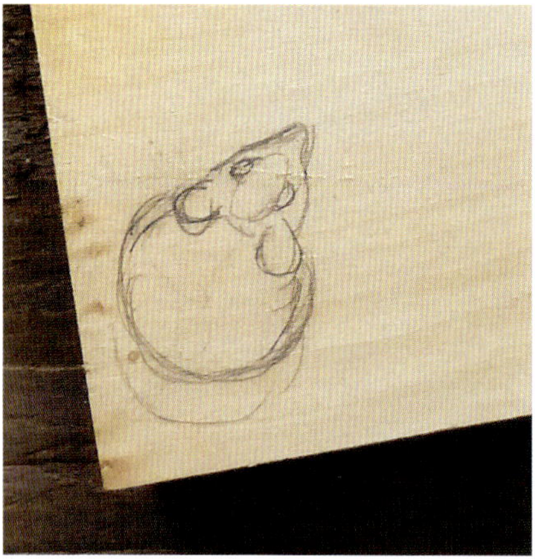

6 Zeichnen Sie Ihre Maus (oder ein anderes Tier oder Ihr eigenes Design) in die Ecke.

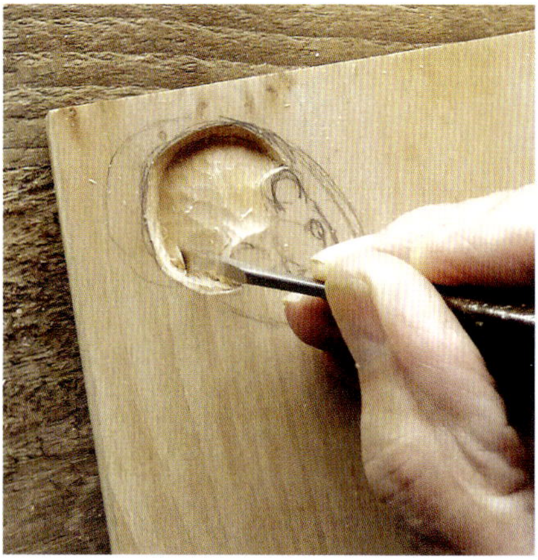

7 Beginnen Sie, den Körper der Maus mit einem kleinen Hohleisen herauszuschnitzen, damit es so aussieht, als käme sie gerade aus ihrem Loch.

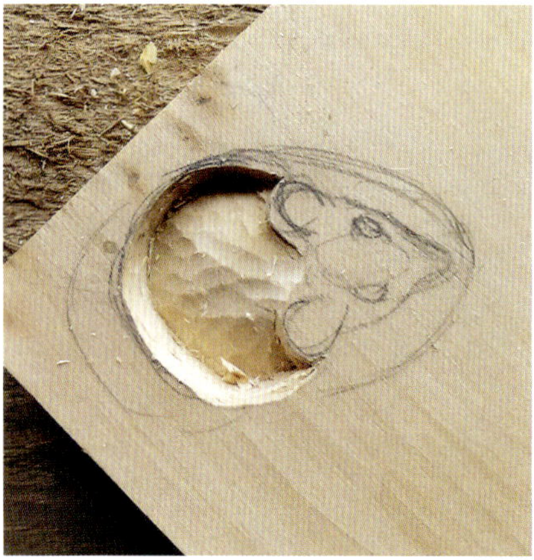

8 Sie müssen nicht sehr tief schnitzen – lediglich tief genug, um genügend Holz für Ohren und Kopf zu haben.

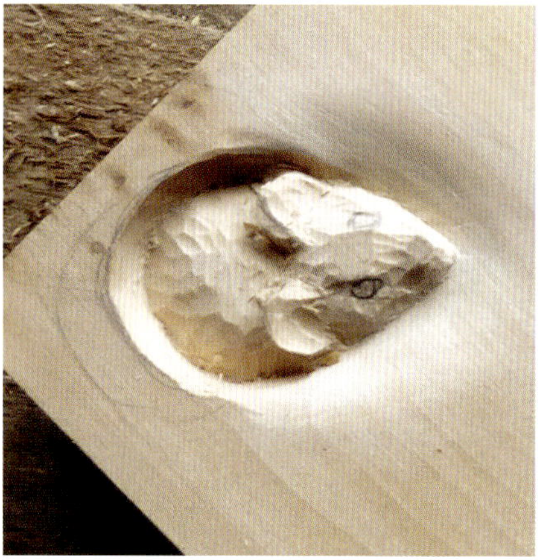

9 Schnitzen Sie leicht um den Kopf herum, um eine vernünftige Form zu erhalten. Schrägen Sie die Brettoberfläche im Kopfbereich ab, um ein ordentliches Resultat zu erzielen. Die letzten Details können Sie später noch ausarbeiten.

10 Säubern Sie die Maus und schnitzen Sie die Augen. Sie können ein kleines Hohleisen (Nr. 3 oder 4) oder ein kleines Messer dafür verwenden. Sie müssen einen kleinen Kreis für jedes Auge schnitzen und dann das Holz darum entfernen, damit sie hervorstechen. Alternativ könnten Sie die Augen bemalen oder kleine Stecknadeln mit schwarzen Köpfen im Kopf versenken.

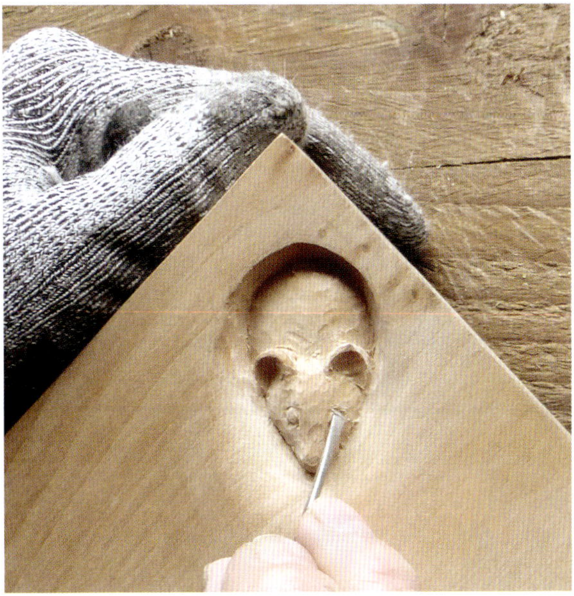

TIPP

Ich habe auf dem Brett genug Platz gelassen, damit Sie Buchstaben oder Personalisierungen hinzufügen können, wenn Sie möchten. Versuchen Sie niemals, Buchstaben ohne klare, vorgezeichnete Linien zu schnitzen. Wenn Sie einen Fehler machen und über die Linie schnitzen, zeichnen Sie die neue Position der Linie ein, bevor Sie weiterschnitzen. Arbeiten Sie hingegen ohne Linien weiter, bringt Ihnen das nur noch mehr Schwierigkeiten ein.

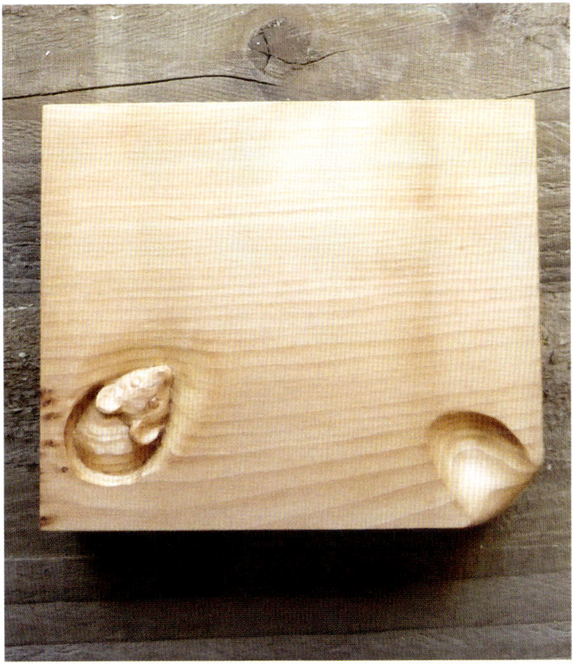

11 Behandeln Sie das gesamte Brett mit zwei Schichten Olivenöl. Lassen Sie die erste trocknen, bevor Sie die zweite auftragen.

Eierbecher

ES GIBT NICHTS BESSERES ALS EIN SCHÖNES, GEKOCHTES EI, UM IN DEN TAG ZU STARTEN: ES IST NAHRHAFT UND PRAKTISCH, FEIN SÄUBERLICH VERPACKT IN SEINER EIGENEN SCHALE, UND ES BRAUCHT NUR EIN PAAR MINUTEN, BIS ES FERTIG IST. ES IST PERFEKT, WENN SIE MIT WENIG AUSRÜSTUNG AM LAND UNTERWEGS SIND.

Dieses Projekt bietet endlose Möglichkeiten bei wenig Aufwand. Sie können den Eierbecher glatt lassen oder ganz nach Ihren Wünschen dekorieren.

Da Sie einiges an Holz von der Oberfläche entfernen müssen, wäre ein recht breites Hohleisen oder ein Speichenhobel von Nutzen, wenn Sie einen haben. Sie müssen hier ein bisschen einfallsreich sein, da es viele Wege gibt, mit denen Sie an Ihr Ziel kommen. Ich habe ein Stück Linde (35 mm stark, 25 cm lang und 15 cm breit) verwendet, Sie können in der Größe jedoch nach Ihren Wünschen variieren.

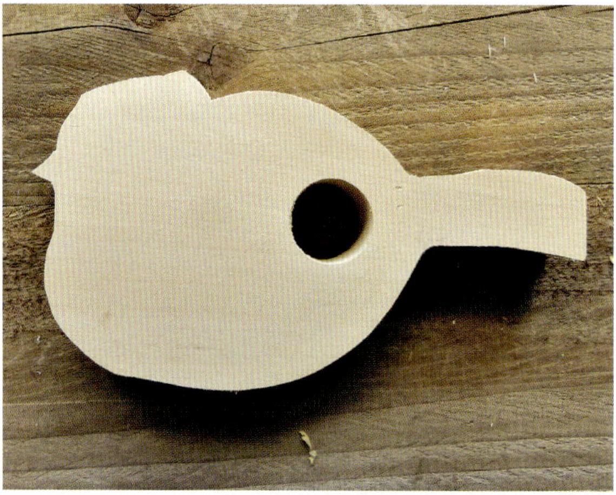

IM WERKZEUGKASTEN

- Kohle- oder Durchschlagpapier und Filzstift
- Bogensäge oder Bandsäge
- Schrauber und Bit
- Messer
- Sicherheitshandschuh
- Hohleisen (6 mm; Nr. 9)
- großes Hohleisen oder Meißel (oder Ähnliches)
- Schleifleinen
- Olivenöl

1 Sie können den Teller in jeder Form schnitzen, die Sie wünschen. Wenn Sie meinem Beispiel folgen möchten, pausen Sie die hier gezeigte Form ab, vergrößern Sie sie auf die benötigte Größe und übertragen Sie sie dann auf das Holz. Dieses Design ist für einen Rechtshänder gedacht; schnitzen Sie für einen Linkshänder, schnitzen Sie einfach auf der anderen Seite oder folgen den nachfolgenden Schritten auf beiden Seiten, sodass der Eierbecher für beide passt.

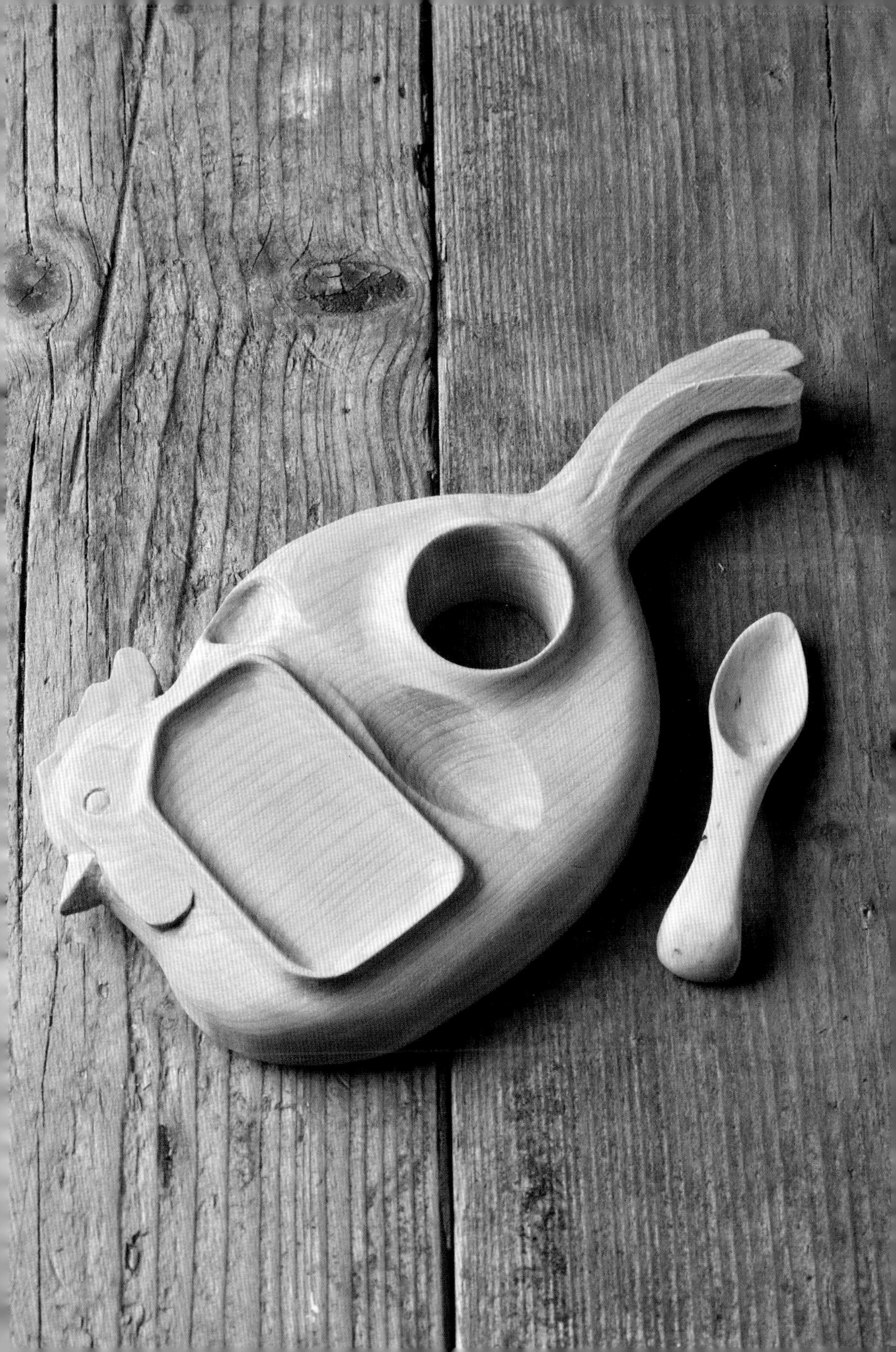

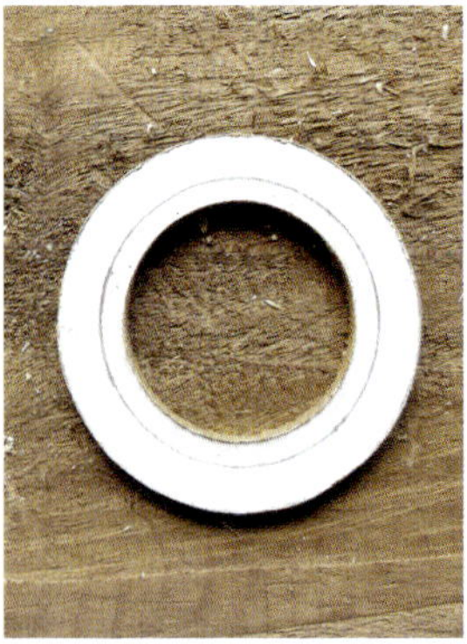

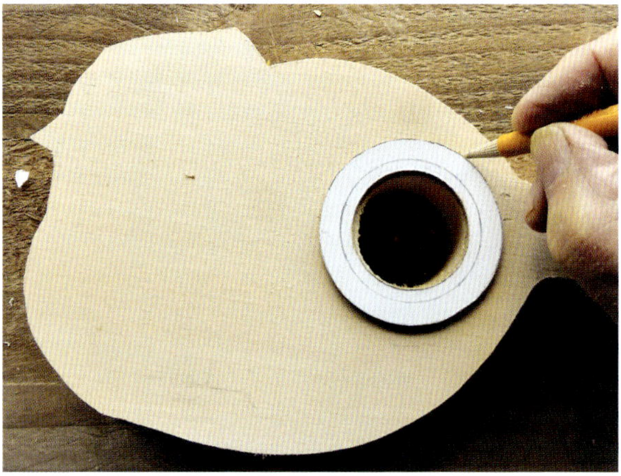

2 Ich habe eine Scheibe mit einem Durchmesser von 60 mm und einem Loch von 40 mm in der Mitte angefertigt, um leichter einen regelmäßigen Ring rund um das Loch schnitzen zu können, aber Sie haben vielleicht auch Ihre eigene Methode.

3 Schneiden Sie den Rohling mit einer Bogen- oder Bandsäge aus und halten Sie die Kanten so gerade wie möglich. Bohren Sie ein Loch (40 mm) wie gezeigt. Legen Sie den Ring bündig auf das Loch und zeichnen Sie entlang der Außenkante rundherum.

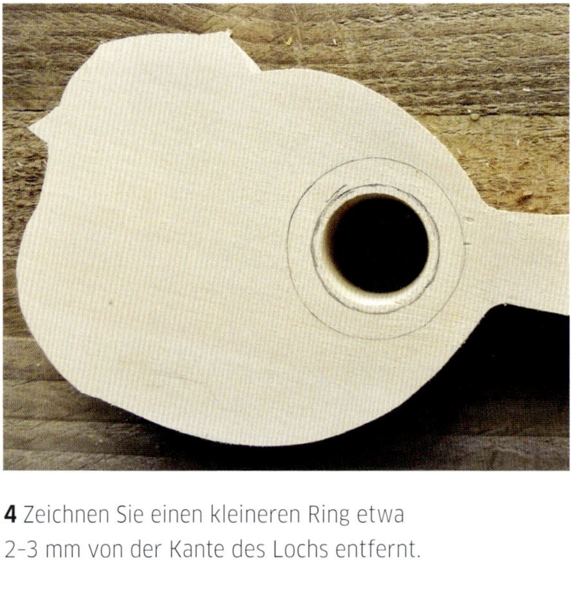

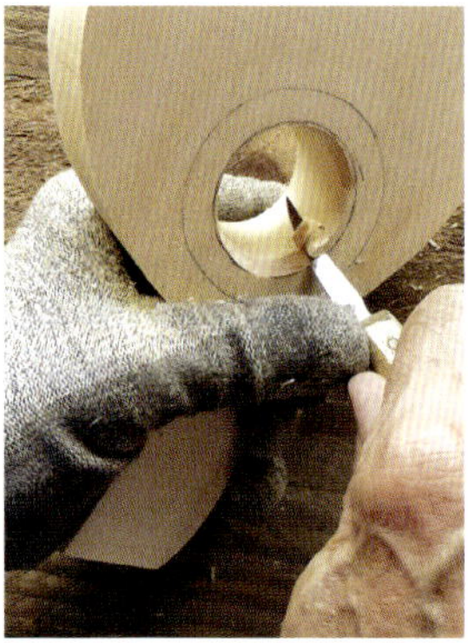

4 Zeichnen Sie einen kleineren Ring etwa 2–3 mm von der Kante des Lochs entfernt.

5 Schrägen Sie die Seiten des Lochs um etwa die halbe Stärke des Holzes bis zur inneren Linie hin mit Ihrem Messer ab.

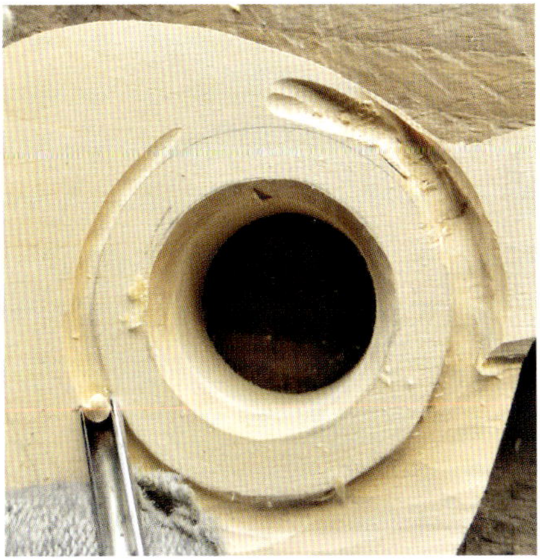

6 Schnitzen Sie außen am Rand des äußeren Ringes entlang und achten Sie dabei darauf, Ihre Schnitte möglichst senkrecht zu setzen.

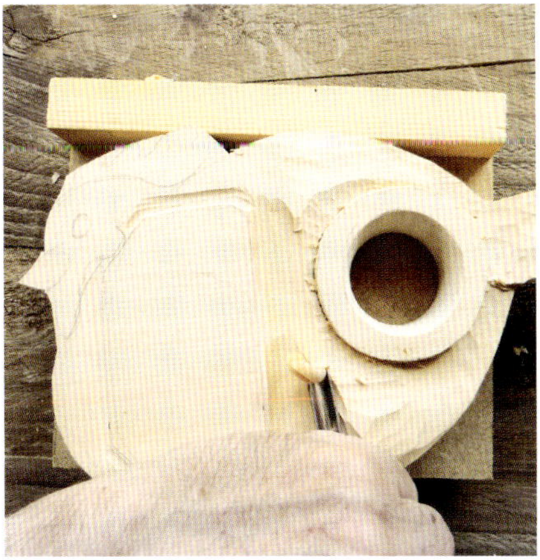

7 Arbeiten Sie nun mit einem Hohleisen Nr. 9 den Hintergrund rund um den Ring herunter.

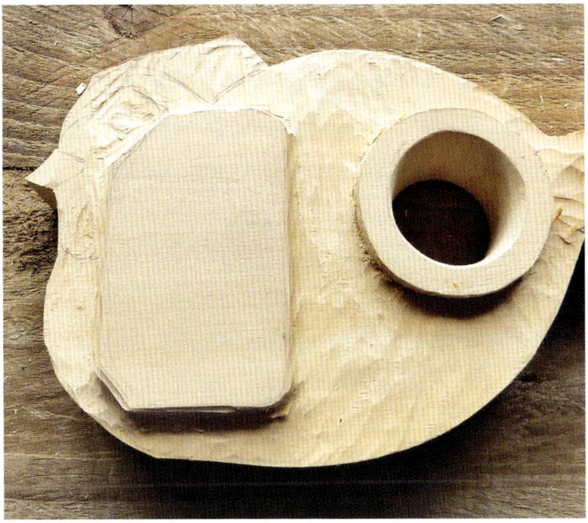

8 Markieren Sie, wie gezeigt, einen möglichst großen Bereich, auf dem Sie Ihre Speisen ablegen können (Toastbrotstreifen mit Butter oder Brot zum Eintunken in Ihr Ei). Entfernen Sie das ganze Holz zwischen dieser Fläche und Ihrem Ring, bis es dort etwa 3 mm tiefer ist.

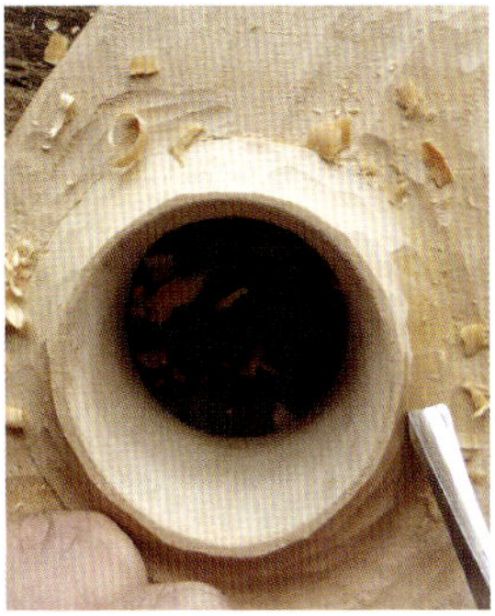

9 Verleihen Sie der Außenseite des Rings mit einem Hohleisen einen sanften Schwung, um einen weichen Übergang mit dem Hintergrund zu erhalten. Schleifen, bis alle Übergänge fließend sind.

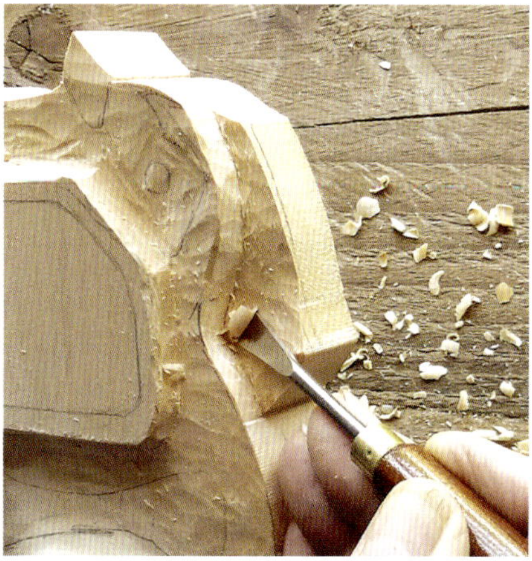

10 Schnitzen Sie die Außenlinie des Kopfes bis zu einer Tiefe von etwa 15 mm auf der Vorder- und der Rückseite, um für den Kamm des Hühnchens einen Bereich in der Mitte stehenzulassen.

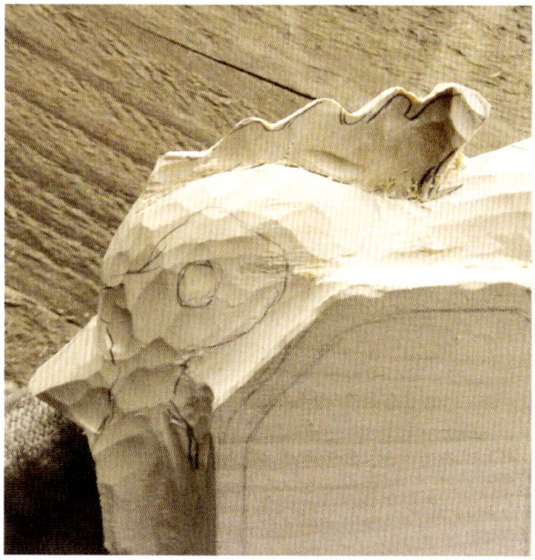

11 Schnitzen Sie die Form des Kamms und des Kopfes und runden Sie dann die Außenkante Ihrer Form ab.

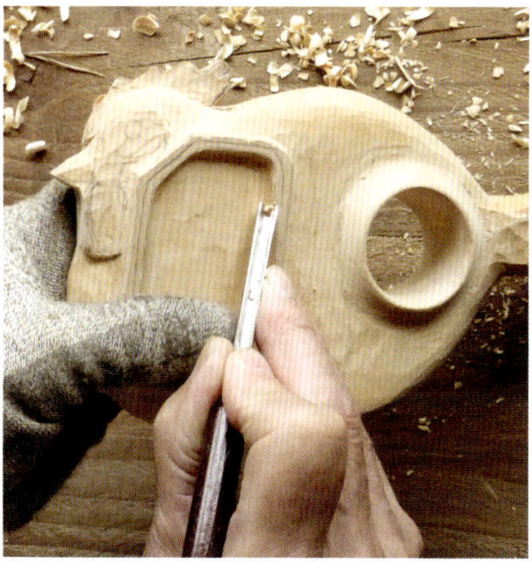

12 Versenken Sie das Innere des Tellerbereichs mit einem Hohleisen (Nr. 9) um etwa 5 mm und glätten Sie es. Wenn Sie zufrieden sind, schleifen Sie den gesamten Bereich gründlich und entfernen Sie etwaige raue oder erhabene Teile.

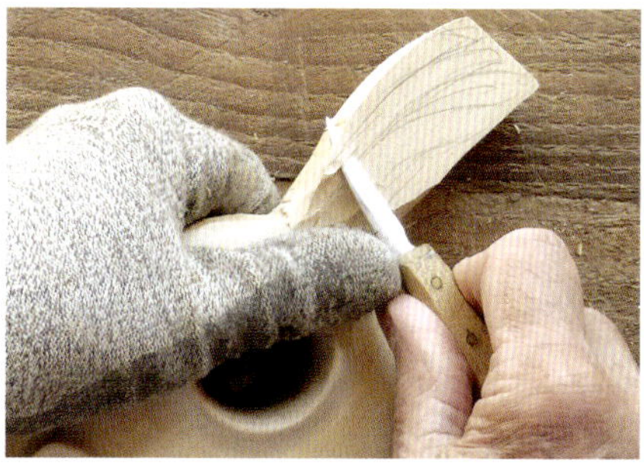

13 Nachdem Sie den Körper gründlich abgeschliffen und auf Unregelmäßigkeiten in der Oberfläche überprüft haben, können Sie damit beginnen, den Schwanz zu schnitzen. Sie müssen nur den grundsätzlichen Eindruck von Federn erzeugen – verlieren Sie sich nicht zu sehr in den Details. Denken Sie daran, dass es sich hier um einen Gebrauchsgegenstand handelt, weshalb Sie ihn nicht schmutzanfällig gestalten sollten.

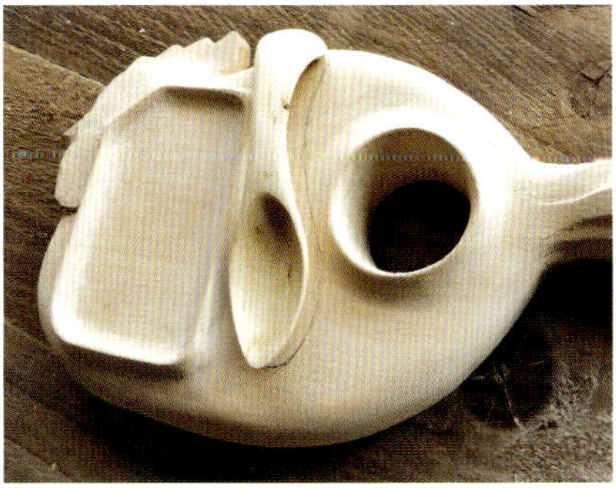

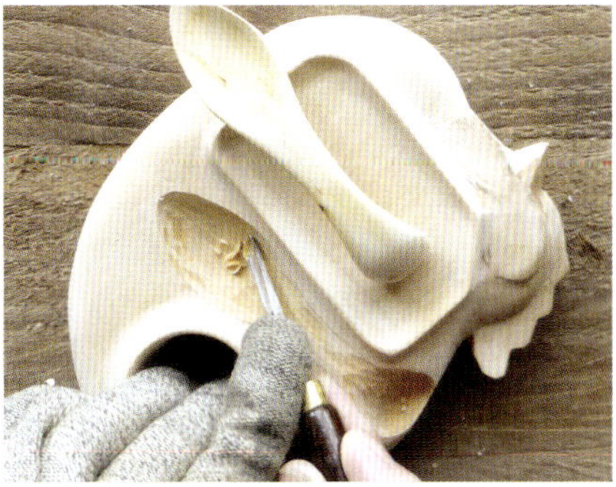

14 Wenn Sie Ihren Eierlöffel (siehe Seite 54) bereits geschnitzt haben, legen Sie ihn passend in den gezeigten Bereich. Ansonsten legen Sie den Eierbecher beiseite, bis dies erledigt ist; dann zeichnen Sie um Ihren Löffel herum und schnitzen die darunterliegende Fläche.

15 Sie müssen genug Holz wegschnitzen, damit der Löffel sicher an seinem Platz liegen kann. Es dauert eine Weile, bis er genau hineinpasst. Wenn er richtig liegt, schmirgeln Sie den Bereich, den Sie geschnitzt haben, bis er wirklich glatt ist.

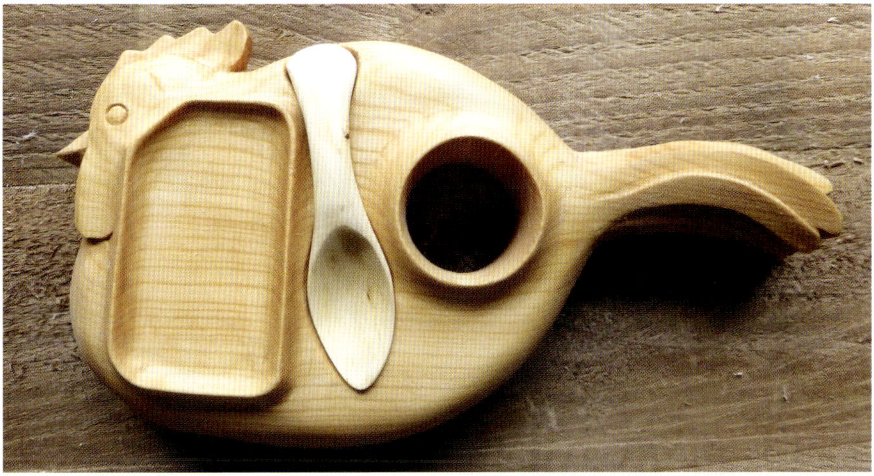

16 Sie können nun zurück an den Kopf gehen und alle Details ausarbeiten, die Ihnen noch vor Ihrer Schlussüberprüfung und dem letzten Schliff fehlen. Wenn Sie keine Farben hinzufügen möchten, stellen Sie das Werkstück mit einigen Schichten Olivenöl fertig, die Sie trocknen lassen. Vielleicht passiert es Ihnen, wie mir, dass nach dem ersten Ölen zuvor unbemerkte Makel ans Tageslicht kommen. Das ist normal, Sie müssen nur mit einem feinen Schleifleinen darüberarbeiten, um sie zu berichtigen.

Rentier

RENTIERE SPIELEN UNTER DEN WEIHNACHTSDEKORATIONEN NICHT SO EINE GROSSE ROLLE WIE WEIHNACHTSMÄNNER, SCHNEEMÄNNER UND GESCHENKE. WAHRSCHEINLICH, WEIL DIE LANGEN BEINE UND DAS GEWEIH SICH NICHT SO GUT ALS CHRISTBAUMSCHMUCK MACHEN, DA SIE ZIEMLICH EMPFINDLICH SIND. DIESES RENTIER IST ANDERS: ES HAT KEINE HERAUSSTEHENDEN BEINE, UND SEIN GEWEIH IST ZIEMLICH UNZERSTÖRBAR.

Sie benötigen ein vorzugsweise recht weiches Stück Holz (10 cm breit, 8 cm lang und 5 cm dick), etwa Linde oder Jelutong. Sie können aber auch etwas anderes aus Ihrem Vorrat nehmen, das nicht zu hart ist und eine brauchbare Größe aufweist. Ich wollte ein Stück gestockte Buche verwenden (es hat Muster, die ein Pilz erzeugt hat, was ziemlich hübsch sein kann), aber es war schwierig, damit zu arbeiten. Sie können das Rentier in seinem Naturzustand lassen oder bemalen. Sie finden beide Varianten in diesem Projekt.

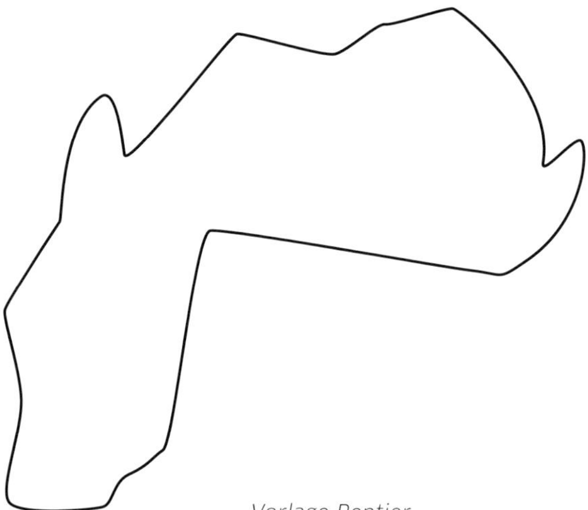

Vorlage Rentier

IM WERKZEUGKASTEN

- Papier und Bleistift für den Entwurf
- Kohle- oder Durchschlagpapier und Filzstift
- Bogensäge oder Bandsäge
- kleines Hohleisen (ca. 10 mm; Nr. 9 oder ähnlich)
- Messer
- Sicherheitshandschuh
- Stecknadeln mit schwarzem Kopf
- braune Pfeifenreiniger für das Geweih
- Bohrer
- Sekundenkleber
- Holzbleiche und schwarze Farbe (optional)
- Schleifleinen (optional)
- Öl zum Versiegeln oder Klarlack

1 Zeichnen Sie dieses Muster ab und übertragen Sie es mit Hilfe von Kohle- oder Durchschlagpapier auf Ihr Holzstück. Achten Sie darauf, dass die Maserungsrichtung entlang der Vorderbeine und der Ohren verläuft, um ein Brechen zu verhindern.

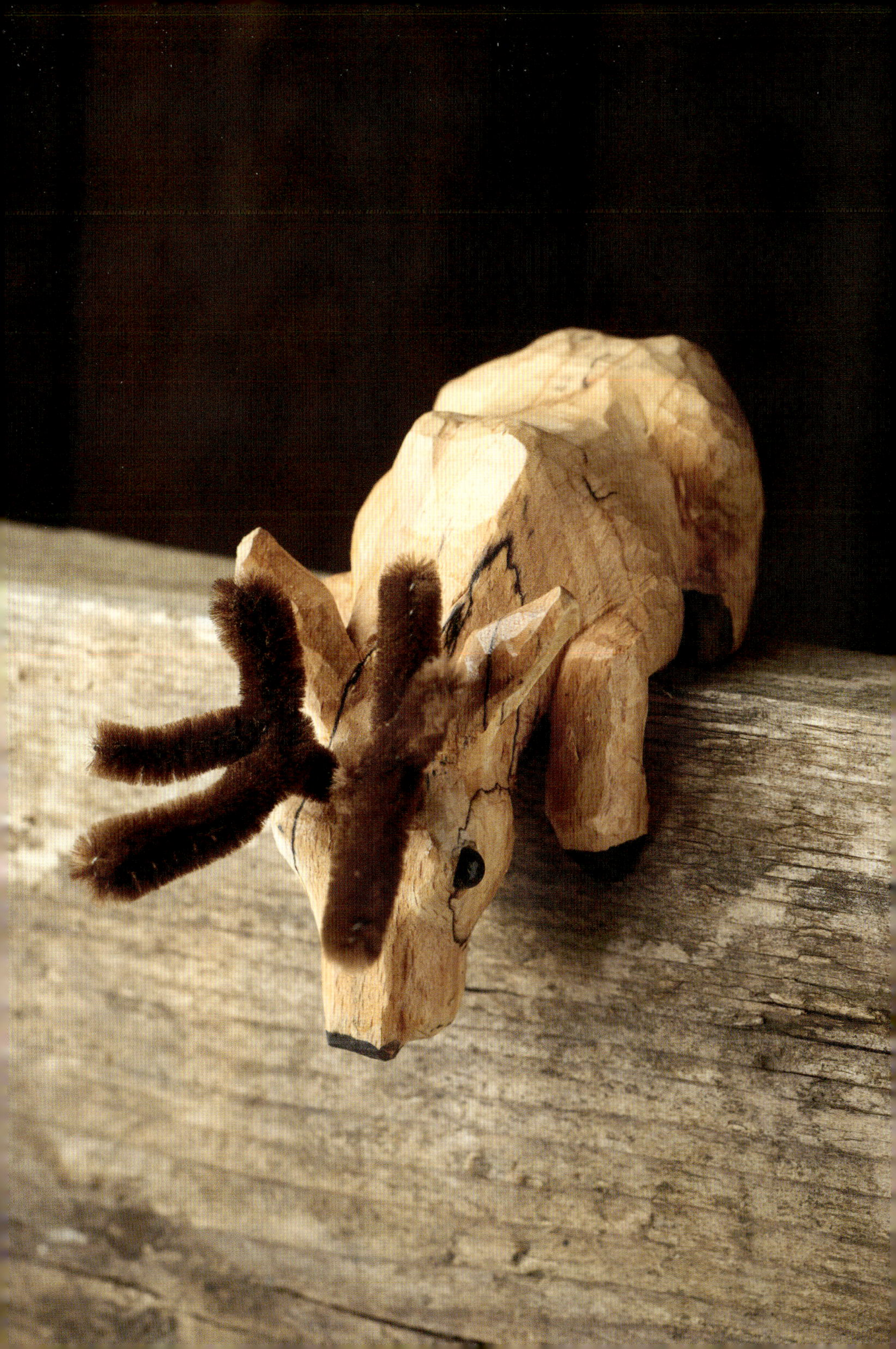

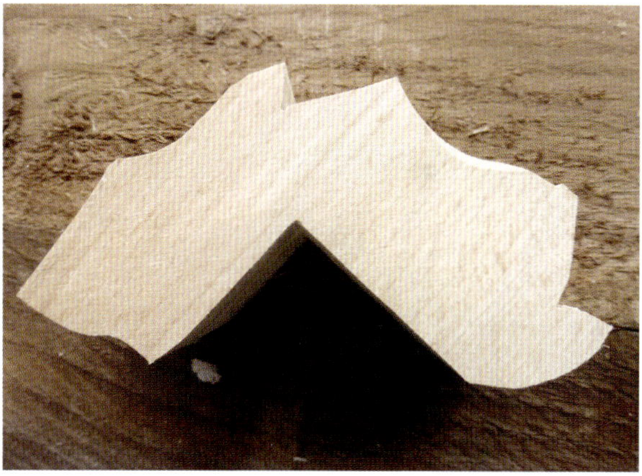

2 Schneiden Sie den Rohling mit einer Bogen- oder Bandsäge aus.

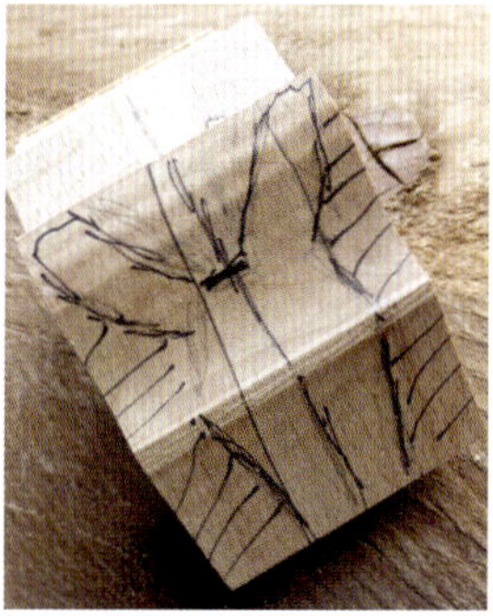

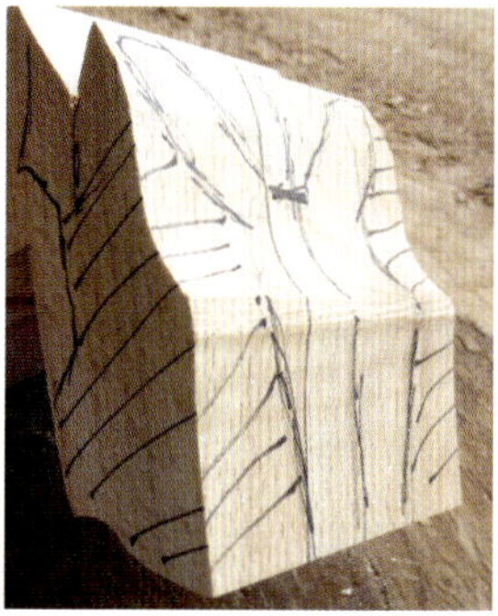

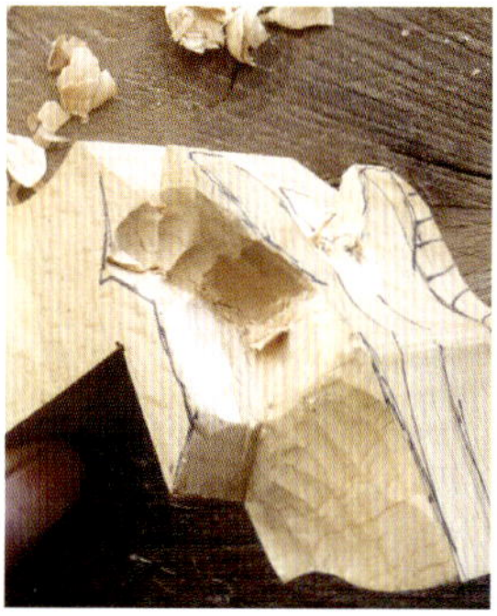

3 Zeichnen Sie die Außenlinie des Kopfes auf die Vorderseite. Planen Sie ihn nicht zu schmal – Sie können später immer noch mehr Holz abnehmen.

4 Entfernen Sie das überschüssige Holz auf jeder Seite wie gezeigt.

5 Ein Hohleisen kann hier die Arbeit erleichtern.

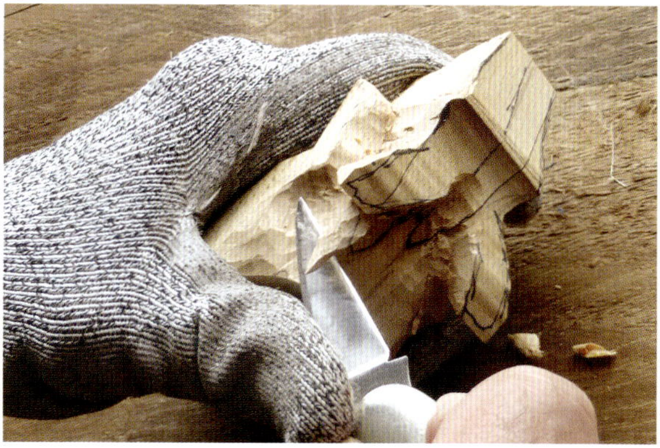

6 Schnitzen Sie die Neigung der Schultern auf jeder Seite.

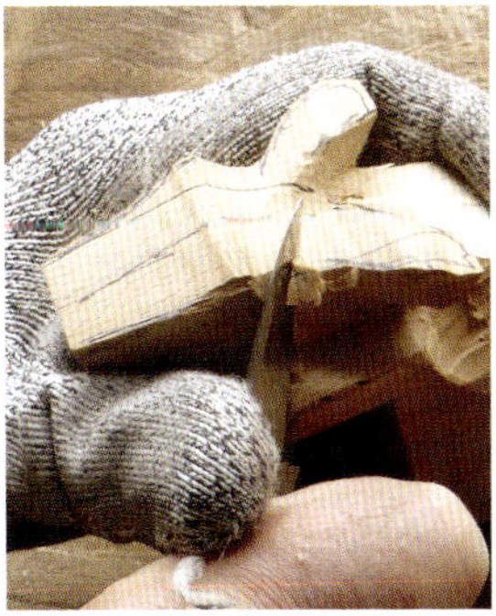

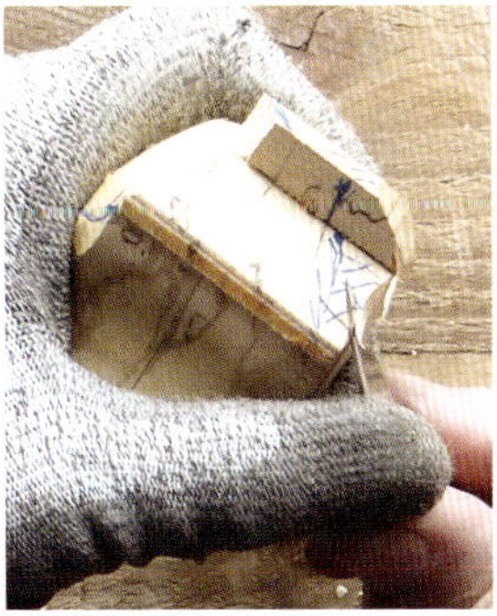

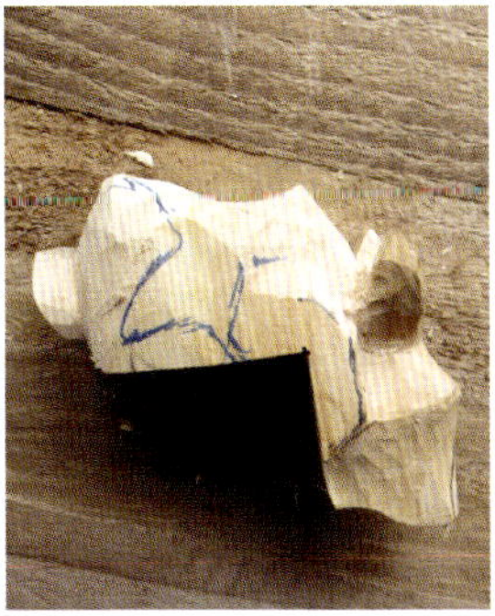

7 Skizzieren Sie die Grundform des Ohrs sowie Vorder- und Rückseite, um sie in die neue Schulterlinie einzupassen.

8 Verschmälern Sie das hintere Ende an jeder Seite und lassen Sie die Figur sich zum Schwanz hin verjüngen. Skizzieren Sie den Schwanz.

9 Zeichnen Sie die Vorder- und Hinterbeine, bevor Sie das Holz zwischen ihnen entfernen.

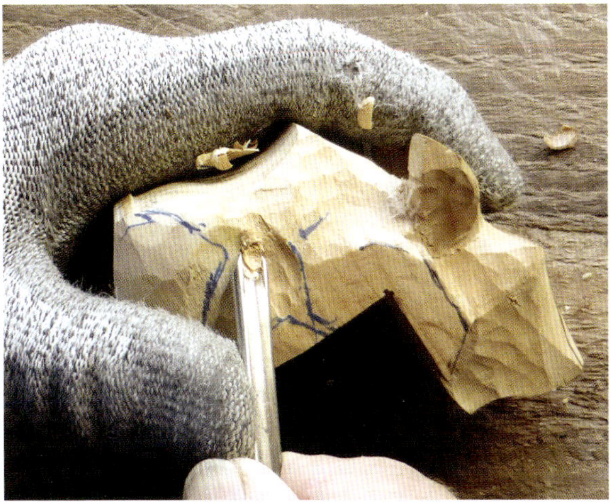

10 Formen Sie dann den Körper über und zwischen den Vorder- und Hinterbeinen. Sie benötigen dafür ein kleines Hohleisen (Nr. 9) o. Ä. Beachten Sie hier die Position meiner Daumen: Dies hält das Hohleisen davon ab, abzurutschen und in die linke Hand zu schneiden. Wo möglich, schnitzen Sie in einen Stoppschnitt, um zu vermeiden, dass das Hohleisen aus dem Schnitt rutscht.

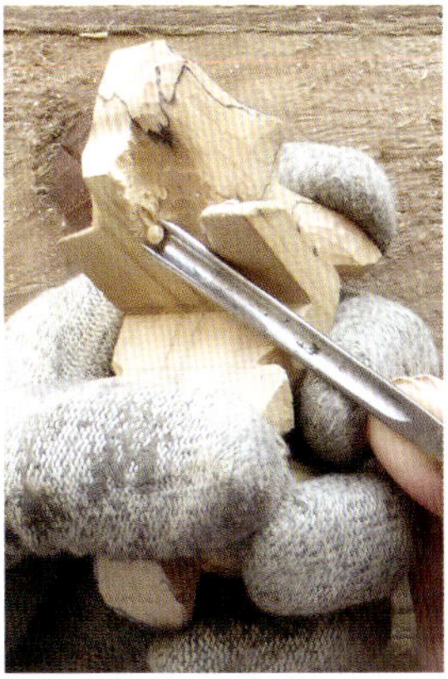

11 Entfernen Sie überschüssiges Holz unter dem Kopf mit Ihrem Messer oder Hohleisen, um die Vorderbeine und das Kinn formen zu können.

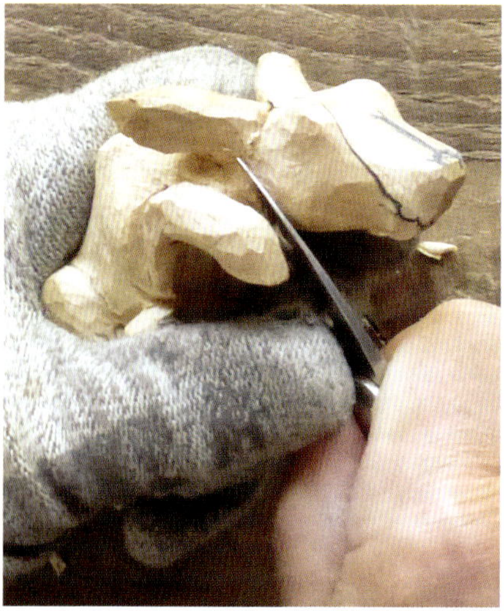

12 Verfeinern Sie die Unterseite des Kopfes und säubern Sie die Brust und die Vorderbeine.

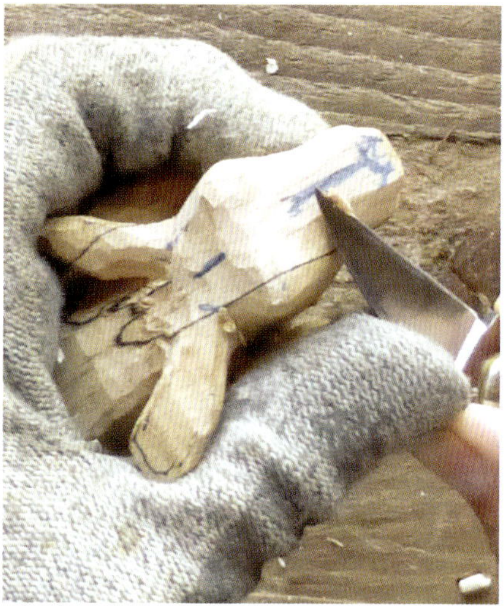

13 Stellen Sie die Oberseite des Kopfes fertig; überprüfen Sie, dass die Form symmetrisch und die Oberfläche sauber und glatt ist.

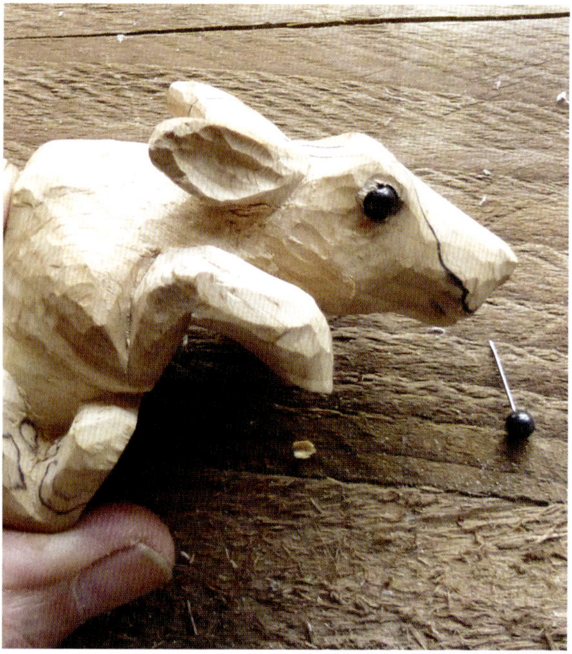

TIPP

Die Verwendung von Zwei-Teile-Holzbleiche kann einigen Schnitzarbeiten feine Änderungen in der Farbgebung oder auch einen sehr starken Effekt verleihen, falls notwendig. Damit zu experimentieren lohnt sich und ist nicht schwierig.

14 Markieren Sie die Position der Augen und schneiden Sie mit dem Hohleisen zwei Höhlen (ca. 3 mm im Durchmesser) aus, um die schwarzen Pinnadeln als Augen aufzunehmen. Es mag sein, dass Sie die Köpfe verkleinern müssen, da es sonst unnatürlich aussieht.

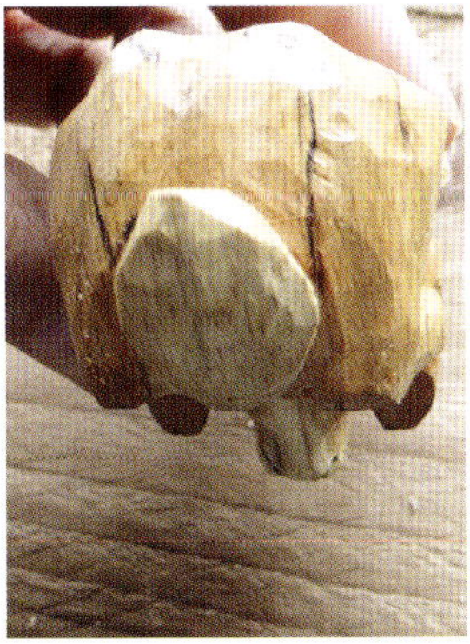

15 Schnitzen Sie noch den Schwanz, dann ist die Schnitzarbeit des Projekts fertig. Sie müssen nur noch das Geweih formen und anpassen. Ich habe braune Pfeifenreiniger verwendet, da alternative Materialien leicht zerbrechen könnten.

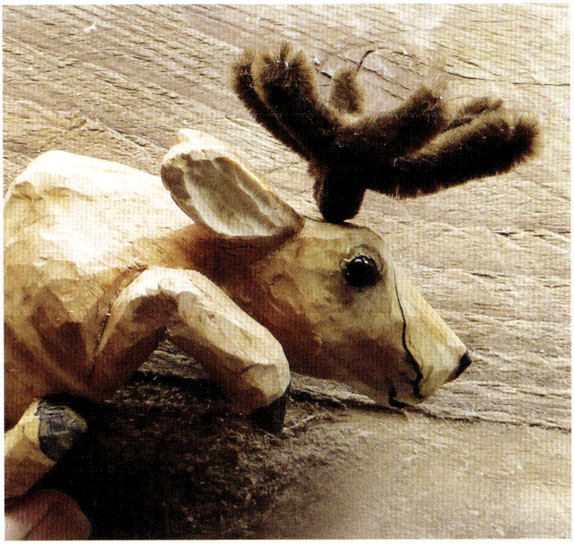

16 Bohren Sie je ein Loch an jeder Seite der Stirn und passen Sie das Geweih ein. Fixieren Sie es mit einem geeigneten Klebstoff (ich habe Sekundenkleber verwendet). Ich habe außerdem ein bisschen Holzbleiche verwendet, damit das Holz um Nase, Augen und Ohren herum heller wird. Die Nase und die Hufe wurden schwarz bemalt, um einen Kontrast zu erhalten.

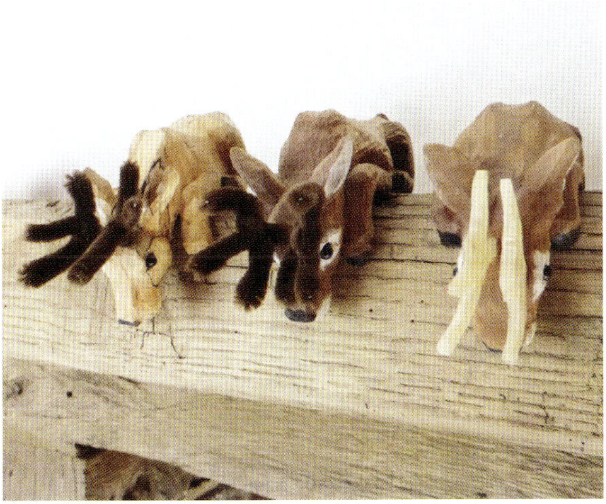

17 Wenn Sie die fertige Schnitzarbeit schleifen möchten, achten Sie darauf, dass Sie sich durch die verschiedenen Körnungen arbeiten, um Kratzer zu vermeiden. Ich habe das Werkstück ungeschliffen gelassen. Versehen Sie es zum Schluss mit Klarlack oder Öl zum Versiegeln. Eine Gruppe Rentiere sieht sehr weihnachtlich aus, wenn sie am Kaminsims aufgestellt wird.

Schweinchen Specki

WENN SIE JEMANDEN FRAGEN, VON WELCHEN TIEREN AM HÄUFIGSTEN FIGUREN ODER BILDER GESAMMELT WERDEN, ERHALTEN SIE ALS ANTWORT BESTIMMT FRÖSCHE, EULEN UND SCHWEINE. WÄHREND ICH IN DIESEM BUCH KEINEN FROSCH UNTER DEN PROJEKTEN HABE, GIBT ES EINE GESCHNITZTE SCHLEIEREULE (AUF SEITE 130). DIESES PROJEKT HIER BIETET IHNEN DIE GELEGENHEIT, ZUMINDEST EINE ART SCHWEIN ZU SCHNITZEN.

Eines der Probleme beim Schnitzen stehender Tiere ist die Frage nach dem Umgang mit Beinen und Füßen. Oft führen diese Versuche zu einem oder mehr verlorenen Beinen während des Schnitzvorgangs, oder sie werden so dick, dass die wahre Form des Tiers entstellt wird. Die Haltung, die ich entworfen habe, gibt Ihnen die Möglichkeit, etwas zu schnitzen, das wie ein Schwein aussieht, das Beinproblem jedoch umgeht.

Sie benötigen ein Holzstück Ihrer Wahl mit den Maßen 150 x 90 x 80 mm, aber Sie können die Größe auch nach Belieben ändern. Ich habe Jelutong verwendet, da es recht weich ist, sich leicht schnitzen lässt und die Details gut herauskommen.

IM WERKZEUGKASTEN

- Papier und Bleistift für den Entwurf
- Kohle- oder Durchschlagpapier und Filzstift
- Bogensäge oder Bandsäge
- Messer
- Sicherheitshandschuh
- kleine Hohleisen (Nr. 9 und Nr. 3)
- Einfärbelösung (optional; siehe Tipp auf Seite 129)
- Schnur und Holzleim für den Schwanz (optional)
- Öl zum Versiegeln oder Klarlack

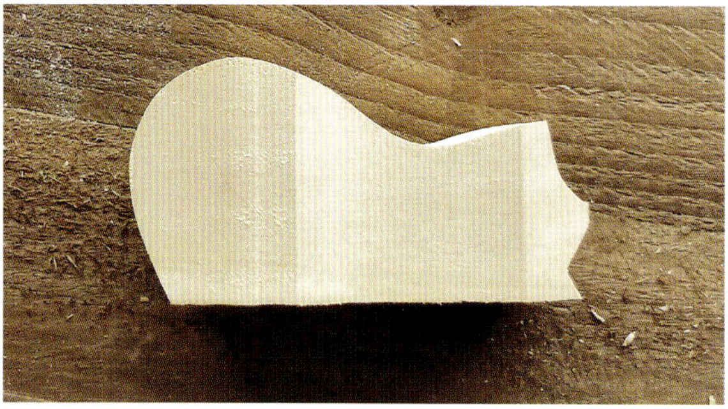

1 Rohling in Seitenansicht.

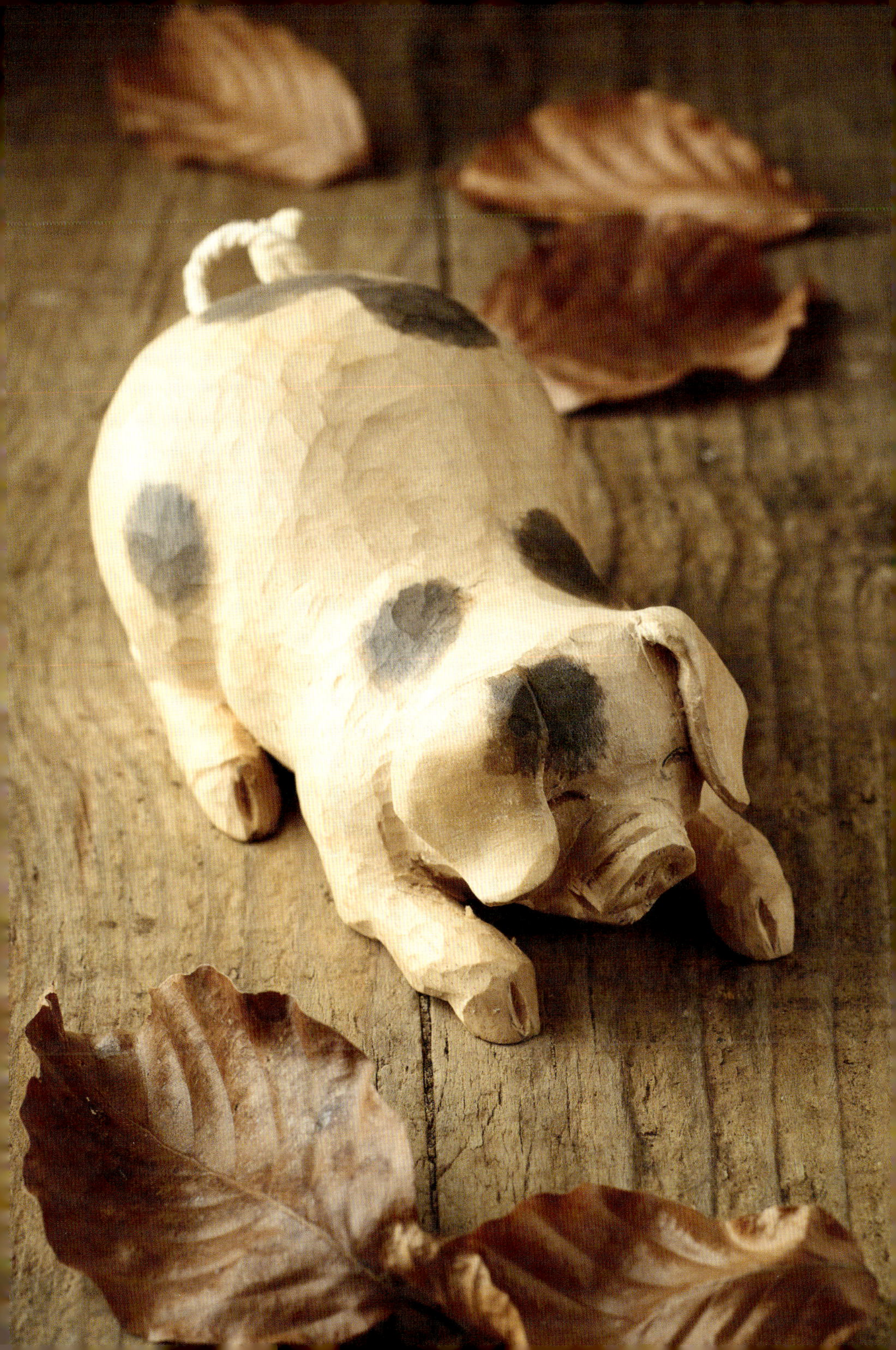

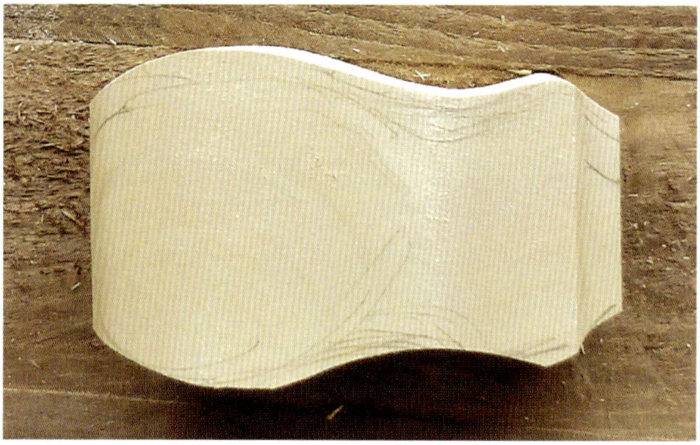

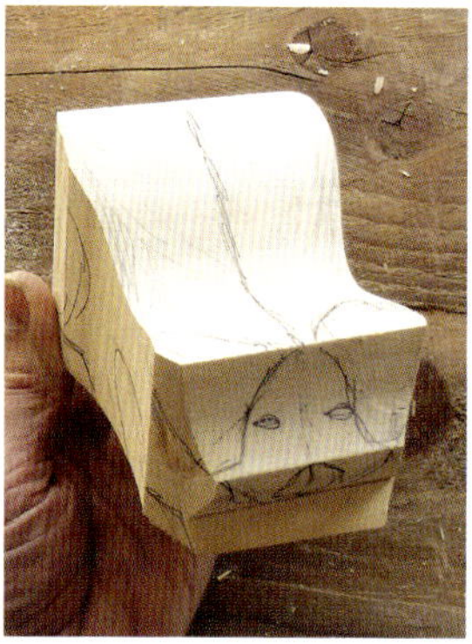

2 Rohling von oben betrachtet. Zeichnen Sie Ihr Muster in der gewünschten Größe und übertragen Sie es auf die Flächen des Holzes, sodass das Muster für die Seiten und das Muster für die Oberansicht korrekt aufeinander abgestimmt sind. Schneiden Sie den Rohling mit einer Bogen- oder Bandsäge zu und achten Sie dabei darauf, dass die Schnitte rechtwinklig zur Holzoberfläche verlaufen.

3 Wenn Sie Ihren Rohling ausgeschnitten haben, zeichnen Sie Gesicht und Ohren an, da Sie diese zuerst schnitzen.

TIPP

Wenn Sie ein Tier oder eine Figur schnitzen, empfehle ich Ihnen, den Kopf zuerst zu schnitzen. Nicht nur, weil dies grundsätzlich der schwierigste Teil ist, bei dem die meisten Fehler geschehen können, sondern auch, weil er der Schnitzarbeit ihren Charakter verleiht und beeinflussen kann, wie Sie anschließend weiterschnitzen. Außerdem verlieren Sie nicht so viel Zeit wie beim Schnitzen des Körpers, wenn Ihnen hier ein Fehler passiert und Sie von vorn beginnen müssen.

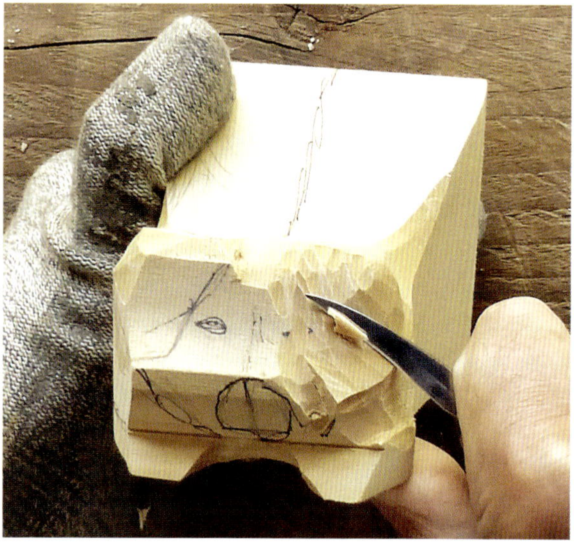

4 Schnitzen Sie die Form von Ohren und Gesicht und achten Sie darauf, nicht zu viel Holz zu entfernen, da dieses noch für die Vorderbeine gebraucht wird.

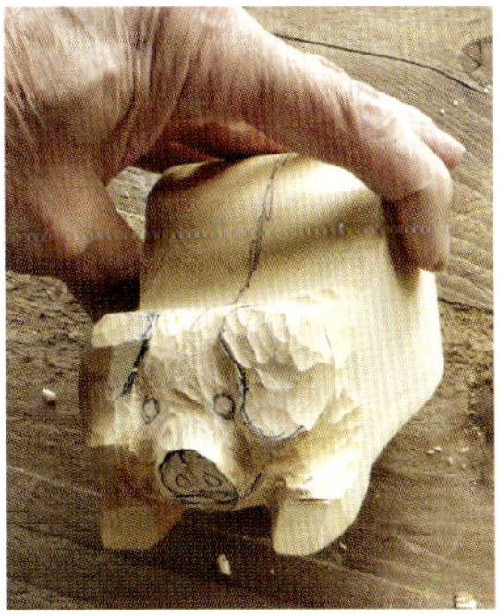

5 Hier wird die Grundform geschnitzt. Versuchen Sie, zu diesem Zeitpunkt noch nicht zu viele Details auszuarbeiten, da noch einige Anpassungen notwendig werden könnten, während Sie voranschreiten.

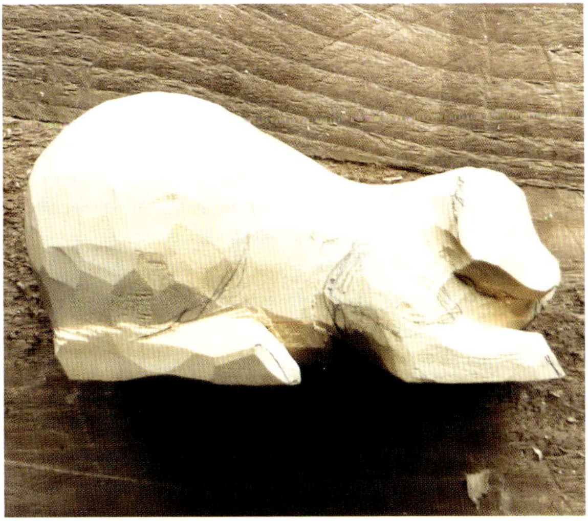

6 Zeichnen Sie die Beinposition an und beginnen Sie, den Körper zu schnitzen.

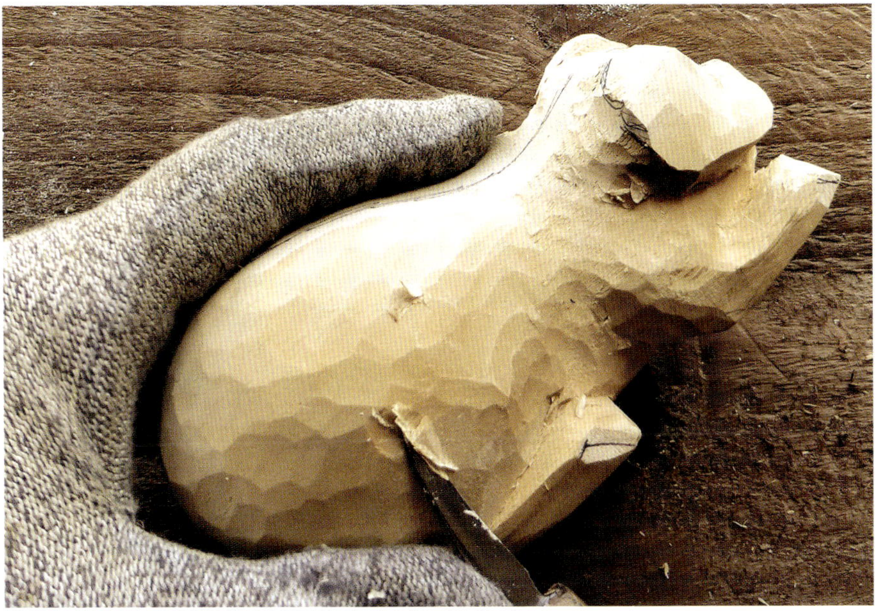

7 Entfernen Sie alle Ecken und gestalten Sie den Körper insgesamt rundlich.

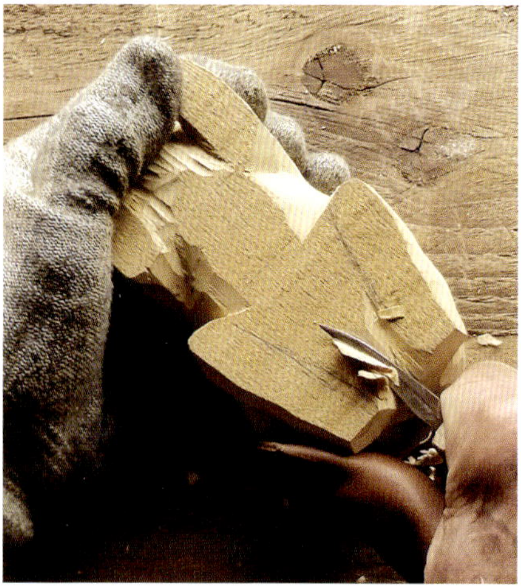

8 Sie können nun das überschüssige Holz zwischen den Hinterbeinen an der Unterseite entfernen. Achten Sie auf die Rundungen; Sie können später immer noch etwas entfernen.

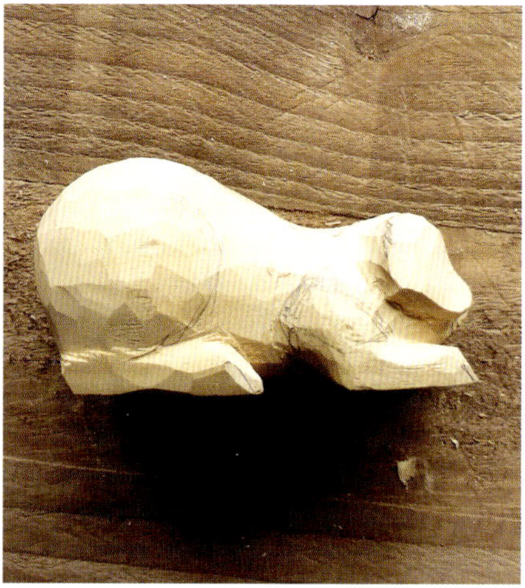

9 Passen Sie den Körper rundherum an und schnitzen Sie die vier Beine. Gehen Sie nicht zu sehr ins Detail; erarbeiten Sie nur die grundsätzliche Form.

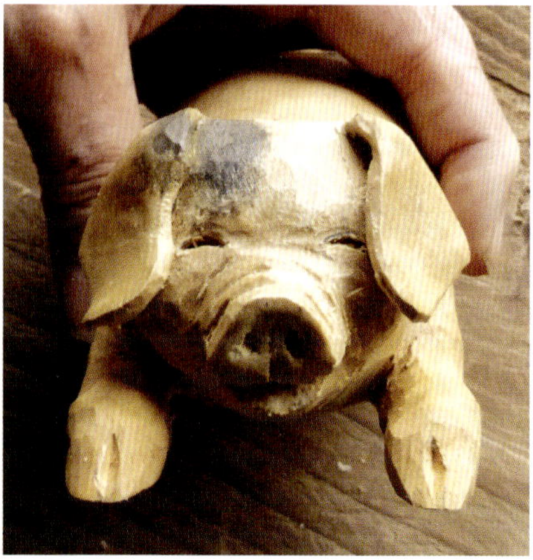

10 Nun müssen Sie nur noch die Details des Gesichts verfeinern. Sie können ein Bild von einem Schwein als Vorlage verwenden.

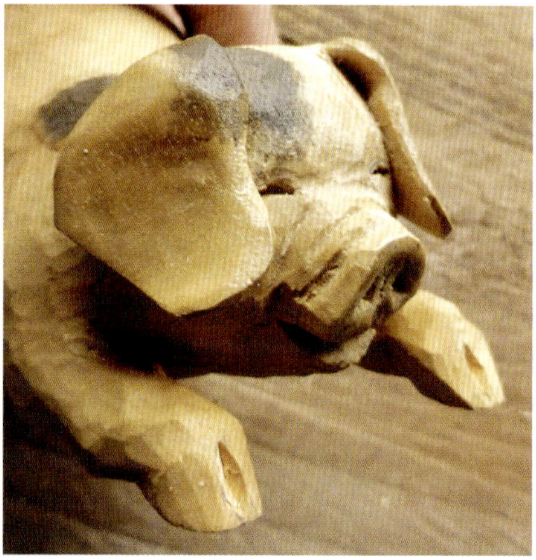

11 Vielleicht möchten Sie – mit dem Bild als Vorlage – noch weitere Details ausarbeiten, etwa die Ohren ausfeilen, die Nase mit Falten versehen, Nasenlöcher, Schnauze und Augen hinzufügen.

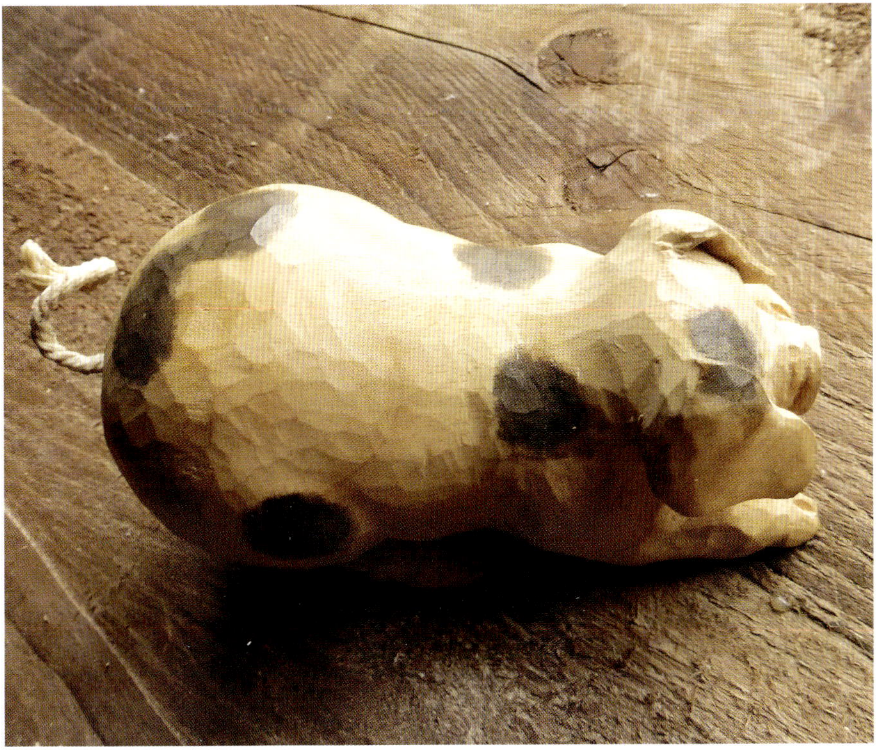

12 Ich habe für dieses Werkstück keinen Schwanz geschnitzt: Das wäre nicht nur kompliziert, er würde auch mit hoher Wahrscheinlichkeit schnell brechen. Stattdessen habe ich ein Stück Schnur in Leim getaucht, in Form gedreht und dann, nach dem Trocknen, an das Schwein geklebt. So entsteht ein Schwanz in jeder Form, die Sie wünschen, der nicht abbricht, wenn die Figur herunterfällt. Wenn Sie das Schwein mit Flecken versehen möchten, lesen Sie die Empfehlung im Tipp. Schließlich versehen Sie die ganze Schnitzarbeit mit einer Schicht Öl oder Klarlack und wachsen sie dann, bis sie glänzt.

TIPP

Es gibt viele Arten, wie man Holz färben kann: Jede hat ihre Vor- und Nachteile. Eine Art, Holz dunkler zu bekommen, von Grau über Braun bis ins Schwarze, ist das Einlegen von Stahlwolle oder eines Nagels in ein bisschen Essig oder Cola und für einige Tage. Die daraus resultierende Lösung reagiert mit den Tanninen im Holz und dunkelt es ein. Durch die Erhöhung des Tanningehaltes, etwa durch Tupfen mit einem feuchten Teebeutel, können Sie die Farbe nuancenweise dunkler gestalten. Ich habe auf diese Weise die Flecken auf Specki gestaltet. Eine ähnliche Technik habe ich auch beim Brieföffner (siehe Seite 26) angewendet.

Eulenknauf für den Wanderstab

VIELE KLEINE SCHNITZARBEITEN, DIE VORWIEGEND MIT EINEM MESSER GEMACHT WERDEN, KÖNNEN AUCH EINE NÜTZLICHE FUNKTION ERFÜLLEN. DIESES PROJEKT IST NICHT NUR DEKORATIV, SONDERN AUCH NÜTZLICH, WENN SIE AM LAND UNTERWEGS SIND. EIN WANDERSTOCK IST VON UNSCHÄTZBAREM WERT, UM SICH EINEN SICHEREN WEG DURCH DAS DICKICHT ZU BAHNEN – UND EIN EFFEKTIVES MITTEL ZUR ABSCHRECKUNG VON MÖCHTEGERN-ANGREIFERN.

Die Schleiereule ist einer der beliebtesten Vögel und kann oft untertags bei ihrer Patrouille entlang der Felder ihres Reviers beobachtet werden. Sie ist nicht schwierig zu schnitzen, jedoch müssen Sie sorgfältig sein, um sie richtig zu treffen. Der Stock trägt nur den Kopf und die Schultern der Eule und kann bemalt werden oder natürlich holzfarben bleiben. Jeder gerade Stock eignet sich, um diesen Knauf darauf zu stecken, doch Haselnuss oder Kastanie sind hierfür wahrscheinlich am üblichsten. Wenn Sie keinen passenden Stock finden können, gibt es viele Bezugsquellen, wo Sie getrocknete und begradigte Stöcke erwerben können.

Ich habe ein Stück Linde (150 x 80 x 70 mm) verwendet. Die Gesamtlänge des Musters beträgt 14 cm. Ich habe den Eulenkopf an einem etwa 120 cm langen Wanderstock angebracht.

1 Pausen Sie diese Vorlage der Eulenvorderansicht ab und vergrößern Sie sie auf die gewünschte Größe.

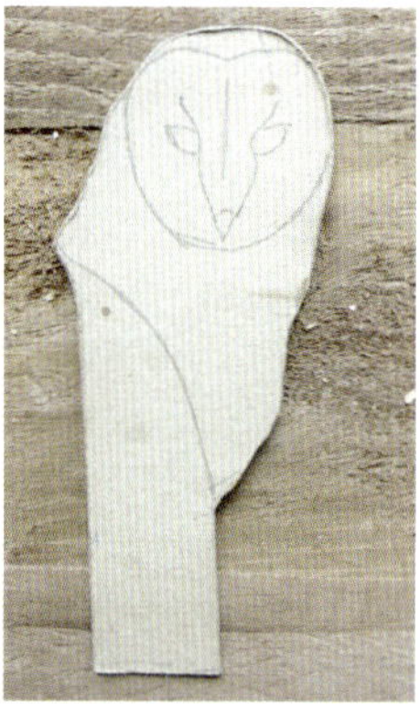

IM WERKZEUGKASTEN

- Papier und Bleistift für den Entwurf
- Klarsichtfolie und Filzstift
- Bogensäge oder Bandsäge
- Messer von Murphy
- Sicherheitshandschuh
- kleines Hohleisen (Nr. 9 oder ähnlich)
- Schleifleinen
- Bohrer
- Abdeckband
- 10 cm Gewindestange (8 mm stark)
- Epoxidkleber
- Distanzstück aus Horn, Knochen oder Holz (optional)
- Acrylfarben (optional)
- Öl zum Versiegeln und Wachs

TIPP

Um sicherzugehen, dass Sie die Details der Vorlage akkurat auf Ihre Schnitzarbeit übertragen, empfehle ich Ihnen, die Eule mit allen Details mit einem Permanentstift auf eine Klarsichtfolie zu übertragen. Sie können dann während des Arbeitens überprüfen, ob Sie richtigliegen, indem Sie Ihre Folie vor Ihre Schnitzarbeit halten.

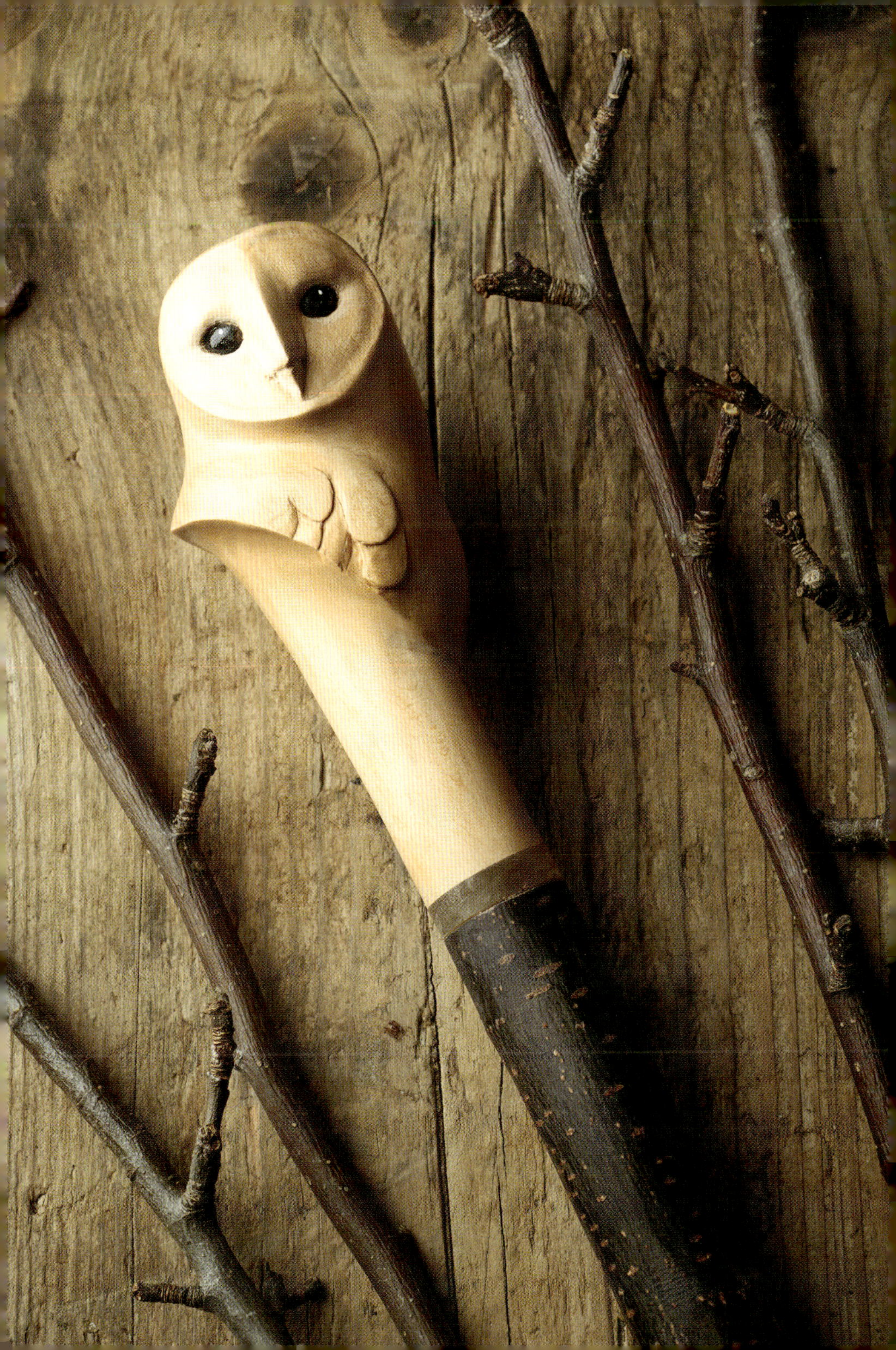

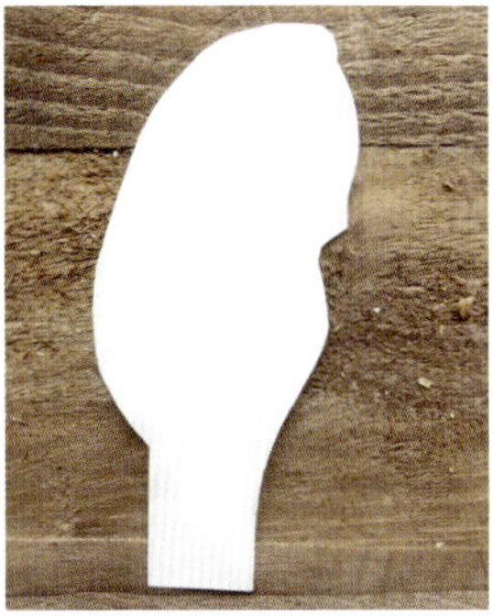

2 Vergrößern Sie diese Vorlage der linken Seitenansicht auf die gewünschte Größe und übertragen Sie beide Muster auf das Holz. Passen Sie auf, dass Sie die Vorlagen richtig herum übertragen, da die Eule sonst in die falsche Richtung schaut.

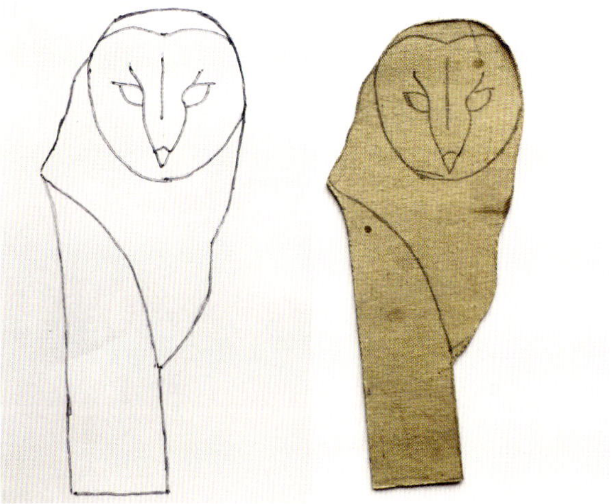

3 Übertragen Sie die Details der Vorlage für die Vorderseite auf eine Klarsichtfolie, damit Sie während des Schnitzens die Genauigkeit überprüfen können.

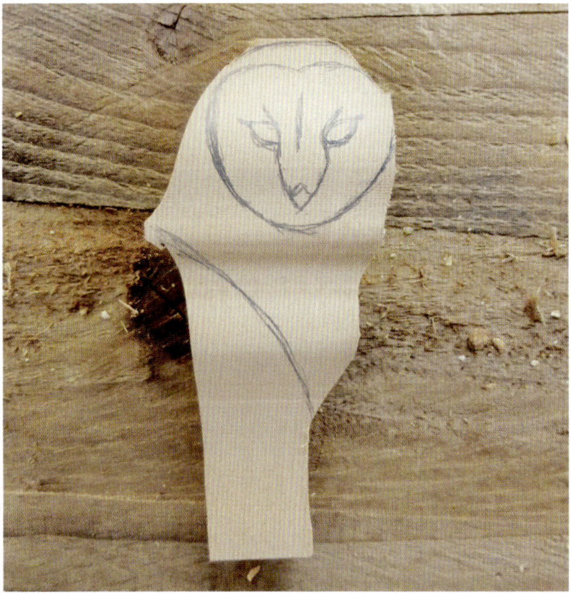

TIPP

Wenn Sie Pauspapier für Ihre Details verwenden, kann es schwieriger sein, klar zu sehen, da das Papier mit der Zeit weniger durchsichtig wird und auch schrumpfen kann. Klarsichtfolie bleibt durchsichtig, sodass die darunterliegenden Linien leicht überprüft werden können.

4 Schneiden Sie die Form mit einer Bogen- oder Bandsäge zu und vergewissern Sie sich, dass Sie nicht innerhalb der Linien schneiden. Es ist besser für Ihre Eule, wenn sie zu dick gerät, als zu dünn. Fügen Sie die Details für das Gesicht mithilfe der Folie und eines Stiftes hinzu.

5 Schnitzen Sie die Seiten des Kopfs nach hinten, sodass Sie vorn in der Mitte einen Winkel von rund 90 Grad haben.

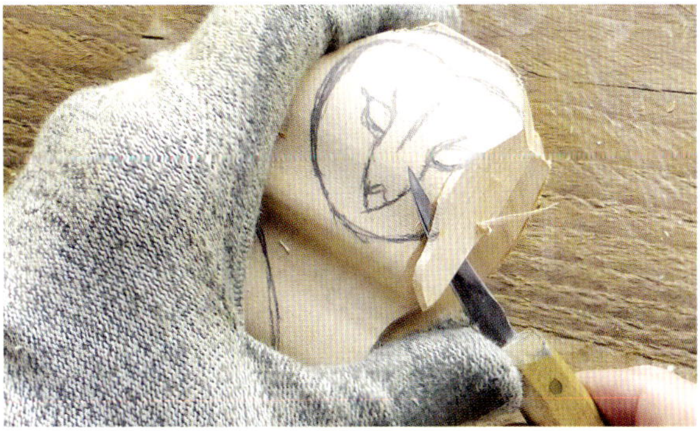

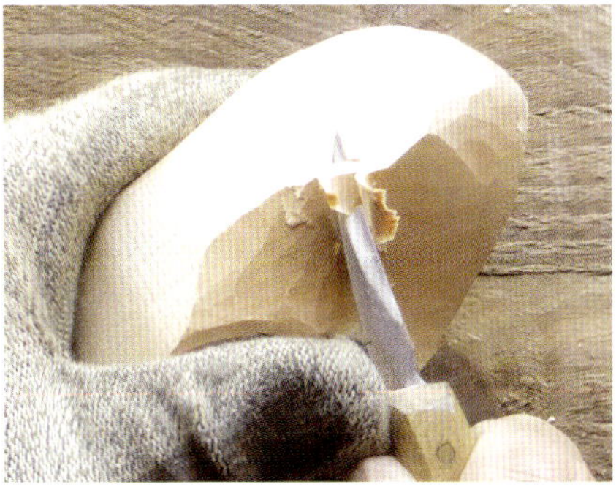

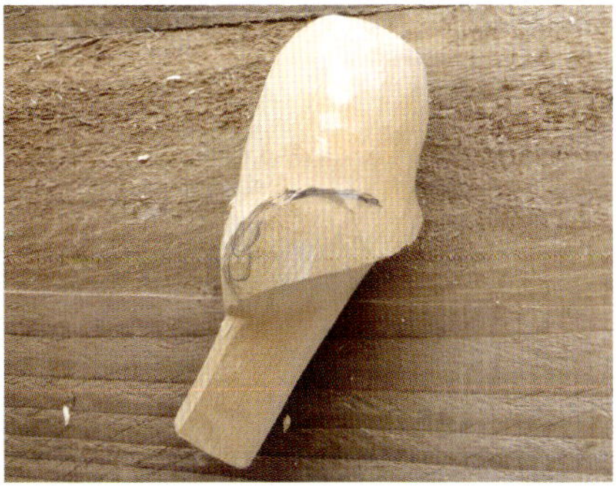

6 Runden Sie alle Ecken ab, bis es auf Ihrem Rohling keine Flächen mehr gibt. Halten Sie die Form durchgehend rundlich. Vermeiden Sie es, gerade Bereiche zu schnitzen. Sie müssen nicht viel Holz entfernen, um dies zu erreichen.

7 Ist die Form gerundet, zeichnen Sie die Position der Flügel vorn und hinten ein. Prüfen Sie, dass sie auf gleicher Höhe sind und die gleiche Form haben. Sie können ein Papiermuster anfertigen, um dies zu kontrollieren.

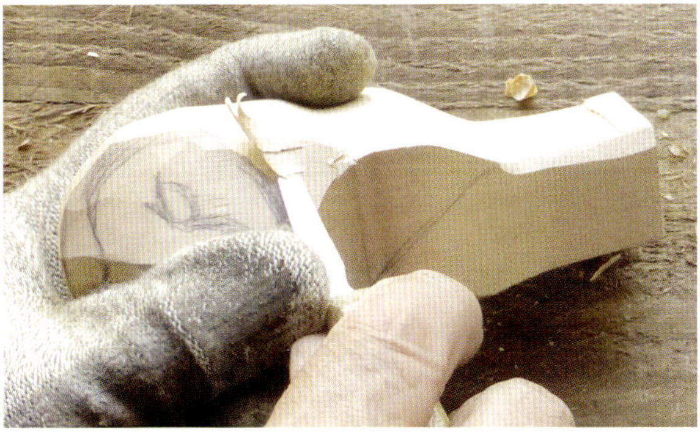

8 Schnitzen Sie unter dem Gesicht, um eine Aushöhlung über dem rechten Flügel der Eule zu erhalten. Überprüfen Sie die Form des Gesichts mit Ihrer Klarsichtfolie. Es ist leicht, hier einen Fehler zu machen, sodass das Gesicht zu klein oder zu spitz wird.

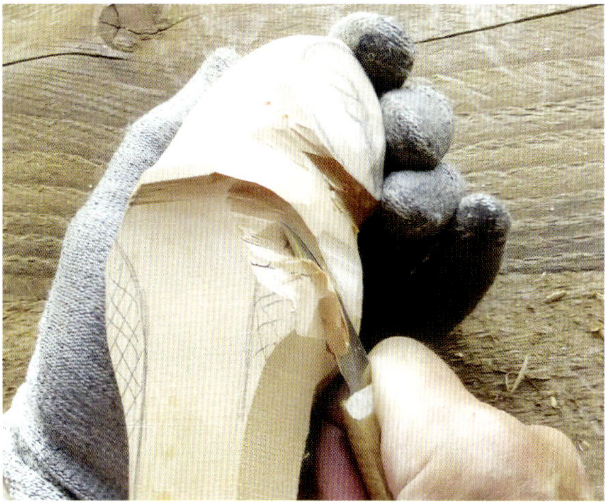

9 Entfernen Sie überschüssiges Holz unter dem Körper des Vogels, um den Klotz darunter zu formen, der die Verlängerung des Stocks bildet.

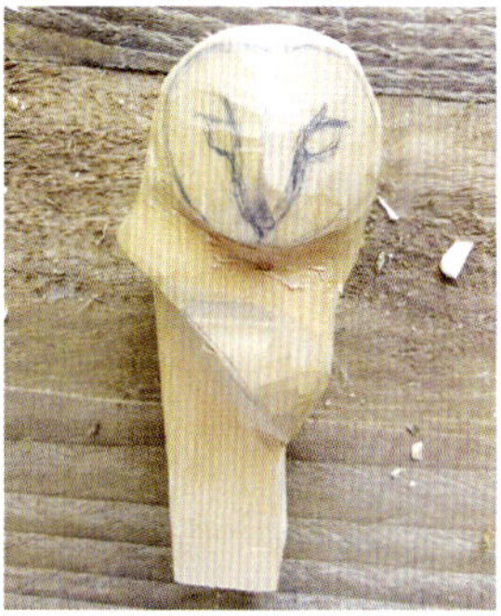

10 Passen Sie den darunterliegenden Block so an, dass Sie harte Linien vermeiden. Lassen Sie das tatsächliche Verlängerungsstück zu diesem Zeitpunkt noch eckig.

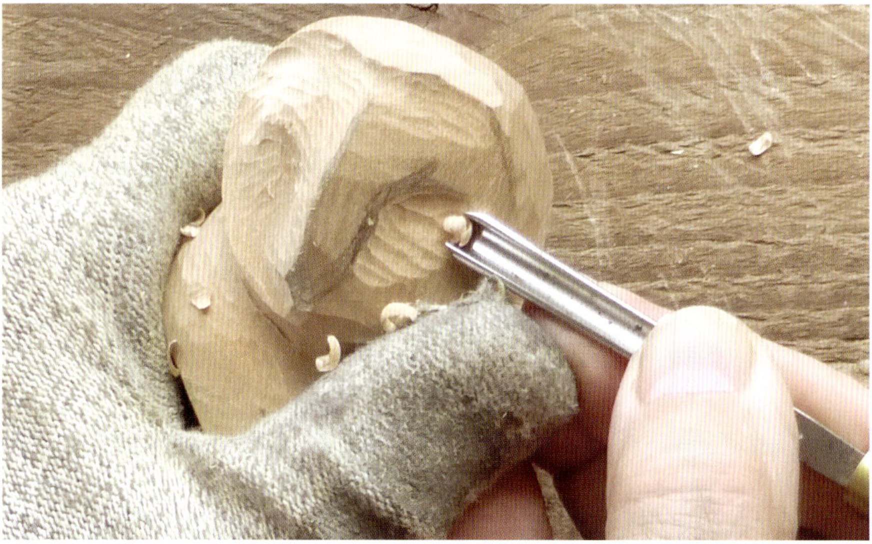

11 Mit einem kleinen Hohleisen (Nr. 9) oder etwas Ähnlichem können Sie nun beginnen, das Gesicht zu schnitzen. Ich rate Ihnen, sich ein gutes Foto einer Schleiereule zu suchen, bevor Sie zu viel an formgebenden Arbeiten in Angriff nehmen – man hat oft eine falsche Vorstellung.

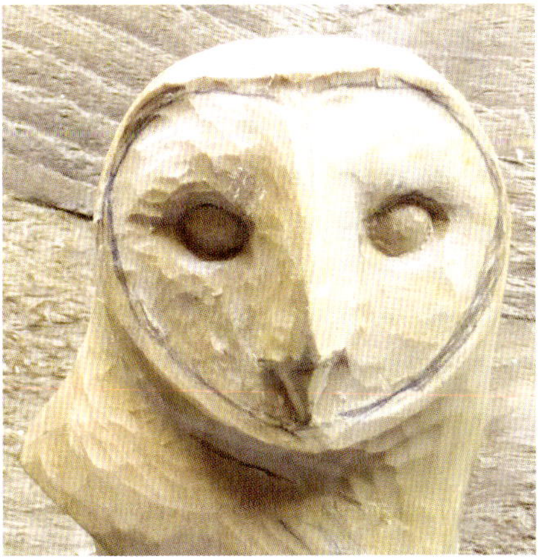

12 Es ist eine gute Idee, die Augen jetzt zu schnitzen. Sie müssen sie mit an Sicherheit grenzender Wahrscheinlichkeit am Ende noch zurücksetzen, aber sie jetzt zu schnitzen, erlaubt Ihnen, ein bisschen zu üben – es könnte schwierig sein, sie direkt beim ersten Mal hinzubekommen.

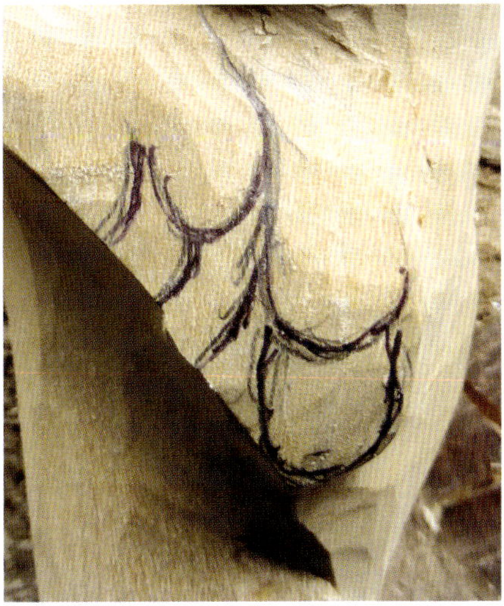

13 Zeichnen Sie die Federn an der Vorderkante eines jeden Flügels ein – dies sind die einzigen Federn, die Sie schnitzen müssen.

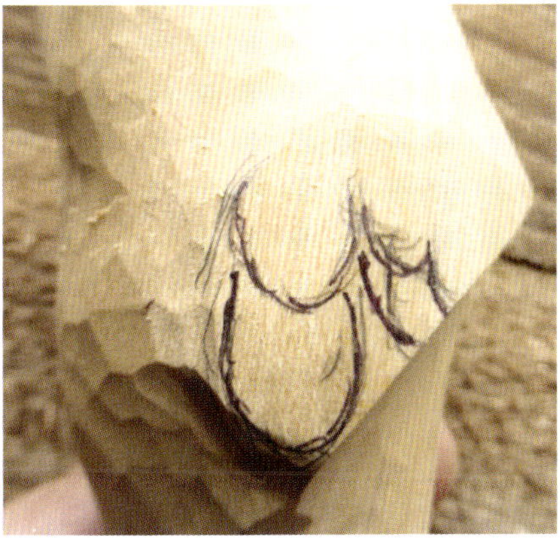

14 Da der Kopf gedreht ist, müssen die Federn auf der Rückseite nicht so detailliert sein wie die auf der Vorderseite. Die Federn auf der Rückseite bedecken den Großteil der Flügelfedern.

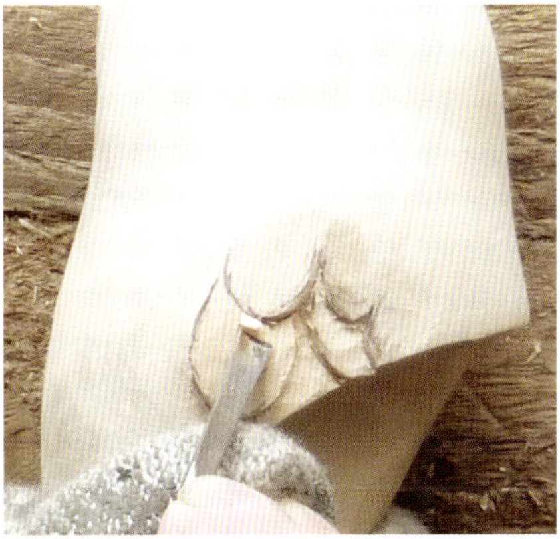

15 Schnitzen Sie die Flügelfedern mit einem Messer oder einem kleinen Hohleisen und schleifen Sie sie für ein gutes Resultat. Sie können dann den gesamten Körper samt Flügeln schleifen.

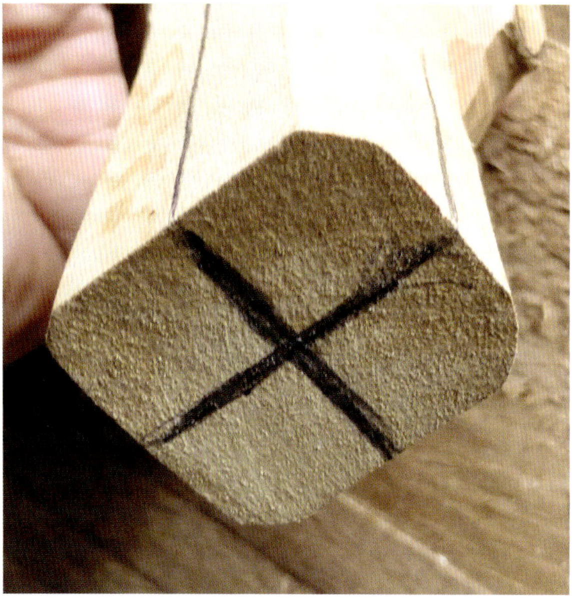

16 Bevor Sie die letzten Details im Gesicht ausarbeiten, rate ich Ihnen, den Kopf an den Stock anzupassen. Zuerst müssen Sie Linien aus der Mitte einer jeden Fläche bis ans untere Ende ziehen, sodass in der Mitte ein Kreuz entsteht.

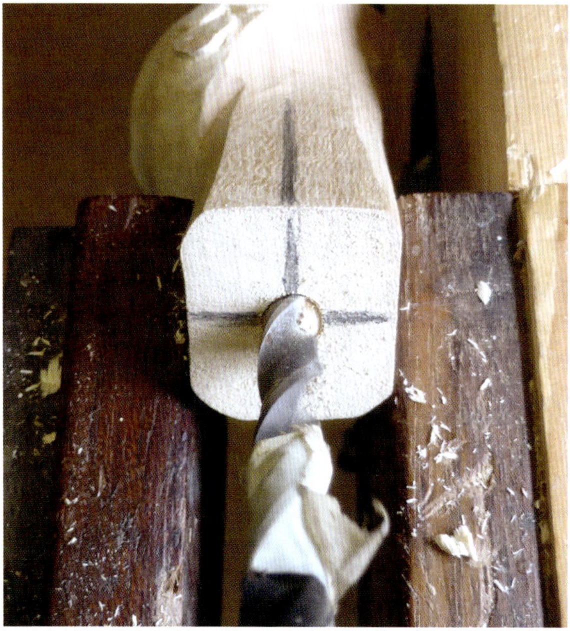

17 Sie brauchen jemanden, der Ihnen hilft, wenn Sie das 8 mm große Loch für die Gewindestange in die Mitte bohren. Seine oder ihre Aufgabe ist es, darauf zu achten, dass der Bohrer gerade entlang der Linien verläuft, da der Kopf sonst nicht gerade auf dem Stock sitzen kann. Bohren Sie etwa 5 cm tief.

18 Bohren Sie auf die gleiche Weise ein ebenso tiefes Loch in die Mitte des Stocks. Wenn Sie ein bisschen Abdeckband oben um den Stock wickeln, können Sie Arbeitsschäden vermeiden.

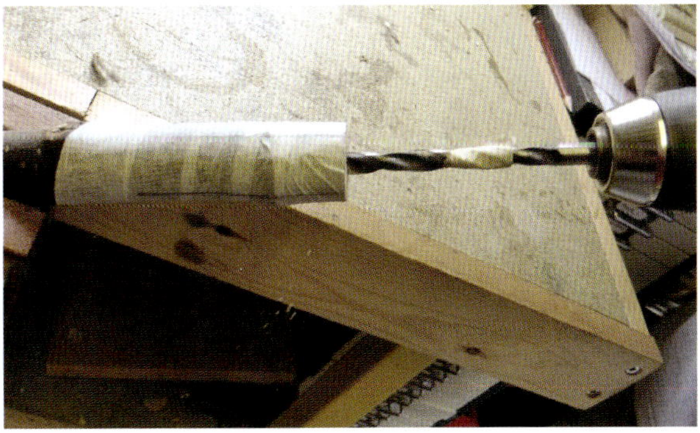

19 Vergewissern Sie sich, dass das Ende des Schafts des Eulenkopfes absolut flach und gerade ist, bevor sie die Gewindestange mit Epoxidkleber hineinkleben. Sie müssen sie drehen, damit sie sicher ohne Lufteinschlüsse unten ankommt. Wenn Sie ein Distanzstück zwischen Kopf und Stock verwenden möchten, so wie ich, muss dieses jetzt angeklebt werden. Ein Distanzstück aus Horn, Holz oder Knochen wäre geeignet. Setzen Sie den Kopf auf den Stock und markieren Sie die Form des Stocks unten am Kopf, um überschüssiges Holz zu entfernen.

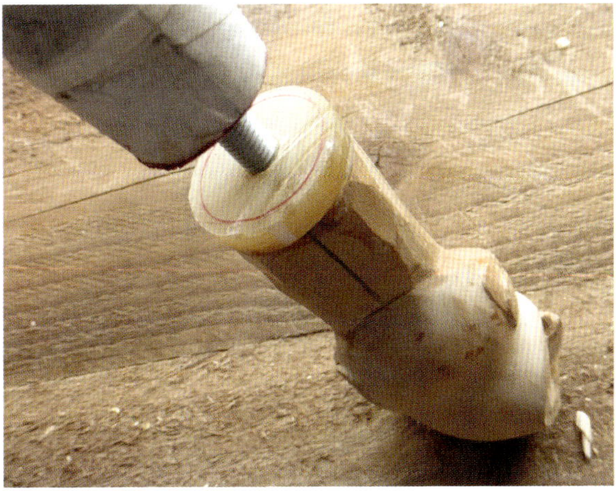

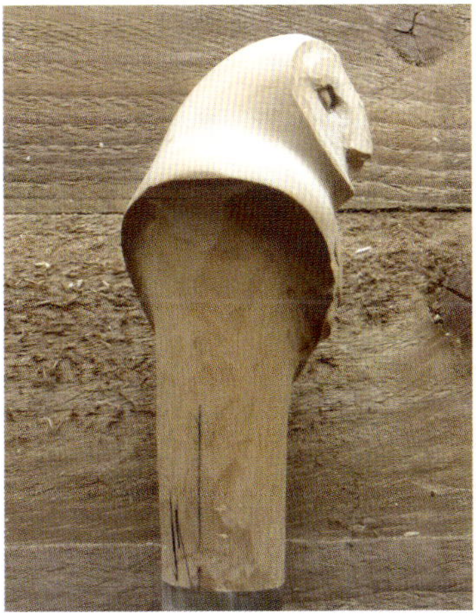

20 Entfernen Sie so viel überschüssiges Holz wie möglich, bevor Sie die beiden Teile zusammenkleben.

21 Kleben Sie die beiden Teile zusammen. Halten sie beide fest an ihrem Platz, bis der Kleber trocknet, oder binden Sie sie mit Schnur oder Klebeband fest. Passen Sie den Schaft der Eule mit Ihrem Messer oder, falls vorhanden, einer recht feinen Raspel oder Feile an den Oberteil des Stocks an. Achten Sie darauf, dass die beiden eine gerade Linie bilden und dass Stock und Eule den gleichen Durchmesser haben.

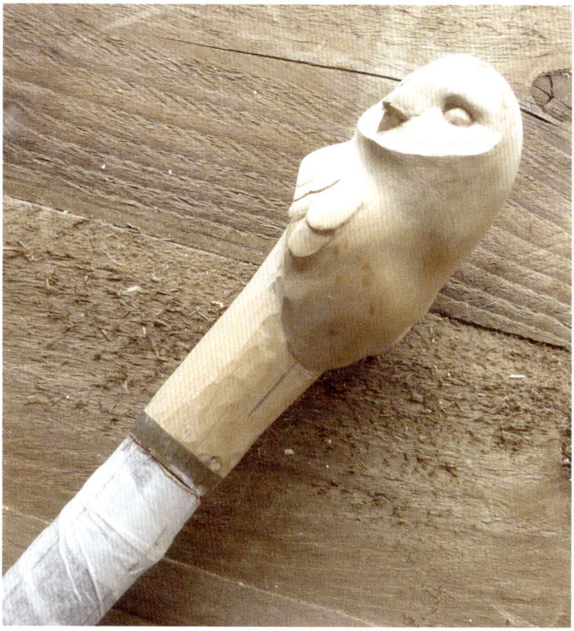

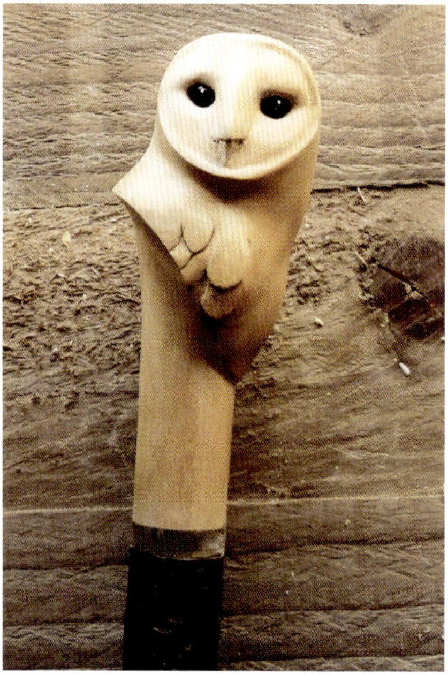

22 Sie können nun zu den letzten Details des Gesichts und Ihren Eulenbildern als Vorlage zurückkehren. Kontrollieren Sie, dass die Augen symmetrisch sind und die gleiche Form haben. Ich habe die Augen hier bemalt, weil ich finde, dass es der Schnitzarbeit mehr Leben verleiht. Ich habe schwarze Acrylfarbe mit einem kleinen Tropfen Klarlack für Fingernägel verwendet, um für Glanz zu sorgen. Zwei kleine weiße Punkte vervollständigen die Augen. Ist dies erledigt, versehen Sie die gesamte Arbeit mit einer Schicht Öl zum Versiegeln und polieren Sie sie dann mit Wachs.

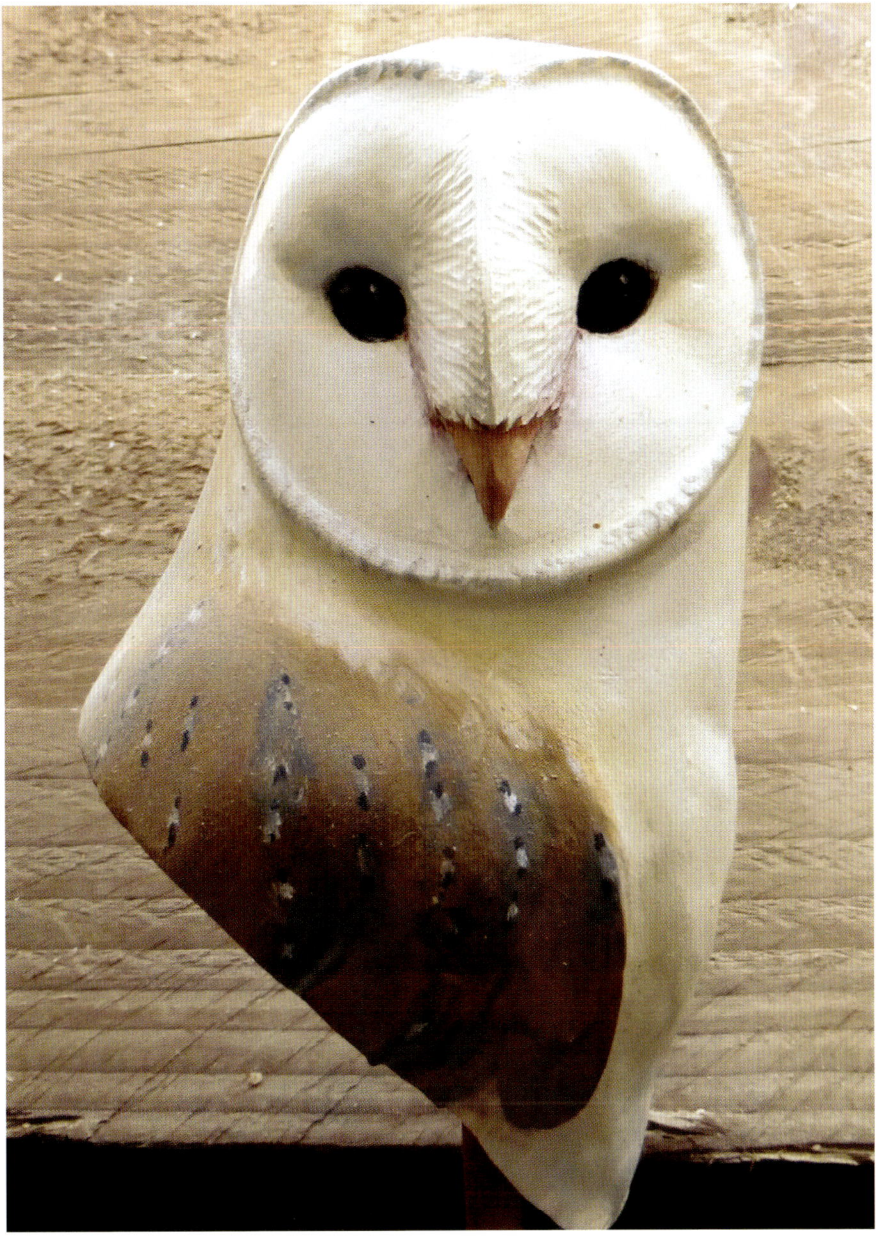

23 Wenn Sie möchten, können Sie Ihre Eule bemalen. Dieses Foto einer geschnitzten Schleiereule in voller Größe zeigt, wie die bemalte Arbeit aussehen könnte.

Bezugsquellen

Ashley Iles
East Kirkby
Spilsby
Lincolnshire
PE23 4DD
Großbritannien
ashleyiles.co.uk

DASTRA Werkzeuge
David Strasmann & Co.
F.W. Engelke e.K.
Küppelsteinerstr. 39
42857 Remscheid
Deutschland
www.dastra.shop

MHG Messerschmidt GmbH
An der Auehütte 15
98574 Schmalkalden
Deutschland
www.mhg-tools.de

Stubai ZMV GmbH
Zentrale für Marketing
und Vertrieb
Dr. Kofler Strasse 1
6166 Fulpmes
Österreich
www.stubai.com/de/
schnitzwerkzeug/

F. Zulauf
Messerschmiede und
Werkzeugfabrikations AG
Dennliweg 29
CH-4900 Langenthal
Schweiz
www.pfeiltools.ch

Grube-Forst GmbH
Gmundner Straße 25
4663 Laakirchen
Österreich
www.grube.at

Precarv Austria
Geisler-Moroder
Holz und Kunst GmbH
Dorf 63
6652 Elbigenalp
Österreich
www.schnitzeisen.at

DICTUM GmbH -
MEHR ALS WERKZEUG
Gottlieb-Daimler-Str. 3
94447 Plattling
Deutschland
www.dictum.com

Gerstäcker
Versandhandel
für Künstlerbedarf
Österreich, Deutschland,
Niederlande, Frankreich,
Großbritannien
www.gerstaecker.at

Aus unserem Programm

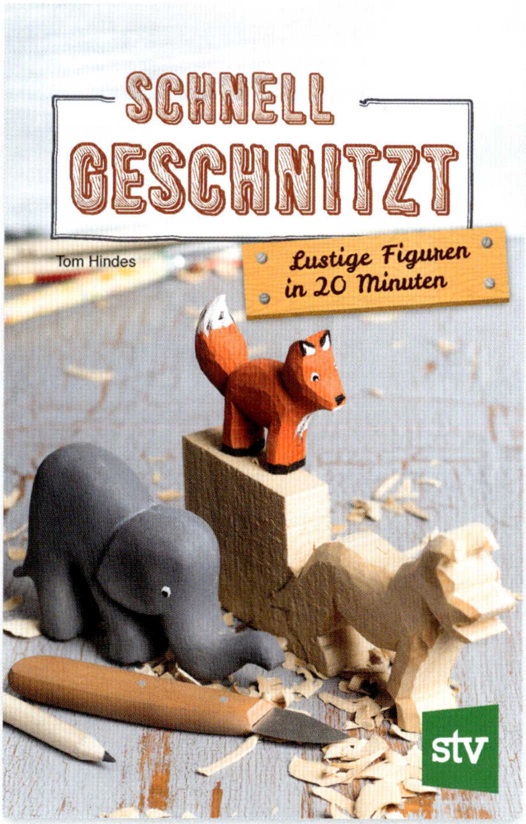

ISBN 978-3-7020-1614-2

Aus unserem Programm

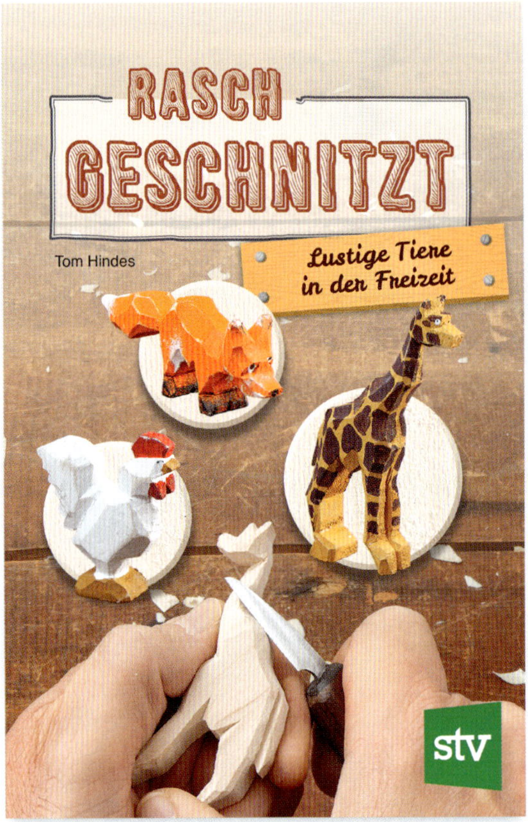

ISBN 978-3-7020-1876-4

Stichwortverzeichnis

Über den Autor

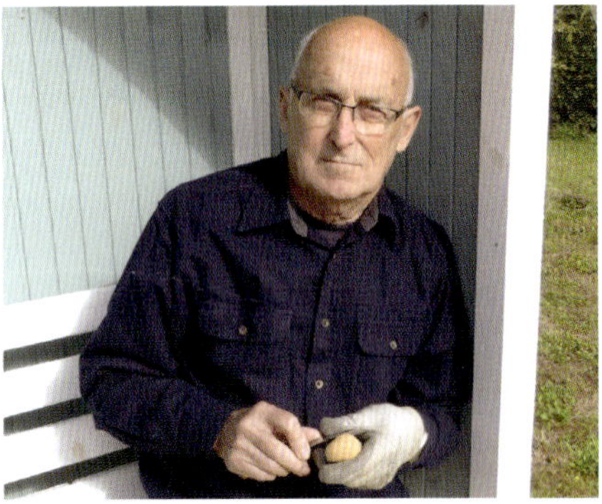

Peter Benson begann kurz nach dem Ende des Zweiten Weltkriegs bei seiner Rückkehr nach London mit dem Schnitzen, nachdem er auf das Land in Suffolk evakuiert gewesen war. Ein Kriegskind zu sein, hieß für ihn, dass er vieles, das er haben wollte, selbst anfertigen musste; daher rührt sein Interesse an der Gestaltung von Spielzeug und Modellen aus Holz mit einem Messer. Auch wenn er in späteren Jahren schrittweise einen ambitionierteren Schnitzstil entwickelte, ist er immer noch sicher, dass viel mit einem Minimum an Werkzeugen erreicht werden kann.

Peter verbrachte sein Arbeitsleben damit, Turnunterricht zu geben und beschloss es als Leiter einer Abteilung für Sonderpädagogik. Diese Zeit in seinem Leben überzeugte ihn davon, dass mit der richtigen Motivation und Gelegenheit jeder alles erreichen kann.

Nach seiner Pensionierung 1996 gründete Peter die Essex School of Woodcarving, die nun ihren Sitz in seinem reizvollen reetgedeckten Cottage am Land in Essex hat, wo er mit seiner Frau Em und Hund Chance lebt. Wenn Peter nicht für Schnitzmagazine schreibt, verbringt er viel Zeit mit Unterricht und Workshops. Peters Leidenschaft beim Schnitzen liegt in der Miniaturarbeit, insbesondere in der japanischen Kunst des Netsuke, und er ist Verfasser des Buchs „The Art of Carving Netsuke" (GMC Publications, 2010). Das hat ihn jedoch nicht davon abgehalten, auch in einige sehr große Schnitzarbeiten involviert zu sein, darunter ein 2,5 Tonnen schwerer lebensgroßer Eisbär im National Memorial Arboretum im britischen Staffordshire. Er ist auch der Autor des „Whittling Handbook", das ebenfalls bei GMC Publications erschienen ist.

DANKSAGUNGEN

Danke an meine Frau Em für ihre Geduld und Unterstützung, während ich dieses Buch geschrieben habe. Außerdem danke ich Em und meinem Freund Dave Wilkins für die Hilfe beim Fotografieren und für das Ertragen meiner Anweisungen. Danke an Wendy McAngus und Nicola Hodgson für ihre Expertise im Übersetzen und Korrigieren meiner Ausführungen. Danke an meine Schnitzkameraden weltweit für das so freigiebige Teilen ihres Wissens und ihrer Techniken, und ganz besonders an meine amerikanischen Freunde, die mich darin bestärkt haben, dass das Schnitzen Freude bereiten sollte.